엄마는 통 모르고 아들은 차마 말하기 힘든 모자母子 심리학

# 속 터지는 엄마, 억울해하는 아들

엄마는 통 모르고 아들은 차마 말하기 힘든 모자母子 심리학

# 속 터지는 엄마, 억울해하는 아들

에머슨 에거리치 지음 | 이지혜 옮김

국제제자훈련원

## 이 책을 아내와 어머니에게 바칩니다

아내 사라는 〈사랑과 존경〉 세미나 참석자들에게 늘
"아들에게 필요한 존경 효과를 좀 더 일찍 알았더라면
훨씬 더 좋은 엄마가 되었을 것"이라고 고백합니다.
이미 저보다 좋은 부모였지만, 존경 메시지에
깊이 영향을 받은 후로는 아들들이 더욱 고마워하게 되었습니다.
지금은 천국에 계신 어머니는
어릴 적부터 늘 저를 존경해주셨습니다.
아내는 제가 어머니를 그리워하는 이유가
거기에 있다고 하더군요.

# 엄마가 아들에게 줄 수 있는 가장 큰 선물

지난 20여 년간 건전한 가족 관계를 유지하는 원동력은 무엇일까 궁금해하면서 전 세계를 다니며 유심히 관찰했다. 그 과정에서 발견한 분명한 사실이 하나 있다. 아들에게는 엄마의 사랑뿐만 아니라 존경도 필요하다는 부분이다. 이 메시지로 모자(母子) 관계는 당신이 평소 꿈꾸던 모습으로 달라질 것이다. 이 단순한 원리가 아들의 영혼 가장 깊은 곳을 건드리기 때문이다.

모자 관계에서 '존경'이라는 말을 꺼내면, 대부분 엄마가 아들에게 존경받는 것을 생각한다. 나 역시 이에 전심으로 동의한다. 아들은 부모를 존경해야 한다. 실제로 나는 부모가 자녀의 사랑과 존경을 받아야 한다는 취지로 《자녀가 간절히 바라는 사랑, 부모가 진심으로 원하는 존경》(Love & Respect in the Family)을 집필했다. 그러나 엄마로서 아들과 의미 있고 아름다운 관계를 이루려면 그 이상이 필요하다. 이러한 모자 관계는 《자녀가 간절히 바라는 사랑, 부모가 진심으로 원하는 존경》의 "분홍 공주, 파랑 왕자 양육법"(11장)에서 간략히 다루었다. 거기서 나는 "분홍 공주" 딸에게 아빠의 사랑이 필요하듯, "파랑 왕자" 아들에게는 존경이 필요하다고 간단히 이야기했다.

그렇다. 아들과 딸 모두 사랑과 존경이 필요하지만, 스트레스와 갈등 앞에서 남녀가 느끼는 필요는 분명 다르다. 이는 연구로 증명된다. 남성은 자기 세계를 재단할 때 여성보다 존경의 눈금을 더 활용한다.

흥미롭게도 이 가르침에 당장 관심을 보인 엄마들이 수백 가지 관련 이야기와 증언을 보내오기 시작했다. 아들이 네 살이든 스무 살이든 상관없이 이 엄마들은 '존경 대화'(Respect-Talk)를 실천했고 놀라운 결과를 경험했다.

본격적으로 시작하기에 앞서 머리말에서 그 이야기 중 하나를 나누고자 한다. "분홍 공주, 파랑 왕자 양육법"을 읽은 이 엄마는 아들과의 일상적인 상호작용에 이를 적용했다. 존경의 효과는 놀라웠다.

일곱 살 난 제 아들은 우울한 기질이었고, 저는 그 현실을 인정하고 받아들였어요. 아이가 자주 하는 말이 있는데 그 말을 들으면 억장이 무너져요. 자기는 슬픈데 그 이유를 모르겠대요. 저는 아이에게 이런저런 이야기를 해주고, 아이와 함께 자주 기도했어요. 아이가 감사하는 마음을 가질 수 있도록 가르치려고 애썼죠.

그런데 박사님이 제안한 대로 존경을 실천하자 아들이 달라졌어요. 어느 날 저녁에는 평소와 달리 평온한 모습으로 다가와 다정한 목소리로 이렇게 말하지 뭐예요. "너무 행복해요." 저에겐 벅찬 감동이었어요! 어릴 때부터 매사에 시큰둥하고 화를 잘 내는 아이라고 반쯤 포기하고 있었거든요.

존경의 원리를 실천하고부터 아들은 심리적으로도 덜 불안해 보였어요 (제게 존경을 받으며 긴장을 덜 하게 되었나봐요). 게다가 더 다정해졌어요. …

아들은 관심을 끌려고 수선을 피우는 대신 저를 끌어안고 제 눈을 똑바로 바라보면서 사랑스럽고 행복한 미소를 지으며 이렇게 말해요. "엄마가 세상에서 최고예요!" 와! 이렇게 멋진 일이 우리에게 일어나다니. 아들을 존경하는 마음으로 대했더니 아들의 마음에 저를 향한 사랑이 생겨난 것 같아요.

최근에도 아들이 이렇게 말했어요. "왠지 참 행복해요!" 저는 속으로 이렇게 얘기했어요. '사랑하는 아들, 엄마는 그 이유를 알지. 엄마가 너를 존경하는 법을 알았기 때문이야. 아마 너도 자신이 무엇을 원하는지 몰랐을 테고 엄마도 그랬단다.' 요샌 정말이지 아이 키우는 보람을 느껴요. 기싸움도 필요없어요. 이제 우리는 친구가 되었거든요.

아들을 존경하는 법을 더 많이 배우고 싶어요. 전 지금 미지의 바다를 항해하는 기분이에요. … 제 '분홍색' 두뇌로는 도무지 이해할 수 없지만, 박사님이 책에서 시키는 대로 해보고 있습니다.

물론 자녀를 존경하며 키우는 법을 배우기가 쉽지는 않았어요. 전 여전히 제 의지를 꺾고 싶지 않았고, 어린 맏이에게 '넌 대장이 아니야'라는 사실을 확실히 해두고 싶었거든요. 그렇지만 일단은 아이가 무슨 말을 하려 할 때면 하던 일을 잠시 멈추고 아이 말에 집중하려고 노력했어요. 그러자 작은 기적이 일어났어요. 마침내 아들과 누리고 싶었던 소통과 사랑이 생겨난 거예요. 아이는 자신이 존경받는 것을 느꼈고 행복해했어요. 아, 이 방법을 좀 더 일찍 알았더라면 얼마나 좋았을까요? 하지만 지나온 고통의 세월을 슬퍼할 수만은 없죠. 하나님이 우리 모자 관계에 좋은 날을 더 많이 예비하고 계실 테니까요.

이런 고백이 허황하게 들리는가? 이 책을 다 읽고 나서 최종 판단을 하기 바란다. 다만 다른 엄마들도 비슷한 경험을 이야기하며 앞의 사연에 수긍한다는 점은 말할 수 있다. 아내가 수년째 하는 이야기가 있다. "우리 아들들이 어릴 때(이제는 삼십 대다) 이 원리를 알았다면 난 더 좋은 엄마가 되었을 거예요." 그렇다고 아내의 사랑이 부족했다는 뜻은 아니다. 모성애는 꼭 필요한 것이고, 실제로 이타주의의 전형이기도 하다.

"그런데, 박사님, 질문이 있어요. '사랑'과 '존경'은 결국 같은 말 아닌가요? 사랑이라는 단어만 써도 되지 않나요?" 아니다. 절대로 그렇지 않다. 사랑과 존경은 동의어가 아니다. 아내에게 주는 카드에 "여보, 존경하오!"라고 쓰는 남편은 없다. 직장에서 일하는 엄마가 사장을 존경할 수는 있지만 사랑하지는 않는 것처럼, 엄마는 아들을 사랑할 수는 있지만 (대체로) 존경하지는 않는다. 엄마 처지에서 생각해보면 그 차이를 이해할 수 있다.

그런 경우 아들은 엄마가 자신을 사랑한다는 것은 알지만, 존경한다는 것은 확신하기가 어렵다. 아내는 나와 함께, 앞서 본 일곱 살 남자아이의 엄마처럼 수백 명의 엄마가 경험한 존경의 효과를 관찰했다. 다음은 지난 몇 달간 받은 편지에서 발췌한 문구들이다.

- 엄청난 변화예요.
- 깜짝 놀랐어요.
- 생전 그런 적 없는 아들이 먼저 "사랑해요"라고 말하지 뭐예요.
- 인생이 달라졌어요.
- 아이들의 마음이 움직였어요.
- 하루아침에 아들과의 관계가 개선되었어요.
- 아들이 이 책을 보더니 이제껏 보지 못한 미소를 짓더군요.
- 충격과 희열을 동시에 느꼈어요.

- 아이가 자신의 남성성을 좀 더 확신하게 된 것 같아요.
- 제가 쓰레기통을 비우려고 하자 아들이 "엄마, 제가 비울게요"라고 말했어요. 쓰레기통을 비우고 나선 장난감을 정리하겠다며 자기 방으로 들어가지 뭐예요. 정말 놀랐어요.

　나는 이렇게 말하고 싶다. "엄마가 아들에게 존경 메시지를 실천하는 데 너무 이르거나 너무 늦은 때란 없습니다." 아내 역시 엄마 독자들이 이 사실을 깨닫길 바라고 있다.

## 차례

# 1

## 왜 사랑만으로는 부족한가?

여성은 사랑에 반응한다.
여자아이 안에는 여성이 있다.
따라서 여자아이는 사랑에 반응한다.

남성은 존경에 반응한다.
남자아이 안에는 남성이 있다.
따라서 남자아이는 존경에 반응한다.

엄마들은 첫 번째 삼단논법에 모두 고개를 끄덕인다. 하지만 두 번째 삼단논법은 잘 이해하지 못한다. 자기 인생보다 더 사랑하는 아들이지만 대체 속마음을 모르겠다며 혼란스러워한다.

어떤 어머니의 편지다.

요즘 저는 겨우 네 살 된 아들 때문에 애를 먹고 있어요. 왜 엄마들이 다들 딸을 원하는지 이제 알겠어요. … 딸들은 '이해할 수' 있으니까요! 생후 16개월 된 딸내미가 성질을 내면 왜 그런지 아니까 어떻게 해야 할지 알거든요. 하지만 아들내미가 무슨 일을 저지르면 '쟤는 왜 저러는 거야' 하는 생각밖에 안 들어요. 매번 그래요.

엄마라면 누구나 여자아이 안에 있는 여성성과 사랑을 향한 갈구를 이해한다. 영화 〈노팅힐〉에서 줄리아 로버츠가 연기한 주인공은 이런 감정을 표현한다. "난 그저 한 남자 앞에서 사랑을 구하는 여자일 뿐이에요." 이런 필요와 특징은 모든 여성에게 확실하고 분명하게 드러난다. 예를 들면, 여성과 여자아이의 양육 본능은 금세 알아볼 수 있다. 우리는 그런 사실을 매일 목격한다. 여자아이가 인형에게 플라스틱 젖병을 물리고 애정을 듬뿍 담아 사랑을 표현하는 모습을 보며 놀라는 사람은 없다. 우리는 그 여자아이에게서 여성의 모습을 본다.

## 아들은 외계인?

그런데 남자아이 안에 남성이 있다는 이야기를 하면, 대체 그 남자가 어떤 모습인지 궁금하다는 반응이 나온다. 물론 엄마들은 자기 아들이 '개구쟁이'라고 생각한다. 어떤 엄마는 이렇게 말했다. "아들은 어떨 땐 개구쟁이였다가 또 어떨 땐 세상에 둘도 없는 귀염둥이가 되죠." 이 말에 드러난 부정적인 대조에 주의해야 한다. 이 엄마에게 '개구쟁이'는 사랑스럽지 않다. 이런 엄마들은 에스트로겐(여성호르몬)의 순수함은 직관적으로 이해하지만, 하나님이 똑같이 고결하게 만드신 테스토스테론(남성호르몬)에 관해서는 무지함을 인정하는 것이다. 어떤 엄마는 이런 농담을 한다. "저는 우리 아이들을 사랑하지만 주님의 도움 없이는 안 돼요. 자신과 같은 성염색체가 아니라면, 지도 없이 외국 여행을 가는 것과 다름 없을 정도죠."

어떤 엄마에게 아들은 외계인 같은 존재다. 하지만 아들은 외계에서 오지 않았다. 하나님이 아들의 성을 남성으로 창조하셨을 뿐이다. 이 책은 남성성에 대해 잘 설명해줄 것이다. "난 그저 엄마의 존경이 필요한 남자아이일 뿐이에요." 아들이 직접 자기 입으로 말하지는 못하지만 엄마가 이 소중하고 애정 어린 메시지를 듣도록 도울 것이다.

## 자책할 필요는 없다

연구와 성경 말씀 모두 남자아이에게 존경이 필요하다는 사실을 보여준다. 이는 우리가 간과해온 아들의 마음에 대한 단순하면서도 혁신적인 통찰이다. 이 책은 엄마가 사랑을 넘어서서 아들의 마음에 존경을 표현하는 방법에는 무엇이 있는지 이야기한다.

아들에게 존경이 필요하다는 사실을 직접 깨닫는다면, 아들을 향한 사랑과 연민이 생겨나 자연스럽게 아들의 필요를 채우게 될 것이다. 그러니 스스로를 탓하지 마라. 실패했다고 느껴지더라도 자신을 다그치지 마라. 어떤 엄마는 심하게 자학하며 이런 주제를 피해 다닌다. 혹시 이 문제에 동기를 부여받지 못한다면, 당신이 가지고 있는 사랑에 기대어 행동의 변화를 시도해보라.

나도 어른이 되어서야 교회에 다니기 시작했다. 그러니 비신자이거나 교회에 다니지 않더라도 이 책을 계속 읽어주길 바란다. 여러 해 동안 목회하며 구축한 성경적 관점에 더해, 아동 및 가족생태학 박사 학위를 받으며 얻은 남성 행동에 관한 지식을 활용해 깊이를 더하고자 했다. 게다가 엄마들이 이메일로 보내준 수많은 사례를 계속 모아두었다. 당신은 그들의 목소리에 귀를 기울일 필요가 있다. 자신은 물론, 아들을 위해서 말이다.

## 같은 질문에도 전혀 다르게 느낀다

선티 펠드한 박사는 여러 연구를 통해 남자에게 존경이 매우 중요하다는 사실을 발견했다. 남자에게 "외롭고 사랑받지 못한다는 느낌과 무능하고 존경받지 못한다는 느낌" 중에서 더 견디기 힘든 것 한 가지를 고르라고 하자 74퍼센트가 존경을 받을 수 있다면 사랑을 포기하겠다고 응답했고, 26퍼센트만이 사랑받기 위해 존경을 포기하겠다고 답했다.[1]

남성과 남자아이는 무능하고 존경받지 못한다는 느낌에 훨씬 더 민감하고 취약하며 반발한다. 애석하게도 일부는 이런 정서가 자아도취에 근거한다고 평가한다. 하지만 특별하게 여겨지고 주목받고 싶어하며 사랑받길 원하는 프리마돈나 같은 딸과 마찬가지로, 아들 역시 '이기심 병에 걸린 환자'가 아니라는 사실을 엄마들은 알아야 한다. 사려 깊은 엄마라면 그런 아들에게 무한히 신뢰를 보낸다. 아들이 남자가 되어가는 중임을 알기 때문이다.

사랑과 존경은 남성과 여성 모두에게 필요하지만, 통계학적으로는 성차가 분명히 존재한다. 나는 7천 명에게 이런 질문을 던졌다. "배우자와 갈등이 있을 때 당신은 사랑받지 못한다고 느낍니까, 아니면 존경받지 못한다고 느낍니까?" 남성은 압도적 다수인 83퍼센트가 존경받지 못한다고 느낀다고 대답했고, 여성의 72퍼센트는 사랑받지 못한다고 느낀다고 대답했다. 다시 말하면, 빈번하게 발생하는 똑같은 갈등 상황에서 아내는 남편의 반응을 애정 부족으로 인식하고, 남편은 아내의 반응을 존경심 부족으로 해석한다.


## 아들에게는 무엇이 필요한가?

아들도 똑같이 느낀다. 아들이 그렇게 느낀다는 것을 알고 있었는가?

갈등 상황에서 당신은 남편이 '존경받지 못한다는 느낌'을 얼마나 심각하게 생각하는지 도통 알기 어렵다. 남편을 존경하지 않으려는 의도가 없었기 때문이다. "저는 남편을 사랑해요. 다정한 남편으로 만들려고 얼마나 애쓰는데요. 남편도 그 사실을 알아야 해요. 자신이 존경받지 못한다는 생각은 그만둬야 해요." 이런 논리라면, 아빠가 딸에게 "사랑받지 못한다는 생각은 그만둬"라고 말하는 것도 용인할 수 있어야 한다.

루안 브리젠딘 박사가 《여자의 뇌, 여자의 발견》(The Female Brain)에 썼듯 "남성과 여성은 각기 다른 스트레스에 반응한다. … 관계에서 비롯된 갈등은 십 대 여자아이의 스트레스 체계를 어지럽힌다. 여자아이는 타인의 관심과 사회적 관계를 원하지만, 십 대 남자아이는 존경을 원한다."[2] 이해했는가? 십 대 남자아이는 존경을 받고 싶어 한다.

엄마와 아들이 갈등할 때, 아들은 사랑받지 못한다는 느낌보다 존경받지 못한다는 느낌을 더 크게 받는다. 하지만 이런 사실을 아는 엄마가 얼마나 될까? 설령 안다고 해도 정작 이런 상황에서 어떻게 말하고 행동할지 아는 엄마는 또 얼마나 되겠는가?

아들은 모자간의 갈등을 존경의 체로 걸러낸다는 사실을 이해하고 받아들여야 한다. 아들 잘못이 아니라 그저 달라서 그렇다. 마찬가지로 부녀간의 갈등에서도 사랑받고 싶어 하는 것이 다를 뿐이다. "학교에서 인기 없다고 고민할 필요가 없단다." 이것은 아빠가 딸에게 절대로 해서는 안 되는 말이다. 다행히도 엄마는 일단 아들의 필요를 깨달으면 그 문제를 신중하게 다룰 수 있다. 그저 이렇게 말하면 된다. "엄마가 널 혼낸다고 무시한다는 의미는 아니야." 이렇게 말하는 것만으로도 아들의 스트레스는 진정된다.


## 악순환

엄마가 아들과 존경의 대화를 하지 않으면, 모자 관계는 '악순환'(Crazy Cycle)에 빠진다. 존경받지 못한 아들은 사랑이 없는 반응을 하고, 사랑받지 못한 엄마는 존경이 없는 반응을 한다. 이렇게 시작된 악순환은 끊임없이 계속된다. 공감하는가? 맨 처음 발단이 된 사건은 이제 그다지 중요하지 않다. 아들은 존경받지 못한다는 느낌으로, 엄마는 부모로서 존경받지 못한다는 느낌에 서로 마음이 상한다. 상황은 급속도로 악화된다. 아들은 존경받지 못한다고 느끼기 때문에 엄마를 사랑으로 대하지 않았음을 보지 못하고, 엄마는 사랑과 존경을 모두 받지 못한다고 느끼기 때문에 아들을 마음으로 존중하지 못한다.

이런 악순환을 멈추려면 엄마가 존경 대화를 사용해야 한다. 처음에는 무척 어렵고 어색하겠지만 '존경'(respect)이라는 단어를 사용하는 것이 출발점이다. 끝없는 악순환을 멈추려면 엄마가 먼저 이렇게 분명히 표현해야 한다.

애야, 엄마가 이런 이야기를 하는 것은 너를 존경하지 않아서가 아니야. 너를 망신 주려는 것도 아니고. 나는 지금 이 문제를 어떻게 풀지 고심하고 있어. 5분 동안 마음을 가라앉힌 다음 이 문제를 인격적으로 다시 이야기해보자.

아들에게 이 말은 모국어처럼 들린다. 이러한 분명한 메시지를 들으면 아들은 마음을 가라앉힌다.

이게 어려운 일일까? 그렇지 않다. 엄마는 말하고 의사소통하기를 좋아한다. 연구 결과를 보면, 여성은 표현력이 뛰어나고 반응이 빠르다. 아들의 마음에 기운을 북돋우고, 동기를 부여하며, 좋은 영향을 미칠 수 있는 말을 배우는 것보다 더 괜찮은 출발점이 어디 있겠는가? 아들의 마음을 부드럽게 하고 엄마와 소통하려는 욕구를 일깨우는 말을 건네는 것보다 더 가슴 뛰는 일이 무엇이겠는가?

엄마는 아들과 이런 관계가 지속되길 꿈꾸지만 바람대로 되지는 않는 것 같다. 아들이 네 살을 넘어가면서 이런 일들은 대부분 흐지부지된다.


## 존경 대화의 효과

존경 대화는 아들의 내면에 있는 애정에 불을 당긴다. 이런 상황을 다른 각도에서 볼 수 있도록 아빠와 아들의 사례를 보여주겠다. 어떤 아빠가 이런 편지를 보내왔다.

몇 달 전 어느 주말, 프라하로 가족 여행을 갔습니다. 여행을 떠나기 전에 박사님의 책을 읽었는데 몇 가지 내용이 머릿속에 생생하게 남았습니다. 주말 동안 저는 처남을 도와 조카들을 위해 나무집을 지었고 활강줄도 만들었습니다. 조카들이 무서워하자 아들이 먼저 타겠다고 나섰습니다. 그제서야 조카들도 용기를 내어 활강줄을 여러 번 탔죠.
서너 번쯤 탔을 때 무슨 이유에선지 아들이 줄을 놓치면서 4.5미터 아래로 떨어졌습니다. 아빠와 아이들만 집에 있으면 흔히 벌어지는 일이죠.

아들은 너무 놀라 숨도 제대로 못 쉴 지경이었지만 뼈가 부러지진 않았습니다. 집에 돌아온 아내와 처제는 못마땅하게 여겼지만, 저는 이 사건을 아들에게 존경을 표현하는 기회로 삼았습니다. 조금은 무모했던 장난에 대해 이야기하며 아들을 용사라고 불렀습니다. 그 말이 아들의 마음에 깊이 새겨졌던 모양입니다. 사흘 내내 녀석이 제 옆에 꼭 붙어 있더군요.

이후로도 그 이야기를 종종 할 때면, 늘 녀석이 들으라고 큰소리로 말합니다. 그러면 아들은 주변에서 서성거리다가 '용사'라는 소리를 듣고 나서야 제 일을 하러 간답니다. 박사님의 강연을 듣고 집에 돌아와, 아빠가 350명에게 그 이야기를 했다고 말하자 아이 얼굴에 활짝 미소가 피었습니다. 평소에 아들이 제게 자주 실망한다는 것을 잘 압니다. 저도 아버지로서 배워야 할 점이 아직 많고요. 하지만 제가 이 이야기를 들려줄 때면, 아들은 빛나는 갑옷을 입은 기사마냥 어깨가 한껏 올라간답니다.

이 아빠는 아들을 용사라고 부르며 존경 대화를 사용했고, 그 결과 아들은 사흘 내내 아빠 곁에 붙어 있었다. 존경 대화는 가까이하고 친해지고 싶다는 애정과 욕구를 만들어낸다. 모든 엄마가 이 점에 집중하길 바란다. 존경 대화를 사용하면 모자 관계에도 같은 일이 일어난다.

다른 엄마의 편지를 보자.

어느 날 밤, 아들을 재우고 재우면서 "널 사랑해"라고 혼잣말을 했어요. 그러자 다섯 살 아들이 슬픈 눈으로 저를 바라보며 이렇게 말하지 뭐예요. "엄마, 엄마는 제가 자랑스럽지는 않아요?" 저는 깜짝 놀라서 "당연히 자랑스럽지"라고 얼른 대답했어요. "그럼 왜 그렇다고 한 번도 말해주지 않아요?" 그날 이후로 저는 아들을 껴안고 뽀뽀를 퍼붓고 싶은 충동을 억누른 채, 아들의 어깨에 한 손을 올리고 "엄마는 네가 자랑스러워"라고 말하는 연습을 하고 있어요. 그 간단한 동작 하나에도 아들은 가슴을 쭉 펴고 고개를 끄덕이며 "고마워요, 엄마"라고 대답합니다. 그러고는 1년치 뽀뽀를 받은 것보다 더 뿌듯해하며 걸어나가죠.

존경 대화는 아빠들만의 몫이 아니다. 이 아이는 엄마의 존경을 바랐고, 그 바람을 엄마에게 표현했다. 이러한 존경 대화를 통해 엄마는 남편과 아들의 관계를 새롭게 이해하게 된다. 한 엄마는 이렇게 말했다.

남편과 아들의 관계를 이제야 이해할 것 같아요. 우리 집에는 열세 살, 열 살, 다섯 살 된 아들 삼 형제와 두 살 된 딸이 하나 있어요. 그동안 저는 남편이 아들들과 소통하는 방법이 탐탁지 않았어요. 그러다가 〈사랑과 존경〉 시리즈에서 남자들의 언어에 대한 설명을 들었어요. 남편과 아들들은 무기, 군사 방송, 1·2차 세계대전 같은 관심사를 이야기하며 시간을 보냅니다. 남편 직업이 경찰이다보니 부자간의 대화가 어느 정도 흥미진진한 건 사실이에요. 저는 우리 집 남자들이 왜 이런 대화를 나누고, 서로에 대한 존경을 어떻게 쌓아가는지 이해하게 되었어요.
우리 집 남자들은 명예, 존경, 지혜, 전략과 전술 등에 관한 이야기를 하다가, 이것을 실생활에 어떻게 적용할지에 관해 대화합니다. 대화 내용도 그렇지만 이야기를 나누는 남편의 말투 또한 흥미로워요. 남편이 저나 딸에게 그런 식으로 말하면 우린 마음이 상했을 거예요. 하지만 아들들은 그런 말투를 즐기는 것 같아요. 녀석들은 아빠에게 일종의 동료애를 원하고, 늘 이런 주제로 이야기하고 싶어 해요.

이 아들들 역시 아버지 곁을 떠날 줄 모른다.

## 하나 됨은 가능하다

존경 대화는 모든 엄마가 바라는 아들과의 하나 됨을 이루어낸다. 그렇다고 해서 전투화를 신고 시가를 피우며 목소리를 깔고 말해야 한다는 뜻은 아니다. 경찰 흉내를 낼 필요도 없다. 남자 역할을 해야 하는 것도 아니다. 다만 자신에게 익숙한 분야가 아니라는 이유로 존경 메시지를 비판하지 않는 것이 중요하다. 처음에 아내는 남편의 의사소통 방식이 (잘못된 것이 없음에도) 잘못되었다고 비판했다. 그렇지만 이러한 대화를 하나님이 설계하신 큰 계획의 일부로 받아들여야 한다. 아들이 성인이 되어 집 안에 침입한 강도를 물리치고 가족의 목숨을 구할 때, 엄마는 그 가치를 인정하게 될 것이다.

사실 이들 부자는 존경 대화의 모범을 보여준다. 나는 이 대화가 명예, 진실성, 신중, 충성, 용맹, 분별, 봉사, 희생 같은 가치를 포함하고 있다고 확신한다. 이 아이들은 자라서 다른 남자들이 따르고, 여자들이 흠모하는 남성이 될 것이다.

나는 엄마들에게 잠시 이렇게 자문해보라고 한다. "남자아이들은 왜 축구 코치의 말에 고분고분할까? 왜 해군에 자진 입대해서 훈련 조교에게 얼차려를 받을까?" 대다수 엄마들은 "잘 모르겠다"고 답한다. 코치나 조교 같은 남성 지도자는 이런 말로 남자들을 이끈다. "나는 너를 믿는다. 네 장래 모습을 존경한다. 너도 네 안에 있는 그 모습을 볼 수 있나?" 미 육군 모병 광고에는 "당신이 할 수 있는 모든 것!"(Be All That You Can Be!)이라는 말이 나온다. 남자들은 그런 일에 동참하길 꿈꾼다. 존경 대화는 엄마가 아들과 아빠 사이에 다리를 놓을 때도 도움이 된다.

남편을 지지하는 데 박사님의 책이 도움이 되었어요. 덕분에 더 건강하고 존경하는 부자 관계가 되도록 격려할 수 있었어요.《그 여자가 간절히 바라는 사랑, 그 남자가 진심으로 원하는 존경》에서 배운 것을 활용해 아들에게 아빠의 바람을 전하며 아빠가 원하는 행동을 하도록 격려했죠.

예를 들어, 남편은 아이들이 가구에 기어오르는 걸 좋아하지 않아요. 아들이 그런 행동을 하면 저는 조용히 이렇게 타이릅니다. "우리 가족에게 필요한 걸 사려고 아빠가 얼마나 열심히 일하시는지 알지? 그리고 그 물건을 어떻게 다루시는지 잘 알지? 그렇다면 아빠의 마음도 존중해드려야지." 이렇게 하면 아이가 말을 잘 들어요. "아빠가 소파에서 내려오라고 하시잖아!"라고 소리 지르는 것보다 효과가 좋아요.…

이렇게 말할 때도 있어요. "아빠는 네가 ~를 해야 한다고 생각하셔. 그게 너를 위한 최선이라고 생각하시거든. 아빠의 바람을 존중해드리자." 그러면 아들은 아빠를 왜 존경해야 하는지 이해하고, 순수하게 존경하는 마음으로 순종하게 되는 것 같아요.


## 깨달음의 순간

정말 놀랍게도, 〈사랑과 존경〉 결혼 콘퍼런스에 참석한 수많은 엄마들이 자신의 깨달음을 이메일로 보내주었다. 콘퍼런스에서 우리는 에베소서 5장 33절을 가르친다. 이 말씀은 남편에게는 아내를 사랑하라고, 아내에게는 남편을 존경하라고 명령한다. 베드로전서 3장 1~2절도 존경을 다룬다.

《그 여자가 간절히 바라는 사랑, 그 남자가 진심으로 원하는 존경》에서 나는 아내들에게 남편이 존경하기 힘든 행동을 할 때에도 그의 마음에 존경을 표현한다면 이 메시지의 힘과 영향력을 체험할 수 있다고 전한다. 아내의 존경은 남편이 더욱 사랑 많고 존경받는 사람이 되도록 동기를 부여한다.

콘퍼런스가 끝나면 여성들은 이런 생각을 한다. '이 원리를 아들에게도 적용할 수 있지 않을까? 아들도 남자잖아.'

그들은 이런저런 시도를 해보고는 감동적인 결과를 편지로 보내왔다. "존경이 아들에게도 정말 효과가 있네요. 깜짝 놀랐어요." 그러고는 아들과의 관계에서 어떻게 존경을 실천할 수 있을지 구체적으로 도움을 구하기 시작했다.

> "네 살 먹은 아들을 어떻게 해야 할까요? 이렇게 어린 아이를 어떻게 대해야 하죠?"
>
> "말 안 듣는 십 대 아들을 어떻게 존경하죠?"
>
> "아들이 다 크도록 존경이란 걸 해보지 않았는데 이제 와서 어떻게 해야 할까요? 너무 늦지 않았을까요?"

내가 소개한 존경 실천 방법은 이렇게 말하는 여성들에게도 획기적이었다. 아들과 관련해 신세계를 경험한 그들은 존경 효과가 가져온 놀라운 이야기를 이메일에 담아 내게 화답했다. 나이가 몇 살이든, 이전에 어떤 실수를 했든 관계없이 말이다.

그 사연에는 반복되는 후렴구가 있었다. "왜 아무도 이런 이야기를 미리 해주지 않은 거죠? 궁금한 게 너무 많아요. 모자 관계에 관한 책은 없나요?"

상황이 더욱 급박한 것은, 엄마는 아빠에게 딸을 사랑하는 방법을 가르쳐주지만, 엄마에게 아들을 존경하는 방법을 알려주는 사람은 드물기 때문이다. 그렇게 해서 어린 딸에게 아빠의 사랑이 필요하다는 사실은 모두들 알지만, 어린 아들에게 엄마의 존경이 필요하다는 사실은 대부분 모른다.

어느 날, 아들 교육을 다룬 주요 도서의 색인을 살펴보니 '존경'이나 '명예' 같은 단어는 어디서도 볼 수 없었다. 아들이 남성이 되어가는 과정에서 있는 모습 그대로 존경받길 원한다고 말하는 책은 없었다. 그러니 여성들이 이러한 주제에 아무것도 모른다고 느끼는 것이 당연하다.


## 존경은 과학이 아니라 예술이다

최근 한 NBA 팀의 구단주가 명예와 존경이라는 주제로 구단 선수와 코치진, 트레이너 들에게 강연을 해달라고 내게 요청해왔다. 구단주 자신도 유명한 동기부여 강사인데, 그런 그가 유일하게 강연을 요청한 설교자가 나였다. 왜 나를 초청했을까? 남성성의 독특함과 남성성이 꽃피울 때 생기는 힘을 알았기 때문이다. 현역 NBA 올스타 선수에게 필요한 것과 미래의 NBA 스타를 꿈꾸는 어린 소년에게 필요한 것은 똑같다.

물론 나는 허황된 약속을 하고 싶지는 않다. 존경이 만사능통의 해결책은 아니다. 아빠와 아들도 로봇이 아니다. 존경은 과학보다는 예술에 가깝다. 더군다나 아들은 실험용 쥐가 아니다. 아들에게 존경을 적용해보았는데 변한 것이 없더라도, 이 방법은 효과가 없다는 결론을 내려서는 곤란하다. 존경은 아들과 작별하는 날까지 아들의 필요를 채워주겠다는 약속이다.

엄마가 아들의 머리에 뿌리면 엄마의 모든 바람과 명령에 아들이 순종하게 되는 신통방통한 마법 가루 같은 것은 없다. 여자를 완벽한 엄마로 거듭나게 하는 3단계 방법 같은 것이 있을 리 없듯, 완벽한 아들을 만들어내는 신묘한 기술은 존재하지 않는다. 엄마나 아들이나 물 위를 걸을 수는 없다.

그러나 아빠가 딸에게 하는 애정 표현과 같이, 엄마와 아들 간에 오가는 존경 대화의 힘 역시 무시해서는 안 된다. 내가 이 책에서 풀어내는 내용을 실천한다면, 모자 관계가 힘겨운 날에도 아들은 조금은 덜 부정적으로 반응할 것이다. 만사가 엄마가 바라고 기도하는 대로 긍정적으로 변화하지는 않겠지만 확실히 더 나아질 것이다.

존경 효과는 많은 사람에게 기분 좋은 놀라움을 선사했다. 부모는 아들의 반응에 너무 좋아 당황할 정도였다. 이렇게 존경에 관한 이해가 관계에 큰 영향을 미친다면, 도대체 존경이란 어떤 것일까? 어떻게 하면 존경을 우리에게 친숙한 용어로 정의할 수 있을까? 다음 장에서 이 부분을 더 알아보자.

# 2

## 아들을 존경하라니, 이게 무슨 말이지?

**존경이란 무엇인가?**

어떤 엄마는 이렇게 표현했다.

저는 남성호르몬으로 가득 찬 집에서 살고 있어요. 우리 집 강아지마저 수컷이랍니다. 지금은 열두 살이 다 된 아들과 갈등을 겪고 있는데 정말 미칠 것 같아요. 나머지 두 아들은 열다섯 살, 열세 살이에요. … 제가 파란색 안경과 파란색 보청기를 껴야 그들을 제대로 보고 들을 수 있다는 걸 어떻게 알려줘야 할까요? … '존경'이라는 것을 이해하려고 애쓰다 보니 이게 좀 어렵더라고요. '존경'이 정확히 무슨 뜻인지 알려고 사전까지 찾아보기까지 했어요. 아무튼 이 문제로 기도하고 있어요.

엄마들은 겸손하고 잘 배운다. 귀한 아들에게 최고의 것을 주고 싶어 한다. 하지만 여전히 '존경'의 정의를 찾아 헤맨다. 엄마라면 누구나 이 투덜거림을 이해할 것이다.

간단히 정의하면 이렇다. 엄마의 존경이란, 아들이 어떤 행동을 하든지 무조건 긍정적으로 대하는 것이다. 이유를 불문한 긍정적인 존중이다.

"그런데 박사님, 어떻게 '무조건'이라고 하실 수 있죠? 존경할 만해야 존경하죠. 아들이 먼저 존경받을 행동을 해야 한다고요. 아니, 사실은 아들이 저를 존경해야죠! 녀석이 대들면 기분이 좋지 않은데 어떻게 긍정적인 태도를 보일 수 있나요?"

무슨 말인지 안다. 그러나 내 말도 잘 들어보길 바란다. 나는 당신의 아들이 존경받을 '자격이 있다'고 말하는 것이 아니다. 내 말뜻은 당신이 부정적인 반응과 존경 없는 태도를 보이는 한 아들이 응답하지 않으리라는 것이다. 그마저도 오래지 않아 아들은 자신이 경멸받는다고 생각해서 반항할 것이다.

내 말을 들은 엄마들 중 일부는 애석하게도 이런 결론을 내린다. "우리 아들은 존경할 만한 구석이 없어요. 그렇게 말 안 듣는 녀석한테는 좀 막 대해도 된다고 생각해요." 그러나 자신을 경멸한다고 생각하는 사람에게는 아무도 사랑과 애정을 느끼지 않는다. 무례한 사람에게 누가 좋게 응하겠는가?

## 내 아들은 존경받을 자격이 없다?

"좋아요, 아들을 무례하게 대해선 안 된다는 데는 동의해요. 박사님 말씀대로 경멸에 호응하는 사람은 없을 테니까요. 그렇더라도 제 아들은 도무지 존경하고 싶은 구석이 없어요. 이 문제에서 과연 타협점을 찾을 수 있을까요?"

타협점은 없다. 엄마는 아들의 잘못을 꾸짖으면서도 아들에게 존경과 긍정적 태도를 보이거나, 아니면 아들의 잘못된 선택을 꾸짖으면서 동시에 아들에게 경멸과 부정적 태도를 보일 것이다. 그 외에 다른 선택은 없다.

비결은 아들 내면에 두 차원이 있음을 인정하는 것이다. 예수님이 겟세마네 동산에서 잠든 제자들에게 하신 말씀을 기억하는가? "마음에는 원이로되 육신이 약하도다"(마 26:41). 예수님은 잠든 제자들에게 실망하셨다. 그럴 수 있다고 인정하거나 칭찬하지 않으셨다. 그러나 바르게 행하려는 그들의 소망만큼은 존중하셨다. 제자들의 나약한 육체가 못마땅하셨지만 그들을 경멸하지는 않으셨다.

당신 아들에게도 두 가지 면이 있다. 마음과 육신이다. 아들의 육신이 실패할 경우, 존경하기 힘든 그의 행동은 지적해야 한다. 하지만 이렇게 말하는 것은 전혀 다른 문제다. "한심하다. 네 진심이란 것도 못 믿겠다. 대체 왜 그 모양이니?"

기본적 진리는 이해하고 가자. 아들에게 존경을 표한다고 해서 육신이 약해 지은 죄까지 인정하고 존중하라는 뜻은 아니다. 이 경우 엄마는 이렇게 말할 수 있다. "잘못된 네 선택을 존경할 수 없구나. 그런 결정을 하다니 엄마는 화가 나. 이번 일로 벌을 받아야 할 거야." 그리고 나서 이렇게 덧붙일 수 있다. "하지만 네 진심을 믿어. 하나님이 창조하신 너라는 사람을 존경하거든. 우리는 이 상황을 이겨낼 거야. 너는 더 성숙해질 거고."

선을 넘어 아들을 비난하지 말라. 아들은 육신이 약해서 실수한 것이다. 예수님이 제자들에게 어떻게 반응하셨는지 보고 배우라. 아들이 무슨 일을 저질렀든 긍정적으로 대하되 부적절한 행동은 정중하게 꾸짖어라.

## 엄마의 표정은 생각보다 많은 것을 말한다

"박사님, 전 아들에게 무례한 말은 절대 하지 않아요."

그런데 아들이 못마땅할 때 당신의 표정은 어떠한가? 아들이 그 표정을 보고 엄마가 자신을 경멸하고 무시한다고 해석하지 않겠는가? 당신이 실제로 아들을 무시한다는 말이 아니다. 내가 묻고 싶은 것은 "아들이 당신의 표정에서 경멸을 느끼는가?"이다. 의도하지 않았지만 무심코 그렇게 하지는 않았는가?

일반화의 위험을 감수하고 말하자면, 화난 여성은 남성에게 무례하게 보일 수 있다. 우울한 눈빛. 뚱한 얼굴. 의심에 찬 두 눈을 굴리고 머리를 절레절레 흔들며 짜증 섞인 한숨을 내쉰다. 상대방을 나무라며 삿대질을 하거나 팔짱을 낀 채 째려본다. 말에서는 새된 소리가 난다. 에스트로겐이 최고조로 분비되면 스스로도 깜짝 놀랄 정도로 무례한 말들이 줄줄 쏟아진다. 어떤 말들은 술 취한 뱃사람도 저리 가라 할 정도다. 여성이 선호하는 무기가 말로 쏘아붙이기가 아니던가.

그중 대부분이 언제나 베풀기만 하는 엄마의 상처와 좌절, 피로감에서 분출된 것이라 하더라도, 딸을 향한 아빠의 분노와 적개심 어린 표정에 변명의 여지가 없듯, 아들을 향한 엄마의 경멸 어린 표정 역시 변명의 여지가 없다. 엄마는 무슨 일이 있더라도 아들에게 긍정적인 태도를 유지해야 한다.

경멸하는 표정이 결코 아들의 기운을 북돋우지도, 동기부여를 하지도, 선한 영향력을 미치지도 않는다는 것은 상식이다. 세상 인본주의자들도 조건 없는 긍정의 중요성을 인정한다.

학자들이 밝혀낸 바로는 "관계의 성공은 대개 존경을 전하고 무례를 범하지 않는 데 달려 있다. 때로는 존경 표현이 목적 달성의 수단처럼 보이기도 하지만, 핵심은 존경받는 사람이 조종당하는 것이 아니라 조건 없이 존경받고 있음을 인지하는 데 있다."[1] 무조건 존경하라는 메시지는 전하기가 까다롭지만, 의사소통이 성공적으로 마무리되면 그 결과는 언제나 긍정적으로 나타난다.[2]

세상도 이런 사실을 인정한다면 그리스도를 사랑하는 여성은 더욱 그리해야 한다. 어쨌거나 예수님은 우리가 아직 죄인이었을 때 우리를 사랑하셨고, 값없이 주신 영생을 통해 우리를 영화롭게 하셨다(롬 5:8~11). 이것은 존경이 극대화된 모습이다! 그리스도를 믿는 사람은 누구보다 더 무조건 긍정하는 태도를 높이 평가하고 실천해야 한다. 우리에게는 영원하고 실질적인 이유가 있다. 모든 엄마는 아들 내면에 있는 하나님의 형상을 보고 그것을 존경해야 하기 때문이다. 모든 엄마는 예수님의 시선으로("마음은 원이로되 육신이 약하도다") 자기 아들을 보아야 한다.

## 조건 없는 사랑과 존경은 가능한가?

무조건 긍정하는 태도는 저절로 몸에 배지 않는다. 버릇없는 아들을 꾸짖을 때 예의를 갖추고 싶은 사람이 어디 있겠는가? 아들이 노골적으로 엄마를 무시하는데 어떤 엄마가 아들을 무조건 긍정하고 싶겠는가? 이것은 쉽거나 공평한 행동은 아니지만, 옳은 행동이다. 아이들은 미성숙하고 얄밉다. 하지만 이것이 성공의 지름길이다.

어떤 엄마는 쉬운 방법을 선호하는데, 그렇게 해서 목적을 몇 번 달성해보면 더욱 그렇다. 많은 엄마가 경멸의 힘을 직접 경험했다. 경멸이 위험하고 오해의 소지가 다분한 까닭이 바로 그것이다. 효과가 있다는 것! 엄마에게 경멸받는다고 느끼는 아들은 엄마의 기대에 부응하려 한다. 그럴수록 엄마는 경멸의 효과에 집착한다. 그러나 장기적으로 볼 때, 이런 논리는 딸에게 엄격하고 화를 내야 딸이 말을 듣는 다고 맹신하는 아빠가 맞이하는 결과와 비슷하다. 단기적으로는 효과 가 있을지 몰라도 장기적으로는 딸의 마음을 잃는다. 똑같은 일이 모 자 관계에서도 벌어진다. 적개심과 경멸은 결국 자녀의 마음을 멀어지 게 한다.

핵심은 이것이다. 아들을 향한 엄마의 조건 없는 존경은 딸을 향한 아빠의 조건 없는 사랑과 같다. 아빠는 딸이 죄악 된 육신의 선택을 하 는 것이 탐탁지 않지만, 그럼에도 딸을 사랑한다. 마찬가지로 엄마도 죄에 물든 육신의 선택을 하는 아들을 존경하는 것이 아니다. 엄마는 아들의 행동이 아니라 영혼을 존경하는 것이다.

이 말은 아들을 아무 조건 없이 '신뢰'해야 한다는 뜻일까? 거짓말 이나 도둑질, 속임수로 신뢰를 저버린 아들을 보고도 그럴 수는 없다. 절대로 그런 뜻이 아니다. 존경은 맹목적인 신뢰와 같은 말이 아니다. 맹목적인 신뢰는 방치하는 것이다. 아들이 잘못을 저질렀다면 그 대가 를 치르고 신뢰를 회복해야 한다. 엄마는 훈육하면서도 얼마든지 아들 을 긍정할 수 있다.

엄마는 존경할 수 없는 아들의 잘못을 반드시 꾸짖어야 하고, 그럴 용기가 있어야 한다. 아들에게 인기 점수를 얻으려 해서는 안 된다. 엄 마는 남몰래 엉뚱한 짓을 한 대가로 아들에게 3주간 외출금지를 통보 하면서도 얼마든지 존경을 보여줄 수 있다.

엄마는 하나님이 지으신 널 존경한단다. 네 진심도 존경하고. 넌 내 아들 이니까. 하지만 네가 무너뜨린 신뢰는 네가 다시 쌓아야 해. 이번 외출금 지로 좀 더 지혜로워지면 좋겠다. 앞으로는 언제나 진실한 결정을 내리 길 바란다. 명예로운 남자는 항상 진실한단다.

아들이 못된 행동을 해서 어쩔 수 없이 상대방을 업신여기고 품위 없는 엄마로 돌변하는 것이 아니다. 엄마의 반응은 오롯이 엄마 자신의 책임이다. 아들의 못된 행동에 수동적으로 침묵해서도 안 된다. 마땅히 꾸짖고 바로잡아야 한다.

## 존중하는 태도가 가능한 이유

사도 베드로는 다른 사람의 행동과 무관하게 그들을 존중하고 존경하라고 말했다. 사랑받지 못할 행동을 하는 사람도 사랑해야 하는 것처럼(마 5:46), 누군가 존경받지 못할 행동을 하더라도 그를 존경할 수 있어야 한다.

베드로는 이렇게 썼다. "뭇 사람을 공경하며 … 사환들아 범사에 두려워함으로 주인들에게 순종하되 선하고 관용하는 자들에게만 아니라 또한 까다로운 자들에게도 그리하라"(벧전 2:17~18).

까다로운 사람이라도 존경하라고? 그렇다. 심지어 베드로는 아내들에게 "존경하는 행실"(벧전 3:2, NASB)을 보여서 말씀에 복종하지 않는 남편을 설득하라고 권면한다. 존경받을 자격이 없는 사람에게 존경을 보이라는 뜻이다. 그들이 존중받을 만하지 않더라도 우리는 의연하게 행동해야 한다. 그들이 존경받을 만하지 않더라도 우리는 예의를 갖추어야 한다. 그들이 품위를 잃는다 하더라도 우리는 품위를 잃지 말아야 한다.

조건 없이 존경하는 것이 가능한 이유는, 우리가 어쩔 수 없이 화를 내야 하는 상황이나 환경은 없기 때문이다. 아들이 엄마를 경멸하는 여자로 '만드는' 것이 아니다. 그것은 엄마의 선택이다. 아들이 엄마의 속마음을 조종할 수는 없다. 하나님은 엄마를 자유로운 존재로 만드셨다. 그렇다고 엄마가 아무것도 못 느끼는 목석이라는 뜻은 아니다. 비탄에서 슬픔까지, 감사에서 행복까지, 도덕을 초월한 감정의 변화가 엄마의 내면에서 널을 뛸 것이다. 그러나 경멸과 무례는 엄마의 선택이다. 자신의 반응에 자신이 책임을 져야 한다. 엄마라면 아들에게 결코 이런 말을 해서는 안 된다. "네가 나를 이렇게 만들었어." 이것은 책임 있는 엄마로 살아가느냐의 문제다. 소중한 자녀와 소통할 때, 엄마는 자신의 목소리 톤과 단어 선택과 태도에 책임질 수 있어야 한다.

## 화를 내더라도 넘어서는 안 될 선이 있다

분노는 어떠한가?

엄마는 분노를 절제하며 이렇게 말할 수 있다. "난 너를 사랑하고 존경하지만, 네가 한 행동은 사랑할 수도 존경할 수도 없구나. 엄마는 화가 났어, 아주 많이. 하지만 이번 일에서 네가 배우는 게 있으면 좋겠다. 네게 창피를 주려는 게 아니라 도전을 주려는 거야. 대가를 치러야지. 그게 명예로운 남자가 되는 길이란다."

당신이 지금 화가 나서 아들에게 경멸감을 드러내는 것이 아님을 알려주라. 여전히 아들을 존경하고 믿고 있다는 사실을 밝혀라. 아들이 알고 있을 것이라고 막연히 짐작하지 마라. 이것이 화가 났을 때 하는 존경의 대화다. 분노를 표출하면서도 긍정적인 태도를 유지할 수 있다. 성경에서도 분을 내어도 죄를 짓지 말라고 말한다(엡 4:26).

화가 나더라도 넘어서는 안 될 선이 하나 있는데, 그것은 엄마의 분노로 아들이 존경받지 못한다고 느끼는 것이다. 한 엄마가 이런 편지를 보냈다. "제가 분노하고 통제할 때 아이들이 격분하고, 무엇보다 존경받지 못한다고 느끼는 것을 알게 되었어요. 아직 어리지만 제게 존경을 바라고 있었죠. 제가 아이들을 격려하고 실수를 용납할 때, 부드럽게 잘못을 바로잡고 기를 살려줄 때 집안이 좀 더 평온해졌어요."


## 존경과 관련해 아들은 어떤 경험을 하는가?

### 1. 아들은 존경의 체로 세상을 거른다

여자아이에게는 존경이 필요 없다거나 그들을 경멸해도 좋다는 말이 아니다. 남녀의 사고방식에 차이가 있음을 강조하는 것이다. "난 단지 한 남자 앞에서 존경을 구하는 여자일 뿐이에요." 우리는 이런 영화 대사는 들어보지 못했다. 남편이 아내에게 보내는 카드를 다 살펴봐도 "여보, 당신을 진심으로 존경하오" 같은 문구는 찾지 못할 것이다. 여성 안에는 사랑의 언어를 말하는 기관이 있으며 자신도 그 언어를 듣길 원한다. 마찬가지로 남성도 다른 언어, 곧 존경의 언어를 말하고 자신도 그 언어를 듣길 원한다.

존경의 언어를 잘 사용하면 아들을 축복하고 용기를 북돋아줄 뿐 아니라 존경받는 사람이 되는 방법을 보여줄 수 있다. 수많은 엄마가 "아들을 어떻게 존경하라는 건지 도무지 모르겠어요"라고 말하면서도, 아들이 자신을 존경하길 기대하는 것이 참으로 이상하지 않은가.

"착하게 굴라." 그 엄마가 생각하는, 다른 사람에 대한 존경은 이 한마디로 요약할 수 있다. 어떤 엄마에게는 이것이 존경에 관해 아는 전부이자 도덕적 호소의 기준이다. 사랑의 언어에 관해서는 눈빛 맞추기, 경청, 공감, 배려, 부담 덜어주기, 사과, 쪽지, 카드, 꽃다발, 선물, 관계에 대한 대화, 온종일 그 사람 생각하기 등 끝없이 예를 들 수 있으면서도 말이다. 이런 까닭에 엄마들은 존경의 언어를 배워야 한다는 소리를 들으면 힘들어한다. 존경은 그들의 언어가 아니기 때문이다.

엄마는 존경이라는 기준으로 인간관계를 맺지 않는다. 결혼 생활이나 가족생활도 마찬가지다. 착하다는 개념을 넘어서 자신이 한 번도 상상해보지 못한 포괄적 견해를 가지려니 부자연스럽다. 그러나 아들을 사랑하는 엄마는 과연 그 말이 맞는지 알아보려 할 것이다. 대화에 능숙해지면 엄마는 아들이 존경받는 하나님의 사람이 되도록 이끄는 역할을 자처한다.

아이가 엄마의 언어를 배운다는 것은 우리도 알고 있다. 그러나 많은 이들이 아들의 마음속 깊은 곳에 태생적으로 XY 염색체가 있다는 점과, 그것이 엄마의 의식적이고 의도적인 영향력과는 무관하다는 점은 고려하지 않는다. 염색체는 세포핵 안에 있는, 잘 조직된 DNA 꾸러미다. 그 정교함과 복잡성, 일관성, 예측 가능성, 연속성, 질서, 리듬, 인간에게 있는 염색체 스물세 쌍(그중 한 쌍은 성염색체다)의 언어를 바라보노라면 경이 가운데 하나님의 장엄한 설계를 찬양하게 된다.

하나님이 아들을 백지상태로 창조하셨기에, 우리가 문자 언어를 배울 때처럼, 아들이 말해주길 바라는 언어로 그의 존재에 글을 쓸 수 있다는 발상에 엄마들이 동의할까? 13세기 신성 로마제국의 황제 프리드리히 2세는 아이의 원초적 언어가 무엇인지 밝혀내려고 갓난아기들에게 타인과의 상호작용을 금지시켰다고 한다. 그 언어는 히브리어였을까, 라틴어였을까, 아랍어였을까, 아니면 다른 어떤 언어였을까? 프리드리히 2세는 답을 얻지 못했다. 전해지는 말에 의하면, 사랑의 상호작용이 부족했던 탓에 아기들이 모두 죽고 말았기 때문이다.

엄마가 아들에게 하는 말은 아들에게 정보를 주입하는 것보다는 아들에게서 어떤 정보를 끄집어내는 것과 더 관계가 있다. 이미 인간의 DNA에는 언어 능력이 들어 있다. 그러므로 엄마는 아들의 내면에서 언어를 발견하는 동시에 아들에게 문자 언어를 알려주는 동시 작업을 하는 셈이다.

아들과 딸은 동등하지만 똑같지는 않다. 유전적으로 남녀는 다르다. 의사이기도 한 신경정신분석학자 루안 브리젠딘 박사는《여자의 뇌, 여자의 발견》에서 이렇게 말한다. "인간 유전체에 들어 있는 3만 개 유전자 가운데 1퍼센트도 되지 않는 양성 간의 물리적 차이는 미미하다. 하지만 그 차이는 즐거움과 고통을 기록하는 신경에서부터 인지, 사고, 감정, 정서 등을 전달하는 신경세포에 이르기까지 우리 몸속 모든 세포에 영향을 미친다."[3]

아들은 존경과 경멸에 대한 생각과 감정을 상대적으로 더 강하게 타고난다. 아들은 명예를 추구하려는 확고한 투지를 갖고 있기에 당신이 상상치 못한 방법으로 불명예에 대응할 것이다. 아들은 엄마의 사회적 상호작용 기준과는 달리, 존경과 경멸에 근거해 사람들과 상호작용할 것이다. 아들에게는 하나님의 명예와 영광, 존경받는 하나님의 사람이 되는 것과 관련한 영적 성향이 생긴다. 반면 당신은 하나님을 사랑하는 것과, 아들이 사랑받는 하나님의 사람이 되는 것을 바라는 쪽으로 마음이 기운다. 당신의 삶이 사랑을 중심으로 돌고 있을 때, 아들은 존경과 경멸에 근거해 감정과 기질, 인격, 성향, 동기를 갖는다.

내 말이 편향되었다고 생각하는가? 여성의 감성을 생각해보자. 대부분 남성은 여성만큼 감성적이지 않으며, 카드나 선물용품 업계도 그 사실을 알고 있다. 가족과 친구들 사이에서 드러나는 여성의 양육 본능과 지속적인 보살핌을 떠올려보라. 물론 남자도 보살피기는 하지만 파란색과 분홍색이 다르듯 차이가 난다. 여성이 행복하거나 슬플 때 혹은 좌절했을 때 흘리는 눈물을 보라. 남성은 여성처럼 울지 않는다. 남성은 여성이 표현하는 두려움을 느끼지 않는다.

어느 쪽도 잘못된 것이 아니다. 그저 다를 뿐이다. 하나님의 형상을 따라 창조된, 공통된 인간성에 기인하는 공통분모도 물론 있다. 그러나 바로 그 하나님이 우리를 남성과 여성으로 만드셨다.

엄마는 경멸하려는 의도가 전혀 없었음에도 아들은 자신이 무시당했다고 경멸당했다고 느끼는 순간이 있을까? 물론이다. 당신이 그랬던 것처럼 아들도 상황을 잘못 이해할 수 있다. 당신도 때로는 사랑받지 못한다고 느낄 때가 있는데, 사실은 당신 생각대로 되지 않았던 일 때문에 상처받고 기분이 상했던 것이었음을 나중에야 깨닫는다. 아들이 상황 파악을 경솔하게 했을지라도 아들의 미심쩍은 부분마저 선의로 해석하는 것이 진정 지혜로운 엄마다. 이런 말로 당신은 아들의 오해를 바로잡을 수 있다. "얘야, 엄마는 네가 왜 무시당했다고 느끼는지 알 것 같아. 그래서 나도 슬퍼. 하지만 너를 무시할 의도는 없었어. 엄마가 사과할게. 경멸하려는 뜻은 정말 없었어."

반면 엄마가 이렇게 반응하면 어떨까? "철 좀 들어라! 정말 어처구니없구나. 누가 널 무시한다고 그러니?" 그러면 엄마는 아들을 화나게 하고 결국 아들의 마음을 잃게 된다. 엄마는 십 대 딸을 둔 어떤 아빠와 비슷한 방법으로 아들의 마음을 무너뜨린 것이다. "다 큰 녀석이 아기처럼 울긴 왜 울어! 학교에서 어떤 놈이 보낸 쪽지 하나 잃어버렸다고 누가 신경이나 쓴대? 그 녀석한테 한 장 더 써달라고 해." 딸이라면 눈물을 뿌리며 자기 방으로 뛰어가겠지만, 아들은 엄마에게 실망해 주먹을 꼭 쥐고 입술을 뿌루퉁하게 내밀 뿐이다. 딸은 나중에라도 아빠가 자신을 사랑한다는 확인을 받지만, 아들은 그런 엄마와 점점 더 거리를 두기 시작한다.

## 2. 아들은 경멸을 인신공격으로 생각하는 경향이 있다

딸에게도 존경은 필요하지만, 대개는 엄마와의 갈등을 존경의 체로 거르지는 않는다. 엄마가 푸념과 비판을 늘어놓으면 딸은 엄마가 자기에게 말을 걸고 싶어 한다는 것을 본능으로 안다. 엄마는 부정적으로 반응하면서도 여전히 자녀에게 관심이 있기 때문이다. 엄마들은 속마음을 이렇게 털어놓았다. "딸아이가 저랑 이야기하고 싶어 하는 것 같아서 일부러 자극한 거예요." 딸도 엄마가 왜 그러는지 알고 있다. 결국 모녀는 딸 침대에 앉아 서로의 관심사에 대해 30분간 이야기를 나눈다. 여성들은 감정의 바다 한가운데서 편안함을 느낀다.

하지만 엄마가 아들의 입을 열게 하려고 자극하면 아들은 보통 자리를 뜬다. 오히려 의도적으로 엄마를 피한다. 엄마의 말과 행동은 아들에게 인신공격으로 여겨질 수 있다. 그러니 아들이 입을 꾹 다물고 마는 것이다. 엄마가 푸념과 잔소리를 늘어놓으면, 아들은 딸이 분홍 렌즈로 보는 것과는 달리 파란 렌즈로 그것을 걸러낸다. 아들의 이런 행동은 엄마에게 거절감과 사랑받지 못하는 느낌, 무시당한 듯한 기분을 줄 수 있다. 하지만 엄마는 이렇게 자문해야 한다. '딸은 사랑의 체로 내 말과 행동을 이해하지만, 아들은 존경의 체로 걸러내는 건 아닐까?' 열일곱 살 아들은 친한 친구에게 이렇게 말할지도 모른다. "우리 엄마는 날 사랑한다고 하면서도 무시해."

엄마와 아들이 겪는 어려움은 또 있다. 아들은 눈물을 잘 흘리지 않는데, 엄마가 그런 모습을 건방진 태도로 오해하는 것이다. 특히 아들이 사과하지 않을 때 더 그렇다. 엄마와 딸은 서로 악다구니를 쏟아내고 난 뒤에도 "미안하다"고 말한다. 사과 한마디면 상황이 종료된다. "미안하다"는 말은 다음번 싸울 때까지는 다 괜찮다는 뜻이다.

딸과 달리 아들은 엄마의 자극에 냉담하게 반응한다. 아들은 딸보다 "미안하다"는 말을 훨씬 덜 한다. 그래서 엄마는 아들의 입을 떼게 하려고 느닷없이 무시하는 말을 퍼붓기도 하지만, 그럴수록 아들은 더 입을 다물거나 도리어 화를 낸다. 정면 돌파를 시도한 엄마는 자신의 여성스러운 접근법이 역효과를 낳는다는 사실을 알게 된다.

아들이 입을 꾹 다물고 있다면 이렇게 접근해볼 수 있다.

> 엄마가 이런 식으로 하는 것은 널 무시해서가 아니야. 하지만 네가 이렇게 입을 꾹 다물고 있으니 엄마는 어디 섬에 혼자 남은 느낌이구나. 오히려 네가 나를 무시하는 것은 아닌가 하는 생각도 들어. 나는 단지 이 문제에 대해 이야기하고 싶을 뿐이야.

아들이 대꾸하지 않을 수도 있다. 하지만 당신은 이러한 방식으로 아들을 격려하고 동기를 부여하며 적잖은 영향을 미칠 수 있다.

### 3. 아들은 존경이 필요하다고 직접 말하지 않는다

많은 엄마가 존경 대화로 아들과 이야기 나누는 일에 서투르다. 딸은 아들보다 사랑 표현과 반응에 더 적극적인 편이다. 빨간 하트와 XO 마크(X는 입맞춤을, O는 포옹을 의미한다—옮긴이)가 그려진 쪽지만 보아도 알 수 있듯, 딸들은 사랑받고 싶은 욕구를 솔직하게 드러내는 경향이 있다. 사랑은 여성들 사이에서 단골 대화 주제이며, 그런 대화는 주로 여성이 주도한다.

반대로, 아들은 존경을 표현하고 반응하는 데 소극적이다. 하지만 그런 대접을 받았을 때 기뻐하고 활짝 웃었다는 엄마들의 증언에서 보듯, 그 욕구는 아들 안에 실재한다. 그럼에도 아들은 딸이 사랑받고 싶은 욕구를 공히 드러내는 것처럼 존경받고 싶은 욕구를 솔직하게 드러내지 않는다. 한 예로, 딸은 자신이 조건 없는 사랑을 받는다는 것을 알기에 이렇게 묻는다. "엄마는 날 사랑해요?" 반면, 아들은 "넌 그럴 자격이 없어. 존경받을 행동을 했어야지"라는 대답을 들을까 봐 "엄마는 날 존중해요?"라는 질문은 거의 하지 않는다.

이렇게 주저하는 경향은 연구로도 뒷받침된다. 워싱턴대학교는 부부 2천 쌍을 대상으로 벌인 연구에서 성공하는 결혼 생활의 두 가지 기본 요소가 사랑과 존경임을 밝혀냈다. 그런데 여기에 성별에 따른 차이가 확연히 드러났다. 의도적으로 자리를 피하고 뒤로 물러나는 사람의 85퍼센트가 남자였다. 여자는 그런 행동을 애정 결핍이나 적대 행동으로 이해했다. 여자는 갈등을 만나면 푸념하고 비판했다. 남자는 비판이 계속되면 여자가 자신을 경멸한다고 믿었다.

나는 이런 부분에서 여성을 이해시키려고 애썼다. 대부분 남성과 남자아이가 물러나는 것은, 그렇게 해야 명예롭다고 생각해서이지 적대적인 의도 때문이 아니다. 남자는 갈등 상황을 내려놓고 잊는 것으로 갈등을 줄이려고 한다. 그냥 그 상황을 모면하고 싶은 것이다. 나는 남성도 이해시키려고 애썼다. 여자가 비판하는 것은 관심의 표현이지 경멸을 의도한 행동이 아니다. 여성은 관계에 관심이 많고 문제를 해결하며 화해하고 싶어 한다. 늘 관계를 발전시키고 싶어 하고 남성이 자기에게 화난 게 아니라 사랑하는 것임을 확인하고 싶어 한다.

딸은 "엄마는 날 사랑해요?"라고 자주 묻고, "사랑받는 느낌이 안 드는 걸 보니 엄마의 애정이 식었나봐요"라고 투덜대기도 한다. 그러나 아들은 존경이 필요하다는 이야기를 두어 번 하다가 거절당하면 영영 그만두고 만다. 그 뒤로는 다시는 입 밖에 내지 않는다. 생각해보라. 아들이 "엄마는 날 존경해요? 그렇다고 말해주면 안 돼요? 엄마는 날 존경해야 돼요"라고 말할 때, 받아주는 엄마가 몇이나 되겠는가? 아들은 엄마에게, 더군다나 다른 여성에게는 더더욱 이런 말을 하지 않는다. "엄마(당신)는 다른 사람을 존경할 줄 몰라요. 난 내가 존경받고 있다는 느낌이 안 들어요."

그러므로 존경에 대한 아들의 필요가 한번 묵살되었다고 해서 아들에게 더 이상 존경이 필요하지 않을 것이라고 단정해서는 안 된다.

### 4. 엄마는 본성상 사랑하게 되어 있고, 존경에 신경 쓰지 않는다

우리 아들 조나단이 라디오에서 들은 이야기다. 어떤 엄마의 아들이 자신의 비문을 써보라는 숙제를 받아왔다. 아들은 "존경받는 하나님의 아들"이라고 썼다. 아이는 묘비에 이 글귀가 새겨진 모습을 마음속에 그려보았다. 하지만 엄마는 반대했다. "사랑받는 하나님의 아들"이란 글귀를 새겨야 한다는 것이었다.

아들은 자라 남자가 되면서 존경의 체로 세상을 거른다. 그에 반해 엄마는 사랑의 체로 아들을 바라본다. 아들이 사랑이 많아서 사랑받는 사람이 되길 원한다. 결과적으로 엄마는 자신에게 중요하지 않다는 이유로 가슴 깊은 곳에서 우러나온 아들의 말을 무시한다.

엄마는 본성상 사랑하게 되어 있으므로 조건 없이 존경하고자 일부러 노력할 필요가 있다. 한 엄마는 이렇게 말했다. "전 엄마니까 사춘기 아들이라도 당연히 사랑하죠. 조건 없는 사랑을 받던 아들이 이젠 확실히 조건 없는 존경을 원하는 것 같아요. 어쩌겠어요. 제가 둘 사이를 왔다갔다할 수밖에요."

엄마가 된 여성은 사랑하는 아이를 우주의 중심에 둔다. 모성의 본질은 타인 중심이므로 엄마는 이를 유감스러워하지 않는다. 그러나 모성애에 사로잡힌 엄마는 아들에게 존경을 보여야 한다는 생각은 미처 하지 못한다. 아들 눈에 자신이 존경이란 걸 모르는 사람으로 비친다는 생각도 하지 못한다.

대부분의 엄마가 사랑을 통해 이루려던 소망을 존경을 통해 더 빨리 이룰 수 있다. 한 엄마의 편지를 보자.

열세 살 아들과 주사위 놀이를 하려는데, 게임 규칙을 살펴보니 그동안 우리가 말을 아주 엉뚱하게 세웠더라고요. (아이 삼촌이 아이에게 한참 동안 게임 규칙을 설명해주었고, 그 다음 아이가 제게 그 규칙을 가르쳐주었거든요.) 제가 새롭게 말을 놓기 시작하자 아들은 당황하며 풀이 죽더니 그만 토라지고 말았어요. 저는 이런저런 방식으로 아들을 달래보았어요. 하지만 아들은 점점 더 토라졌죠. 결국 저는 이렇게 말했어요. "엄마는 네가 화난 걸 보면 돕고 싶어져. 네가 문제를 바로잡을 수 있게 말이야. 네 기분도 풀어주고 싶고. 하지만 네가 원하지 않으니 그럴 수 없을 것 같구나." 아들은 멈칫하더니 제게 이렇게 말했어요. "고마워요, 엄마. 그렇게 말해줘서." 녀석은 그렇게 자기도 모르게 저를 '사랑'해주었죠. 우리는 둘 다 기분이 좋아졌어요.

엄마는 아들의 독립성을 인정하고 존중해주었고, 아들은 그런 엄마에게 감사했다. 아이는 엄마가 자신을 위로하고 기분을 풀어주려고 노력하는 모습을 사랑으로 받아들였다. 엄마가 솔직하고 정중하게 심정을 털어놓으며 더 이상 아들을 도울 수 없을 것 같다고 했을 때, 그 말은 아들 귀에 크고 분명하게 이렇게 들렸다. "이젠 너 스스로 할 수 있어."

존경은 사려 깊음을 수반한다. 한 엄마는 이렇게 말했다. "솔직히 이것이 훈육의 문제인지, 존경의 문제인지, 아니면 또 다른 무엇인지 잘 모르겠어요. 아들을 키우다 보면 분홍색이냐 파란색이냐 하는 해묵은 문제가 생길 수밖에 없죠."

하나님이 아들을 설계하신 방식을 이해하면 좀 더 쉽게 모자 관계의 방향을 잡을 수 있다. 존경에 대한 아들의 필요를 이해하면 엄마는 관계를 개선할 수 있다. 아들의 반응을 이해하고, 아들의 남성성을 인정하고, 갈등을 풀고, 동기를 부여하고, 아들과 좀 더 밀접하게 연결되고, 아들의 영혼 속 필요를 채울 수 있다.

어떤 엄마는 자신의 신념을 이렇게 전했다. "십 대 아들의 커가는 독립심을 존중할수록 아들은 엄마에게 더 큰 사랑을 느낍니다."

다른 엄마의 이야기도 들어보자.

박사님이 아들을 키우는 일에 희망을 주셨다는 것을 말씀드리고 싶어 편지를 보냅니다. 저는 넷째를 임신 중이고, 이 아이는 셋째 아들이에요. 솔직히 딸과의 관계와 유대감을 아들과는 절대 누릴 수 없다고 생각했어요. 사실이 그랬고요. 하지만 아들들을 존경하는 법을 배우면서 우리 모자 관계가 좀 더 끈끈하게 연결되리라는 희망이 생겼어요. 저는 아들들의 미덕을 키워주는, 아이들 인생에서 가장 중요한 여성이 될 테니까요. 그 점을 알려주셔서 감사합니다.

아들에게 사랑받는다고 느끼는 그 순간에, 엄마는 존경 대화를 활용할 수 있어야 한다. 어쩌다 아들과 사랑 대화를 나누게 되었을 때 황홀한 기분에 사로잡혀 있지만 말고 말이다. 어떤 엄마는 여덟 살 아들과 나눈 대화를 편지로 보내왔다. 가장 먼저 눈에 띈 것은, 엄마가 시작한 존경 대화가 아니라 아들이 시작한 사랑 대화였다.

제가 일주일 정도 몸이 아팠습니다. 아들이 왜 우느냐고 묻기에 이렇게 대답했죠. "누가 그러는데 엄마 모습이 엉망진창이래." 아들이 대답했습니다. "그 사람은 좋은 사람이 아니에요. 엄마, 머리 모양을 바꿔보면 어때요? 돈은 제가 낼게요." 제가 더 크게 울자 아들이 물었습니다. "내가 잘못 말했어요?" "아니야, 예쁘게 말했어. 나중에 커서 네 아내가 힘들거나 아플 때도 그렇게 말해주렴." 아들이 대답했습니다. "좋아요, 엄마. 버릇없는 말이나 엄마 마음을 아프게 하는 다른 말도 하지 않겠다고 약속할게요." 겨우 여덟 살짜리가 제게 이렇게 말했답니다!

지금 무슨 일이 일어나고 있는가? 이 엄마는 아들의 다정함에 감동했다. 엄마는 이 대화를 결코 잊지 못할 것이다. 여기서 아들의 눈으로 이 대화를 해석해보자. 아들은 엄마가 우는 것을 보고 이유를 물었다. 엄마는 이유를 말했다. 아들은 엄마를 돕고 싶다고 말했다. 아들의 말을 들은 엄마는 감동을 받아 더 눈물을 흘렸다. 그러자 아들은 자신이 뭔가 잘못했다고 생각한다. 이런 상황을 아들은 분명하게 이해하지 못한다. 엄마는 아들이 잘못한 것이 아니라 예쁜 일을 했다고 말해준다 (존경의 대화에 가장 근접한 말이다). 그런데 이 엄마는 곧바로 미래의 아내가 힘들거나 아플 때 어떻게 해야 할지 알려주는 미니 설교로 직행한다. 그러자 대뜸 아들은 엄마의 마음을 아프게 하는 말을 하지 않겠다고 약속한다.

나는 이 대목에서 아들이 엄마가 생각하는 것보다 훨씬 더 불안을 느꼈다는 것을 직감했다. 그래서 아들이 엄마에게 버릇없이 굴지 않겠다는 약속을 한 것이다. 이 상황에서 엄마가 존경을 담아 아들에게 몇 마디를 더 해주었다면 어땠을까? 아들을 확실하게 격려해주었더라면 어땠을까?

아들, 네 말에 엄마는 엄청 감동받았어. 네가 정말 자랑스럽구나. 엄마가 우니까 행복하지 않은 것처럼 보이지만, 사실은 너 덕분에 행복해서운 거야. 여자들은 슬플 때만 아니라 행복할 때도 눈물을 흘린단다. 맞아, 처음엔 머리가 엉망진창이어서 슬펐는데 네 말을 듣고 나선 행복해졌어. 미용실 갈 돈을 주겠다고 했을 때도 행복했어. 어쩜 그렇게 친절하고 마음이 넉넉하니! 존경한다, 얘야. 넌 강하고 멋진 남자가 될 거야. 고마워. 우리 하이파이브 할까?

엄마는 대개 말을 잘한다. 마음속에서 봇물 터지듯 말이 흘러나온다. 그날의 대화를 일기장에 적으면서 아들과 깊은 유대감이 형성되었다는 생각도 들 것이다. 하지만 존경 대화를 했다면 아들의 기분은 훨씬 더 좋았을 것이다.

아들과의 대화가 사랑스럽게 느껴지고 엄마의 다정함이 더 깊어질 때 자신에게 이런 질문을 해보는 게 어떨까? '지금 이 대화에서 아들에게 더 해줄 존경의 말이 있을까?'

**5. 아들에게 먼저 존경의 본을 보여야, 엄마와 타인에게도 존경을 보이라고 요구할 수 있다**

엄마가 아들에게 존경 대화를 사용할 때, 다른 사람에게도 존경을 담아 말할 것을 부탁할 수 있다. 다음 내용을 읽으면서 한 엄마가 아들에게 이런 이야기를 어떻게 했는지 살펴보자. 아들은 존경의 언어가 자기 DNA에 들어 있는 양 엄마의 말을 잘 알아들었다.

저는 아들에게 가장 필요한 것이 존경이라는 걸 압니다. 다른 사람과 어떻게 관계를 맺어야 하는지 아들과 이야기할 때 저는 존경을 자주 언급하죠. 상대방이 마음에 들지 않거나 의견에 동의하지 않더라도 그를 존경할 수 있다고요. 어떤 식으로 존경을 표할 수 있는지도 이야기합니다.

자신의 선택과 실패 인정하기, 단어 선택에 주의하기, 상대방의 의사결정 신뢰하기, 듣기 좋은 어조와 배려하는 몸짓 사용하기 같은 것 말이죠. 하나님, 친구, 누나, 부모, 조부모를 존경하는 법에 대해서도 이야기를 나눕니다. 아들은 이런 이야기를 곧잘 이해합니다. 저는 또한 다른 사람이 내게 존경을 표하지 않더라도 그들에게 정중해야 한다고 말합니다. 분노와 좌절 같은 감정을 직면해서도 존경의 태도를 잃어선 안 된다고요.

그냥 "착하게 굴라" 하는 것보다 이런 식으로 이야기를 나누는 편이 훨씬 더 효과적입니다. 예를 들어, 아들에게 "좋은 말로" 누나에게 다시 말하라고 하면, 말끝에 "제발"이란 단어만 붙인 짜증 섞인 말을 하더라고요. 반면, 누나에게 존경을 담아 말하라고 하면 아들은 직설적으로(심지어 단호하게) 말할 때도 있지만, 그래도 그 말엔 언제나 진심이 담겨 있어요. 아들이 제게 칭얼거리거나 버릇없이 굴면 엄마를 존경해달라고 부탁합니다. 그러면 녀석의 말투가 금세 바뀌죠.

아들이 존경을 보이지 않는다고 느낀다면 아들에게 존경을 보여달라고 요구할 수 있다. 당신이 본이 되면 된다. 무례한 아들을 똑같이 무례하게 대하면 존경을 보이라는 호소에 힘이 실리지 않는다. 생각해보라. 당신이 아들에게 존경을 보이지 않는데, 아들이 왜 당신에게 존경을 보이고 싶겠는가?

하나님은 아들에게 부모를 공경하라고 명령하신다. 당신이 시작하는 존경 대화는 아들에게 그 방법을 보여준다. 부모를 공경하라는 하나님의 명령은 아들에게 주어진 책임이지만, 존경 대화는 아들이 하나님 말씀에 기꺼이 순종할 수 있는 최고의 환경을 조성한다.

부모라고 완벽할 수는 없다. 혹시 아이를 무시했다면 솔직히 인정하고 용서를 구하라. 그것이 아들에게 경멸에서 다시 일어서는 법을 알려주는 좋은 본이 된다. 어떤 엄마는 이렇게 말했다. "우리 아들들은 열세 살, 열 살입니다. 알 건 다 아는 나이죠. 처음에 강의를 듣고 나서 저는 아이들 아빠를 존경하지 않았던 것에 대해 아이들에게 용서를 구했습니다. 그러자 아이들의 태도가 달라지기 시작했습니다. 아이들에게 존경이 전달된 겁니다. 이젠 자신들이 엄마 아빠에게 무례한 행동을 하지는 않았는지 물어볼 정도랍니다."

마지막으로, 남편과 아들 사이에 주기적으로 발생한 갈등을 털어놓은 한 엄마의 이야기를 들어보자.

> 제 관심사를 가끔씩 남편에게 정중하게 말하는 모습을 아들에게 보여주었어요. 그랬더니 아들이 아빠와 여러 주제에 대해 터놓고 대화를 하게 되더라고요. … 상황이 불공평하게 느껴지거나 어떤 문제에 조정이나 설명이 더 필요할 경우, 존경을 담아 아빠에게 호소하는 법을 아들에게 가르쳐주었어요. 우선, 주어진 상황에서 아빠를 존경하지 못한 점을 사과하고, 적절하다면 아빠와 문제에 대해 정중하게 이야기를 나누어보라고 했어요. (그렇게 한다고 남편이 입장을 바꾸는 건 아니지만, 분명 더 나은 소통을 하더군요.)

앞으로 당신은 이 놀라운 존경 개념을 적용해가면서, 다른 엄마에게도 깨달은 바를 이야기하게 될 것이다. 그 이야기를 들은 엄마는 처음에 이런 질문을 던질 것이다. "아들을 존경하라니 그게 무슨 말이에요?" 이번 장에서는 사람들이 흔히 던지는 이 질문에 답을 제시한다.

아들에 대한 부정적 태도는 아들에게 긍정적 동기를 부여하지 않는다. 이런 이유로 아들의 행동이 어떠하든 엄마는 아들을 향해 긍정적 태도, 즉 존경을 보여야 한다. 아들을 경멸하는 태도는 장기적으로 보았을 때, 결코 아들에게(그 누구에게도) 존경심과 애정을 갖게 하지 않으며 맥 빠지게 할 뿐이다. 무엇보다 엄마가 존경을 요구하기 전에 먼저 존경의 본을 보이는 것이 중요하다. 그래야 아들도 따라올 테니 말이다.

# 3

## 엄마가 외면하는 아들의 절실한 필요

하나님은 엄마에게 무엇을 기대하시는가? 성경은 모자 관계에 대해 하나님의 뜻을 어떻게 드러내는가? 나는 이 내용을 G-U-I-D-E-S라는 머리글자로 정리했다. 이것을 염두에 둔다면 당신은 존경하는 마음으로 아들을 이끄는(GUIDES) 엄마가 될 수 있다. 하나님은 엄마인 당신에게 다음 여섯 가지를 실천하라고 말씀하신다.

1. **베풀라(Give).** 그리하여 아이의 기본적인 신체 욕구를 채워주라.

2. **이해하라(Understand).** 그리하여 아이가 화나거나 짜증 나지 않게 하라.

3. **가르치라(Instruct).** 그리하여 아이가 하나님의 지혜를 알고 실천하게 하라.

4. **훈육하라(Discipline).** 그리하여 아이가 스스로 잘못된 선택을 바로잡게 하라.

5. **격려하라(Encourage).** 그리하여 아이가 하나님이 주신 은사를 담대히 계발하게 하라.

6. **간구하라(Supplicate in prayer).** 그리하여 아이가 하나님의 손길과 진리를 경험하게 하라.

각 개념은 《자녀가 간절히 바라는 사랑, 부모가 진심으로 원하는 존경》에서 소개한 성경의 기본 가르침을 중심으로 한다. 양육에 관한 성경의 가르침을 되새겨보면서 나는 이것이 모든 아동의 중요한 특징을 정확히 잡아내고 있다는 점에 놀랐다.

이 체크리스트가 흥미롭게 느껴지는 이유는, 아들의 연령과 성장 단계에 맞는 엄마의 접근법이 무엇인지 빠르게 평가하는 수단을 제공하기 때문이다.

아들이 아플 때 엄마는 질병의 원인을 알아내기 위해 먼저 증상을 살핀다. 자기 힘으로 어려울 때는 의사의 도움을 받기도 하지만 대부분 엄마는 아이를 건강하게 회복시킨다. 이처럼 의학 정보를 검토하는 것과 동일한 방식으로 이 여섯 가지를 활용하기 바란다.

### 1. 신체에 베풀라
- 아들이 배고픔 같은 신체적 필요 때문에 부정적으로 반응하고 있는가?

### 2. 감정을 이해하라
- 아들이 화를 내고 짜증을 부리는 것은 당신의 이해가 필요하기 때문인가?

### 3. 마음에 가르치라
- 아들이 스스로를 바보 같다고 느끼는 것은, 당신이 아들에게 제때 가르치지 않았기 때문인가?

### 4. 의지력을 훈육하라
- 아들은 훈육을 받아야 할 정도로 제멋대로 행동하고 있는가?

### 5. 사회성을 격려하라
- 아들이 텃세에 시달리면서 축구부를 그만두려 하는가? 격려가 필요할 때가 아닌가?

### 6. 영적으로 간구하라
- 아들이 정서적으로나 사회적으로 힘들어하는가? 아들을 위해 간절히 기도하는 모습을 보여주는 것이 어떤가?

이제부터는 각 개념을 뒷받침하는 성경 구절을 설명하겠다. 여기서는 개괄적으로 살피고, 각 항목은 나중에 더 깊이 있게 적용하겠다.

### 베풀라: 아이의 기본적인 신체 욕구를 채워주라

어느 엄마가 아들의 신체적 필요를 알고도 못 본 척하겠는가? 불가능에 가깝다. 이사야 49장 15절은 "여인이 어찌 그 젖 먹는 자식을 잊겠으며 자기 태에서 난 아들을 긍휼히 여기지 않겠느냐?"라고 말한다. 엄마는 자기 아이에게 연민을 가진다. 아이의 필요를 잊지 않고 채워준다. "어머니가 자기 자녀를 돌보듯이"(살전 2:7, 새번역) 하는 모습보다 더 큰 사랑이 어디에 있겠는가? 예수님도 아버지라면 당연히 자식의 신체적 필요를 채워주어야 한다고 말씀하셨다. 마태복음 7장 9~11절에 등장하는 아버지는 부모를 대표한다.

> 너희 중에 누가 아들이 떡을 달라 하는데 돌을 주며 생선을 달라 하는데 뱀을 줄 사람이 있겠느냐? 너희가 악한 자라도 좋은 것으로 자식에게 줄 줄 알거든 하물며 하늘에 계신 너희 아버지께서 구하는 자에게 좋은 것으로 주시지 않겠느냐!

이처럼 키우고 먹이는 것은 엄마의 본성이다. 어버이날에 깜짝 선물로 차려주는 기분 좋은 아침 식사 외에는 보통 엄마들은 아들이 차려주는 밥상을 기대하지 않는다. 엄마가 아들을 돌보지, 아들이 엄마를 돌보지 않는다. 바울은 "어린아이가 부모를 위하여 재물을 저축하는 것이 아니요, 부모가 어린아이를 위하여"(고후 12:14) 한다고 말한다.

하지만 이사야 49장 15절에서 보듯 자녀를 방임하는 예가 드물지만 있기는 하다. 심지어 가족을 버리는 엄마도 있다. 그래서 바울은 가족 부양을 거부하는 자들에게 경고한다. 디모데전서 5장 8절은 "누구든지 자기 친족 특히 자기 가족을 돌보지 아니하면 믿음을 배반한 자요, 불신자보다 더 악한 자"라고 말한다.

여기서 말하고 싶은 바는 이것이다. "아들의 신체적 필요는 채워주면서 존경에 대한 아이의 필요는 모른 척하지는 않는가? 사랑하는 마음으로 돌보기는 하지만, 아들을 먹이고 입히고 씻기면서 경멸이 담긴 태도로 대하지는 않는가?"

엄마가 아들의 가장 절실한 필요를 모르거나 외면할 수도 있을까? 안타깝지만 그럴 수 있다. 아들에게 아침 식사를 차려주며 이렇게 말할 수 있다. "네가 먹을 달걀, 베이컨, 토스트, 감자튀김을 만들어놓았어. 갓 짠 오렌지 주스도 있고. 근데 옷 꼴이 그게 뭐니? 노숙자도 너보다는 잘 입겠다. 그렇게 입고 학교에 가면 엄마를 욕 먹이는 거야. 사람들이 엄마를 어떻게 생각하겠니?" 엄마는 아들을 사랑해서 밥을 차려준다. 그런 와중에 아들을 비판하며 경멸하는 것이다. "엄마는 너를 사랑해. 그런데 존경하지는 않아." 이렇게 한 입으로 두 말을 하지 않도록 조심하라.

**이해하라:** 아이가 화나거나 짜증 나지 않게 하라

엄마에게는 보살피고 공감하는 본능적인 능력이 있다. 상대방의 이야기를 적극 경청하고 이해하려고 애쓴다. 하지만 그런 일을 하면서 점점 지쳐간다. 솔직히 말하자면, 엄마도 아들과 다른 사람이 자신을 온전히 이해해주길 바랄 때가 있다. "끔찍하고 지긋지긋하고 일진이 사나운 날"에 몸이 녹초가 되면 존경심이라곤 찾기 힘든 아들에게

무시당한 기분이 들어 '존경' 따위에는 당최 관심이 가지 않는다. 그런 엄마의 분노는 아들을 자극한다. 엄마의 짜증은 아들을 짜증 나게 한다. 이해받지 못한다는 기분이 들면 엄마도 아들을 외면한다. 나중에는 무언가로 보상하며 아들을 달래겠지만, 엄마는 자신이 아들을 자극했다가 이내 화해하는 일을 반복하고 있음을 알게 된다. 그러면서 아들의 마음을 외면하는 것은 아닌지 염려한다.

사무엘상 20장 30절에는 요나단의 아버지인 사울 왕 이야기가 나온다. "사울이 요나단에게 화를 내며 그에게 이르되 패역무도한 계집의 소생아, 네가 이새의 아들을 택한 것이 네 수치와 네 어미의 벌거벗은 수치 됨을 내가 어찌 알지 못하랴?"

사울의 분노에 요나단은 어떻게 반응했는가? 34절을 보자. "심히 노하여 식탁에서 떠나고…." 많은 사람은 이 장면을 요나단이 아버지에게 모욕을 당했다는 의미로 해석한다. 자식에게 망신을 주고 도가 지나치게 자식을 모욕하는 아버지의 분노 앞에서 자식 역시 노하고 짜증을 낸다. 사울은 아들의 마음을 이해하고 공감해야 했지만, 그의 짜증과 경멸은 요나단에게 격렬한 분노를 불러일으켰다.

다투기 좋아하는 엄마도 아들의 마음에 똑같이 분노의 불을 지른다. 많은 여성이 다음 성경 말씀을 읽어보았을 것이다. 잠언 21장에는 다투는 여인과 함께 사는 것에 대한 경고가 두 번 나온다.

- "다투는 여인과 함께 큰 집에서 사는 것보다 움막에서 사는 것이 나으니라"(잠 21:9).
- "다투며 성내는 여인과 함께 사는 것보다 광야에서 사는 것이 나으니라"(잠 21:19).
- "다투는 여인과 함께 큰 집에서 사는 것보다 움막에서 혼자 사는 것이 나으니라"(잠 25:24).

짜증이 난 엄마는 아들을 짜증 나게 한다. 다투기 좋아하는 엄마는 논쟁을 일으킨다. 그런 순간, 아들은 요나단처럼 자신이 아무 이해도, 존경도 받지 못한다고 느낀다. 망신과 모욕을 당한다고 느낀다. 습관적으로 짜증내고 다투기 좋아하는 엄마는 자신에게 더 큰 문제가 있음을 인정해야 한다. 자신이 화가 나는 만큼, 그리고 어떤 문제를 놓고 아들과 싸워야 할 필요를 느끼는 만큼, 엄마는 아들의 마음을 이해하기 위해 자기 의사를 정중하게 전달해야 한다.

어떤 아들은 화를 내지는 않지만 분을 삭이느라 자신감을 잃는 지경에 이르기도 한다. 골로새서 3장 21절을 읽어보자. "아비들아, 너희 자녀를 노엽게 하지 말지니 낙심할까 함이라." 트집 잡기 좋아하는 부모가 화를 내면 아들은 이내 포기해버린다. 패배감에 사로잡혀 위축된다. "이게 다 무슨 소용이야? 엄마 아빠는 절대 내게 만족하지 않을 텐데. 난 두 분을 기쁘게 할 수 없어. 착한 아들이 될 수 없다고."

부모는 아이가 도달할 수 없는 수준을 기대하면 안 된다.

우리는 아들의 나이와 발달 단계를 이해해야 한다. 나는 고린도전서 13장 11절을 좋아한다. "내가 어렸을 때에는 말하는 것이 어린아이와 같고 깨닫는 것이 어린아이와 같고 생각하는 것이 어린아이와 같다가 장성한 사람이 되어서는 어린아이의 일을 버렸노라." 아이는 아이일 뿐이다. 하나님은 어린아이가 어른과 같을 수 없도록 설계하셨다. 엄마는 아들의 아이다움을 이해해야 한다. 아들은 엄마에게 미숙하게 말하고, 어리숙하게 생각하며, 논리적이지 못하다. 그러나 하나님은 그런 존재를 이해하고 존경하라고 엄마를 부르셨다.

아들은 하나님의 형상대로 창조되었고, 현재 모습은 그 단계 수준에는 알맞은 것이다. 엄마는 이 모든 것을 내 아이만의 문제로 받아들여서는 안 된다. 때로는 교정이 필요하지만 아들이 하는 행동 대부분은 어린아이 특유의 무책임함에서 비롯된다. 모든 엄마가 귀 기울여야 할 말씀을 잘 들어보라. "지혜로운 여인은 자기 집을 세우되 미련한 여인은 자기 손으로 그것을 허느니라"(잠 14:1).

두려움에 사로잡힌 엄마는 만사를 통제하려 든다. 감정적으로 상처받는 것이 싫어서 아들을 통제함으로써 두려움에서 벗어나려는 것이다. 통제는 염려와 불안을 덜어준다. 하지만 그런 식으로 모성애를 발휘하다 보면 아들의 남성성은 건강을 잃는다.

일부 엄마들은 지배욕 때문에 통제하려 든다. 짜증과 말다툼이 엄마의 핵심 성격으로 자리 잡은 이유도 다 그 때문이다. 엄마는 아들을 '보호하고', '도와주려' 한다. 아들이 순종하면 이 두 가지 유익을 얻는다. 그러나 아들은 바로 이 지점에서 상심한다. 수동적으로 변한다. 자기 남성성에 관한 확신을 잃는다. 이 과정에서 아들은 자신의 진짜 모습과 이상적인 모습을 잃어버린다. 하나님이 아들 안에 심어놓으신 욕구를 이해하지 않으려는 엄마 때문에 아들은 자기 이해가 부족한 채로 그저 부드러운 남자가 되어간다. 물론 성향이 거친 아들은 그런 엄마에게 반항하기도 하지만, 여린 아이는 삶의 의미를 잃어버리고 만다.

**가르치라**: 아이가 하나님의 지혜를 알고 실천하게 하라

잠언 1장 8절과 6장 20절에는 "어머니의 가르침을 저버리지 말아라"(새번역)는 말이 반복된다. 하나님은 엄마가 아들을 가르치길 원하신다. 그렇다고 예의 바르게 굴라고 설교하길 바라시는 것이 아니다. 엄마는 여성의 품위에 걸맞은 존경의 태도로 아들을 가르쳐야 한다.

고결한 아내와 엄마를 묘사하는 잠언 31장을 쓴 사람은 르무엘 왕이다. 31장 1절은 "르무엘 왕이 말씀한 바 곧 그의 어머니가 그를 훈계

한 잠언"이라고 말한다. 르무엘은 솔로몬의 다른 이름이거나 르무엘의 어머니가 자기 아들에게 끼친 영향 때문에 솔로몬이 인용한 어떤 왕일 수도 있다. 어쨌든 세상에서 가장 지혜로운 이 남자는 자신이 어머니의 지혜에 깊이 감명받았음을 깨달았다! 이 어머니의 가르침은 수십억이 넘는 사람에게 전해졌다. 어머니의 가르침은 이렇게 중요하다.

에베소서 6장 4절은 "오직 주의 교훈과 훈계로 양육하라"고 말한다. 부모는 자녀를 예수님의 말씀과 방법, 곧 주님의 가르침으로 지도해야 한다. 디모데도 동일한 가르침을 받았는데, 바울은 디모데후서 3장 15~16절에서 이렇게 말한다.

> 또 어려서부터 성경을 알았나니 성경은 능히 너로 하여금 그리스도 예수 안에 있는 믿음으로 말미암아 구원에 이르는 지혜가 있게 하느니라. 모든 성경은 하나님의 감동으로 된 것으로 교훈과 책망과 바르게 함과 의로 교육하기에 유익하니.

디모데의 헬라인 아버지에게는 이런 세계관이 없었기 때문에(행 16:1) 그의 어머니와 할머니는 디모데가 반드시 이런 가르침을 받도록 했다. 모든 유대인은 "네 자녀에게 부지런히 가르치며 집에 앉았을 때에든지 길을 갈 때에든지 누워 있을 때에든지 일어날 때에든지 이 말씀을 강론"(신 6:7)하라는 명령을 받았다.

누구라도 자신이 하나님의 진리를 드러내기에 부족하다고 생각하기에, 아이들을 가르치는 순간에는 예수님을 초대해야 한다. 그러나 그 시간이 아들을 격려하고 힘을 주는 시간이 되어야지 모욕하는 시간이 되어서는 안 된다. 어떤 엄마는 고의는 아니지만 예수님의 이름으로 아들을 다그친다. 무슨 수를 써서라도 엄마가 원하는 대로 하게 만들고 있다면 정말 크게 실수하는 것이다. 대신에 엄마는 긍정 메시지를 전달해야 한다. 예를 들면, 아들이 하나님의 존재나 돌보심, 능력을 의심할 때 엄마는 이렇게 말할 수 있다.

> 엄마는 예수님이 널 사랑하시고 네 편이라는 말을 해주고 싶구나. 지금은 그게 잘 안 느껴진다는 걸 알아. 엄마도 그런 적이 있었는 걸. 엄마가 나서서 네 의심을 해결해주면 좋겠지만, 이건 명예로운 남자라면 반드시 겪어야 할 싸움의 한 과정이란다.
>
> 엄마는 널 믿어. 네 미래가 무척 기대된다. 하나님이 멀리 계신 것 같더라도 널 향한 그분의 사랑을 신뢰했으면 좋겠다. 난 네가 남자로서 이 어려움을 이겨낼 힘이 있다고 확신해. 네 마음을 엄마에게 들려줘서 고맙구나. 난 네가 자랑스러워.

이것이 존경 대화를 활용해 가르치고 있는 사례다. 이 경우에 엄마는 "어떤 의심하는 자들을 긍휼히 여기라"(유 1:22)는 말씀을 따라야 한다.

**훈육하라:** 아이가 스스로 잘못된 선택을 바로잡게 하라

잠언 29장 15절은 "임의로 행하게 버려둔 자식은 어미를 욕되게 하느니라"고 말한다. 이미 다른 엄마와 아들에게서 이런 모습을 보았을 것이다. 물론 당신은 다르다. 아들이 망가지게 내버려두지 않을 것이다. 아들이 엄마를 욕되게 하도록 두지 않을 것이다. 그러나 어떤 엄마는 경멸하는 태도로 아들의 불순종을 부추긴다. 아들을 무시함으로써 말을 듣게 한다. 많은 엄마가 이 방법으로 효과를 보는 것도 사실이

다. 하지만 아들은 받은 상처가 너무 커서 더 이상 경멸을 받지 않으려고 순종하는 척할 뿐이다. 딸이 말을 잘 듣게 하려고 애정 없는 표정과 적대감을 이용하는 아빠와 다를 게 없다. 딸 역시 그런 아빠의 애정 없는 말에 상처를 받지 않으려고 어쩔 수 없이 순종한다.

어떤 엄마는 자신이 분노하고 무시하는 태도를 보여야 아들이 순종한다고 결론짓는다. 그러나 아들은 엄마의 경멸과 분노 때문이 아니라, 그다음에 예상되는 엄마의 행동 때문에 반응한다. 어떤 엄마는 그렇게 해서라도 아들의 행동을 바로잡아야 한다고 생각하지만, 안타깝게도 아들은 엄마가 당장 자신을 "죽일지도 모른다"는 두려움 때문에 순종한다.

이 차이를 알겠는가? 아들의 행동을 유도하는 것은, 엄마의 경멸과 분노가 아니라 엄마의 다음 행동이다. 엄마에게 겁먹은 아들은 엄마가 어떻게 행동할지 확신하지 못한다. 그래서 장난감과 침대를 정리하거나, 소파에서 뛰기를 그만두거나, 공부를 시작하거나, 차 열쇠를 반납하는 것이다. 엄마가 원하는 대로 따라오도록 하기 위해 걸핏하면 아들에게 화를 내고 아들을 무시해야 한다면 얼마나 슬픈 일인가. 성급함과 경멸로는 진심 어린 애정이나 하나 됨, 변화를 만들어낼 수 없다. 확실하고 공정한 대가가 따르는 정중한 꾸짖음만이 양육이라는 기나긴 마라톤 끝에 아들이 올바르게 행동할 수 있도록 동기를 부여한다.

에베소서 6장 4절은 "오직 주의 교훈과 훈계로 양육하라"고 한다. 엄마도 아들을 훈계할 때 주님이 하시듯 해야 한다. 예수님은 징계하셨던 사람들에게 창피를 주지 않고 그들을 사랑하신다(히 12:6). 사랑은 "무례히 행하지 아니하며 … 성내지 아니한다"(고전 13:5). 이보다 더 분명할 수 있을까? 무례함과 분노에 기반한 혐오는 사랑하는 마음이 없음을 보여준다.

훈육에는 주관적 요소가 개입하기 마련이어서 완벽한 훈육이란 불가능하다. 하나님만이 우리를 완벽하게 훈육하신다. 부모는 히브리서 12장 10절에서 위안과 가르침을 얻는다. "그들이 좋다고 생각하는 대로 잠시 우리를 징계하지만"(현대인의 성경). 이 말씀은 훈육의 주관적인 측면을 드러낸다. 엄마는 아들에게 닥친 상황에서 자신이 최선이라고 생각하는 것을 실천하게 마련이다. 그러므로 '이것이 최선이다'라는 생각에 사로잡혀서는 안 된다.

존중하는 마음으로 아들을 꾸짖고 잘못을 바로잡으려 했다면 아들이 엇나갈 가능성은 크지 않으니 안심하라. 이 문제는 7장에서 더 심도 있게 논의하겠다. 존경 대화에서 이렇게 말하면 핵심을 건드리는 것이다.

· 엄마가 널 혼내는 건 널 믿고, 네가 자라서 어떤 남자가 될지 알기 때문이야. 네가 더 자제력 있는 사람이 되어 더 이상 엄마의 잔소리가 필요 없게 될 날이 올 거야. 넌 커서 훌륭한 남자가 될 테니. 네게 벌을 주고 싶어서 혼내는 게 아니란다. 명예로운 남자가 걷는 길에서 벗어나지 않도록 하려고 널 꾸짖는 거야.

훈육할 때 존경 대화가 언제나 효과적일까? 그렇지는 않다. 구약 성경 전반에 걸쳐 이런 안타까운 진실이 나타나는데, 신약에서도 두 번이나 아이들이 "부모를 거역한다"고 언급한다(롬 1:30, 딤후 3:2).

부모가 아무리 자녀를 존경과 사랑으로 훈육해도, 하나님이 자유를 허락하신 도덕적·영적 존재인 아이들은 불순종할 수 있다. 엄마가 미취학 자녀를 통제할 수는 있지만, 겉으로 드러나는 행동만 건드릴 수 있을 뿐이다. 엄마가 아들에게 인사를 시킬 수는 있지만, 감사하는 마음을 강제로 갖게 할 수는 없다. 아들을 교회에 데려가 찬송을 부르게 할 수는 있지만, 아이의 영혼 깊은 곳에서 진실한 예배를 드리게 할 수는 없다. 아들에게 "남에게 대접을 받고자 하는 대로 너희도 남을 대접하라"(눅 6:31)는 황금률을 암기하라고 말할 수는 있지만, 아들의 내면에 그런 마음을 만들어낼 수는 없다.

부모는 자녀의 내면에서 이런 궁극적 결과가 나오도록 통제할 수 없다. 결국 아이 스스로 부모의 신앙과 가치관을 선택해야 한다. 예를 들면, 부모는 아이에게 억지로 예수 그리스도를 믿게 할 수 없다. 자녀가 나이를 먹을수록 엄마가 할 수 있는 일은 자녀를 대하는 자신의 행동과 반응을 통제하는 것뿐이다. 그 말은 곧 아들이 부모의 신앙과 가치관을 선택할 수 있도록 사랑과 존경이 넘치는 환경을 만들기 위해 애써야 한다는 뜻이다.

언젠가 내가 쓴 글이 전국 뉴스 채널에 소개된 적이 있었다. "성경적 양육은 왜 아이들에게 아무 영향을 미치지 못하는가"라는 제목이었다. 나는 이 글에서 탕자의 아버지에게 두 아들이 있었음을 강조한다. 둘째 아들은 아버지의 유산을 요구하고 집을 떠나 쾌락과 허랑방탕한 삶에 재산을 허비한다. 집에 남은 큰아들은 독선과 분노, 비판적인 성향을 보이는데, 특히 둘째가 정신을 차리고 초라한 모습으로 집에 돌아와 자기 잘못을 고백할 때 그랬다. 큰아들은 쾌락에 빠졌다가 초라하게 변한 동생과 엮이고 싶지 않았다. 우리라면 이런 아버지를 교회의 양육 세미나에 초청해 강의를 요청할 수 있을까? 쉽지 않을 것이다. 하지만 예수님은 이 아버지에게 아빠 아버지를 잘 드러냈다는 의미로 상을 주실지 모른다.

당신과 내가 하나님께 순종하지 않는다고 해서 하나님이 하늘에 계신 '나쁜' 아버지신가? 그렇지 않다. 탕자의 아버지도 자식들이 속을 썩였지만 나쁜 아버지는 아니었다. 그는 하나님처럼 아들을 키웠다. 아들이 수년 동안 아버지와 연을 끊고 살았지만 아버지는 하나님의 뜻대로 아들을 양육했다. 이 아버지는 아들에게 겉옷을 입히고 반지를 끼워주며 명예를 지켜주고 존경을 표했다. 사랑과 연민을 보여주었다. 아들들이 불순종하는 것과는 상관없이 아버지는 그들을 사랑하고 존중한다.

예수 그리스도는 아들이 당신을 계속 무시하든 말든 엄마로서 아들에게 사랑과 존경을 베푼 일에 대해 상을 주실 것이다. 당신이 베풀고 이해하고 가르치고 훈육하고 격려하고 간구할 때, 하나님의 마음이 움직인다. 아들이 불순종하기로 마음을 먹더라도 당신은 가장 좋다고 생각되는 것을 하면 된다. 하나님이 보시기에 가장 선하다고 생각하는 것을 하라.


**격려하라:** 아이가 하나님이 주신 은사를 담대히 계발하게 하라

사도 바울은 아버지가 자녀에게 어떻게 접근해야 하는지를 선명한 그림으로 제시한다. 그는 데살로니가 교인들에게 "아버지가 자기 자녀에게 하듯 권면하고 위로하고 경계하노니 이는 너희를 부르사 자기 나라와 영광에 이르게 하시는 하나님께 합당히 행하게 하려" 했다(살전 2:11~12). 마치 아버지처럼 위로하고 경계했고, 나아가 이 지역 교회의 성도들이 하나님의 부르심을 따르도록 권면했다.

모든 아버지가 자식에게 그리해야 하지 않겠는가? 모든 엄마가 자식에게 그리해야 하지 않겠는가? 바울이 데살로니가 교인을 향한 하나님의 부르심을 믿었듯, 엄마도 아들을 향한 하나님의 계획과 목적을 믿어야 한다. 예를 들어, 하나님이 아들에게 일하고 성취하고, 보호하

고 공급하고, 분석하고 조언하고, 우정으로 어깨를 나란히 하며, 성적 친밀감을 알아가고 싶다는 욕구를 주셨다면, 엄마는 이 각각의 영역에서 아들을 응원할 수 있다.

이것이 중요한 이유는, 모든 인간이 그렇듯 남자아이도 때로는 용기와 자신감을 잃기 때문이다. 골로새서 3장 21절은 "아비들아, 너희 자녀를 노엽게 하지 말지니 낙심할까 함이라"고 말한다. 아들이 아빠나 일상적인 일로 상심하는 모습을 목격했다면, 엄마는 투지와 용기를 북돋우는 말을 아들에게 할 수 있게 지혜를 달라고 기도해야 한다. 엄마는 이렇게 말할 수 있다.

네가 낙심해서 그만두고 싶어 하는 걸 알아. 하지만 엄마 눈에 넌 포기할 줄 모르는 자랑스러운 남자로 보인단다. 지금 당장은 이 일이 마음에 들지 않겠지만 시간을 두고 지켜보자. 휴대폰 배터리처럼 네 마음의 배터리도 충전할 시간이 필요하거든. 엄마는 네가 이 문제의 열쇠를 쥐고 있다고 확신해. 난 네가 자랑스럽다.

아들에게 신앙이 있다면, 다윗 왕이 역대상 28장 20절에서 그의 아들에게 해준 말을 일러주어도 좋다. "그의 아들 솔로몬에게 이르되 너는 강하고 담대하게 이 일을 행하라. 두려워하지 말며 놀라지 말라. 네가 여호와의 성전 공사의 모든 일을 마치기까지 여호와 하나님 나의 하나님이 너와 함께 계시사 네게서 떠나지 아니하시고 너를 버리지 아니하시리라."

이 말씀이 성전 건축과 관련된 특수 상황이라는 한계가 있고, 바라는 것을 무엇이든 이루어주신다고 거짓 약속을 해서는 안 되겠지만, 원론적으로는 이렇게 말할 수 있다.

너를 향한 하나님의 궁극적인 뜻이 뭔지는 엄마도 몰라. 하지만 하나님이 네게 다음 걸음을 내디딜 힘과 용기를 주셨다는 건 알아. 어떤 결과가 닥쳐도 넌 옳은 일을 할 자랑스러운 남자라는 것도 안단다.

안타깝게도, 아들이 해서는 안 될 일을 담대하게 하라고 조언하는 엄마도 있다. 역대하 22장 3절에는 아들을 "꾀어 악을 행하게 한" 엄마가 나온다. 어떤 엄마가 그러겠느냐고 생각하겠지만 종종 그런 일이 생긴다. 몇몇 엄마는 아들 스스로 생각하는 자랑스러운 남자에 반대되는 행동을 하도록 부추긴다. 리브가는 이삭을 속여 장남 에서가 아닌 차남 야곱을 축복하도록 음모를 꾸미고 야곱에게 이렇게 말했다. "내 아들아, 너의 저주는 내게로 돌리리니 내 말만 따르고"(창 27:13). 리브가는 하나님께 맡겼어야 할 일을 스스로 이루려는 마음으로 야곱이 담대하게 행동하도록 용기를 주었다. 엄마는 이기적인 목표를 달성하기 위해 아들을 격려하는 일이 없도록 해야 한다.

엄마는 주님이 아들에게 바라시는 것 말고 자기가 이기적으로 바라는 것을 아들에게 부추길 수 있다. 어느 젊은이가 그리스도를 따라 선교지로 가라는 강단의 부르심에 응했다. 하지만 그 젊은이의 엄마는 하나님께 순종하려는 아들의 의지를 꺾어버렸다. 두려움에 사로잡힌 엄마는 해외 선교라는 아들의 꿈에 단호하게 맞섰고, 갖은 회유로 아들의 마음을 돌려놓았다.

예수님이 하신 말씀에 경각심을 갖자. "아들이나 딸을 나보다 더 사랑하는 자도 내게 합당하지 아니하며"(마 10:37). "누구든지 내게 오려는 사람은 … 자녀…까지 내려놓지 않고서는 내 제자가 될 수 없다"(눅 14:26, 메시지).

**간구하라:** 아이가 하나님의 손길과 진리를 경험하게 하라

기도하는 사람은 주로 여성이다. 기도의 끈은 여성과 여성을 하나되게 한다. 경건한 여성들은 예수님께 의지하는 가운데 하나가 된다. 이들은 자기를 돌보시는 예수님께 염려를 의탁하고 평안을 얻는다. 주님이 마음속 깊은 필요를 채워주시는 능력과 사랑의 근원이심을 믿는다.

부모들은 절박할 때 그리스도를 찾는다. 요한복음 4장 47절은 "그가 예수께서 유대로부터 갈릴리로 오셨다는 것을 듣고 가서 청하되 내려오셔서 내 아들의 병을 고쳐주소서 하니 그가 거의 죽게 되었음이라"고 말한다. 아무것도 효과가 없을 때 대부분의 사람이 기도한다.

다윗 왕조차 아이의 병 앞에서는 무력했다. "다윗이 그 아이를 위하여 하나님께 간구하되 다윗이 금식하고 안에 들어가서 밤새도록 땅에 엎드렸으니"(삼하 12:16). 또한 다윗은 하나님이 자신을 기도자로 부르셨음을 알았다. 그래서 이제 곧 중요한 일을 앞둔 아들을 대신하여 기도한다. "또 내 아들 솔로몬에게 정성된 마음을 주사 주의 계명과 권면과 율례를 지켜 이 모든 일을 행하게 하시고"(대상 29:19).

야고보는 우리가 얻지 못하는 것은 구하지 않기 때문이라고 말한다(약 4:2). 아들과 함께 기도할 때는 이런 말로 아들에게 창피를 주지 말라. "하나님 아버지, 조니가 변하게 도와주세요. 착한 아이가 될 수 있게 해주세요." 이것은 엄마 노릇이지 기도가 아니다. 자신의 주장을 아들에게 강요하려고 하나님을 이용하는 것이다. 아들은 그런 사실을 금세 간파한다.

반대로, 다음과 같은 말로 아들에게 존경을 표현할 수 있다면 얼마나 멋진 일인가.

아들아, 엄마는 너를 위해 기도하고 있어. 하나님이 너를 위해 준비하신 것과 네 안에 귀한 갈망을 심어주셨음을 생각하면 정말 신난단다. 네게 그런 갈망을 주신 하나님께 감사해. 네가 정말 자랑스럽다. 너를 위해 기도할 때마다 떠오르는 말씀이 있어. "우리 하나님께서 … 모든 선한 뜻과 믿음으로 하는 일을 그분의 능력으로 이루어주시기를"(살후 1:11, 우리말성경) 기도한단다.

간단하게 말해, G-U-I-D-E-S는 존경 대화를 나누기 위한 길잡이와 같다. 당신은 아들에게 이렇게 말해야 한다. "내가 너를 위해 베풀고 이해하고 가르치고 훈육하고 격려하고 기도하는 이유는, 너를 존경하기 때문이야."

대부분 엄마는 "너를 사랑하기 때문이야"라고 말하고 싶기 때문에 이 말이 처음에는 이상하게 느껴질 것이다. '존경'이라는 말도 잘 이해되지 않을 것이다. 부자연스럽고 어렵고 어색해 보일 것이다. 그럼에도 엄마가 이 가르침을 따라 행동하면 아들의 마음에 힘을 불어넣을 수 있는데, 여기서는 아들이 궁극적 목표가 되어야 한다. 동전에는 양면이 있다. 사랑하고 싶은 엄마의 갈망이 한 면이라면, 다른 한 면에는 존경받고 싶은 아들의 필요가 있다.

존경에 대한 필요가 얼마나 절실한지 보기 위해 《5가지 사랑의 언어》(The Five Love Languages)를 한번 생각해보자. 대부분 이 고전에 대해 들어보았을 것이다. 알다시피 저자는 이 책에서 인정하는 말, 함께하는 시간, 스킨십, 선물, 봉사에 대해 실제적이면서도 강력하게 이야기한다. 채프먼 목사도 하나님이 에베소서 5장 33절을 통해 남편에게는 사랑을, 아내에게는 존경을 명령하셨다고 믿는다. 나는 그의 라디오 방송에 초대를 받아 인터뷰했을 때(그가 섬기는 교회에서 〈사랑과 존경〉 세미나를 연 적이 있다), 다섯 가지 사랑의 언어 너머에 있는 다섯 가지 존경의 언어를 볼 수 있어야 한다고 말했다. 남자들이 기본적으로 사용하는 말이 존경이기 때문이다. 나는 남자들이 사랑과 존경 중에서 후자에 더 반응한다고 이야기했고, 우리는 라디오에서 이 주제로 유쾌한 대화를 나누었다.

나는 게리 채프먼과 방송 청취자에게, 우리가 서로 존경의 차원을 더할 때, 남자에게 전혀 새로운 세계가 열릴 것이라고 말했다. 그저 이렇게 묻기만 하면 된다. "이것을 어떻게 적용해야 효과적일까?"

다음 내용은 모든 엄마가 익히 알고 있는 다섯 가지 사랑의 언어를 빠르고 새롭고 효과적으로 적용하는 데 도움이 된다. 어떤 엄마는 다섯 가지 존경의 언어를 만드는 간단한 과정만 보고도 머릿속에서 전구가 켜지는 느낌을 받는다.

'인정하는 말'을 위해서는, 아들에게 입버릇처럼 하던 "사랑해" 대신 "존경해"라고 말하면 된다. 무척 간단하다.

'함께하는 시간'을 위해서는, 아들과 얼굴을 마주 보고 서로의 감정을 이야기하는 대신, 어깨를 나란히 하고 신체 활동을 하거나 가만히 앉아서 형제들끼리 공 던지기 하는 것을 바라보라. 엄마는 그런 행동이 어떻게 아들에게서 애정 어린 반응을 이끌어내는지 쉽게 상상하지 못한다. 그래서 나는 엄마들에게 먼저 이렇게 해보고, 아들의 마음에 무슨 일이 벌어지는가를 지켜보라고 말한다. 여기서 함께하는 시간이란 '아들'이 함께한다고 느끼는 시간이어야 한다.

아들이 존경받는다고 느끼는 '스킨십'이 따로 있을까? 물론이다. 아들의 어깨에 손을 얹고 "난 네가 자랑스러워"라고 말해보라. 그런 손길은 딸들이 바라는 포옹이나 입맞춤과는 다르다. 우리 딸 조이가 학교에 들어가기 전, 나는 거의 매일 딸에게 물었다. "오늘 뽀뽀 공장에

다녀왔니?" 조이는 그 말을 정말 좋아했지만, 같은 질문을 아들들에게 하면 나를 외계인 보듯 쳐다보았기 때문에 녀석들에게는 그렇게 하지 않았다.

'선물'의 경우, 나는 여성이 남성에게 가죽으로 된 것은 무엇이든 선물해도 좋으며 상대방도 그것을 좋아할 것이라고 강력하게 주장해 왔다. 아들도 마찬가지다. 가죽 장갑이나 가죽 끈 손목시계, 단정한 가죽 허리띠 등에 이렇게 적은 카드를 집어넣어 보라. "너를 사랑하고, 네가 명예로운 남자가 되어가는 게 자랑스러워 이 선물을 준비했단다. 엄마가."

'봉사'에 대해 말하자면, 엄마가 아들의 자전거를 닦아주는 것처럼 친절한 행동으로 도움을 줄 때는 그 상황을 존경의 대화 차원에서 계획할 필요가 있다. 아들이 "고마워요"라고 말하면 엄마는 이렇게 대답한다. "네가 자전거를 잘 타는 걸 보니 자랑스러워. 엄마의 작은 섬김이 도움이 되면 좋겠다." 이렇게 말하는 것은 삼가야 한다. "사랑하니까 해주는 거야." 이것이 진심이라 하더라도 봉사를 존경과 연결하는 편이 좋다. 엄마가 존경의 말을 사용할 때, 대부분의 아들은 엄마가 생각하는 것보다 훨씬 더 큰 격려를 받는다.

다섯 가지 존경의 언어에 어떤 효과가 있는지 알겠는가? 이 다섯 가지 요소를 잘 생각해보길 바란다. 사랑한다는 말을 하지 말라는 뜻이 아니다. 당신은 그 말을 그만두지 않을 테고, 그래서도 안 된다. 다섯 가지 사랑의 언어에서 배운 내용을 활용하여, 다섯 가지 존경의 언어를 활용해보는 새로운 의사소통 방법에 생각과 마음을 열어야 한다. 다섯 가지 존경의 언어를 언어 저장소에 추가해두라.

## 존경 대화를 포기하고 싶을 때

아들이 이런저런 모습으로 당신의 의견이나 행동이 필요 없다고 한다면 어떻게 될까? 당신을 조롱한다면? 분명 당신과는 관계없는 다른 일로 화가 난 것을 엄마에게 쏟아붓는 것일 테다. 그래도 대부분 엄마는 아빠에 비하면 나은 편이다. 아무리 그래도 이런 상황은 당신에게 불공평하게 느껴질 것이다.

하워드 헨드릭스 박사는 아이가 열세 살이 되면 땅에 파묻었다가 열여덟 살이 된 다음에 다시 파내야 한다고 말한 적이 있다. 아브라함이 왜 열두 살 된 이삭을 제물로 바치라는 명령을 받았는지 아는가? 아들이 열세 살이 되면 절대로 흠없는 희생제물이 될 수 없기 때문이다.

우스갯소리는 이쯤에서 접어두자. 아들의 무례한 반응에는 적극적인 존경의 대화로 대처하라. (아이를 포함해) 남자에게는 명예에 관한 어떤 불문율이 있다. 진심으로 자신을 존경하는 사람을 끝까지 멸시하지는 못한다는 것이다. 그러니 아들과 나는 존경의 대화를 포기하지 말고 끝까지 밀어붙여라.

다음은 아들이 거부할 때 엄마가 하려던 일을 어떻게 계속 할 수 있는지 보여준다. 이 내용은 학교에 다니는 남자아이에게 효과적이지만, 일부 내용은 미취학 아이에게도 잘 적용된다.

**아들이 베푸는 것을 거부할 때:**

"넌 이제 명예로운 남자로 살아가야 하는데 그러자면 자원이 필요해. 엄마가 이렇게 하는 이유는 널 믿기 때문이야. 엄마가 베푸는 걸 네가 싫다고 받지 않으면, 너의 기본적인 필요를 채워줄 길이 없단다. 받는 게 더 명예로운 거야."

**아들이 이해를 거부할 때:**

"명예로운 남자에겐 그의 생각을 잘 들어주는 누군가가 필요해. 엄마는 네가 마음으로 하는 말을 듣고 싶어. 널 존경하니까. 네가 화가 났을 때도 엄마는 네 말에 귀 기울일 준비가 되어 있다는 걸 알아주렴."

**아들이 가르침을 거부할 때:**

"명예로운 남자는 특히 엄마의 실수와 경험에서 배우는 게 있어야 해. 나는 네가 두루 생각할 줄 아는 남자가 되었으면 해. 그래서 알아야 할 것이 있으면 앞으로도 가르쳐주고 싶은데, 어때?"

**아들이 훈육을 거부할 때:**

"너는 이제 명예로운 남자가 될 텐데 그러자면 코치가 필요하거든. 프로 골프선수 옆에 잘못을 바로잡아주는 개인 코치가 있는 것처럼 말이야. 엄마는 벌을 주려는 게 아니야. 나를 너의 코치로 생각하렴."

**아들이 격려를 거부할 때:**

"엄마는 너의 재능과 용기를 믿어. 너를 존경하니까. 확신이 없으면 그렇게 못하지. 엄마를 너의 응원단장이라고 생각하렴."

**아들이 간구를 거부할 때:**

"내가 너를 위해 기도하는 건, 하나님이 네게 맡겨주신 재능을 믿기 때문이야. 네가 뭘 잘못해서 기도하는 게 아니야. 너를 위해 하나님께 최선을 구하지 않는다면 널 존경하는 게 아니지. 엄마를 왕 되신 하나님의 친구라고 생각하렴. 네 삶에 필요한 하나님의 은혜를 매일 간구하는 친구 말이야."

## 존경 대화를 삼가야 할 때

"그런데 박사님, G-U-I-D-E-S를 남용할 수도 있겠죠? 때로는 조금 자제하는 게 필요하지 않을까요?" 맞는 말이다. 이 방법을 제한해야 할 때도 있다. G-U-I-D-E-S에 대한 존경의 대화를 제한된 범위 안에서 사용하려면 다음과 같은 식으로 접근하는 것이 좋다.

**베푸는 것을 자제해야 할 때:**

"명예로운 남자는 자기가 원한다고 해서 모든 걸 다 가지지는 않아. 만족을 뒤로 미루는 법도 배운단다. 엄마가 너무 많이 베풀면 너를 망칠 수도 있어. 너는 강하니까 잘 버틸 거야."

**응석 받아주는 것을 자제해야 할 때:**

"명예로운 남자는 자기감정을 조절할 줄 알아야 해. 엄마가 늘 동의해주길 바라서는 안 돼. 그런 건 너를 존경하는 게 아니야. 네가 남자로 강하게 클 수 있는 기회를 뺏고 싶지 않구나."

**가르침을 자제해야 할 때:**

"명예로운 남자는 자기 힘으로 배운단다. 엄마가 답을 다 가르쳐주다가는 널 망칠 수도 있어. 지혜롭고 명예로운 남자는 인생 최고의 교훈을 역경이라는 학교에서 스스로 배운다지. 지금 당장은 힘들겠지만 해답을 찾는 데 필요한 것들이 네 안에 있다고 믿는다."

**훈육을 자제해야 할 때:**

"명예로운 남자는 자기를 다스릴 줄 알아야 해. 항상 엄마의 훈련만 받아서는 존경받는 남자로 성장할 수 없어. 나는 너를 하루 종일, 일주일 내내 통제하고 싶지 않아. 대신에 스스로 자제할 줄 아는 명예로운 남자가 되어달라고 호소하고 싶구나. 지켜보는 사람이 없을 때도 네가 옳은 일을 하면 좋겠다. 이건 명예로운 남자가 스스로 내려야 할 결정이란다. 엄마가 대신할 수는 없어."

**격려를 자제해야 할 때:**

"명예로운 남자는 혼자여도 용감하고 담대해야 해. 엄마가 항상 너를 따라다니며 응원해줄 수는 없잖니. 사실 그렇게 하고 싶지만 말이야. 하지만 스스로 용기를 내어 일어나야 할 때가 있단다."

**간구를 자제해야 할 때:**

"명예로운 남자는 기도의 능력이 있어. 예수님처럼 너도 하나님 말씀에 귀 기울여야 해. 엄마 혼자만 너를 위해 기도한다면, 나는 너를 존경하는 게 아니라 너 대신 하나님의 말씀을 듣는 사람이 되는 거야. 스스로 하나님의 능력을 경험하게 너를 내버려두고 싶어."


## 존경 대화를 위한 조리법

이 책은 존경 대화를 위한 요리책과 같다. 존경 대화는 당신이 아들에게 말로 제공하는 식사에 반드시 포함되어야 한다. "모녀 관계에 관한 책은 딸에게 사랑을 표현하라고 끊임없이 말하죠. 같은 말을 너무 반복하는 것 같아요"라고 말하는 아빠가 있다면 어떻겠는가? 닭고기를 활용한 모든 조리법에 '닭고기'란 말이 반복 사용되는 것은 당연하다.

존중과 존경의 언어를 불편하게 느끼지 말아야 한다. 이 책을 닭고기 조리법 여섯 가지를 담은 요리책으로 생각하라. G-U-I-D-E-S를 체크리스트 삼아 머릿속으로 재빨리 훑어보라. 앞서 나온 내용을 활용해 아들에게 용기를 북돋우고, 당신의 동기를 아들이 잘 이해하고 소통할 수 있도록 동기를 부여하라. '존경'이 사랑이라는 단어만큼 자연스럽게 와닿을 때, 당신은 아들의 마음에 훨씬 더 가까이 다가갈 수 있을 것이다.

# 4

## 도무지 아들을 모르겠다고 생각될 때,
## 기억해야 할 6가지

아들 안에 있는 남자는 누구인가? 그가 어떤 모습이 될 것인지는 하나님이 아들 안에 심어놓으신 여섯 가지 욕구를 보면 된다. 하나님은 다음과 같은 욕구를 담아 아들을 설계하셨다.

1. 일하고 성취하기
2. 목숨까지 바치며 아낌없이 공급하고 보호하기
3. 강건하고 이끌며 결정하기
4. 분석하고 해결하며 조언하기
5. 어깨를 나란히 한 우정 나누기
6. 성적인 것을 이해하고 알기

이러한 욕구가 아들의 남성성에 내재해 있다. 아들이 자라면서 엄마는 이런 성향과 열망이 아들의 남성성에서 나오는 것을 본다. 아들 안에는 그런 '남자'가 있다.

영화 〈네버랜드를 찾아서〉(2004)에서 제임스 매튜 배리 경(조니 뎁)은 이렇게 말한다. "소년은 절대 잠을 재워서는 안 돼요. … 아침에 일어나면 하루만큼 더 나이가 들거든요." 이 대사는 많은 엄마가 느끼는 바를 정확히 집어낸다. 엄마는 어린 아들이 그 모습 그대로 영원히 남아주길 바란다. 소중한 아이가 언제까지나 품에 쏙 들어오기를 원하는 것이다.

그러나 그런 아이가 자라 소년으로, 소년이 자라 남자로 깨어나는 날이 꼭 찾아온다. 엄마의 존경 대화는 하나님이 손수 아들 안에 심어주신 여섯 가지 욕구를 인정하는 데서 시작해야 한다.

## 아들의 여섯 가지 욕구

이 여섯 가지 욕구를 쉽게 기억하기 위해 C-H-A-I-R-S라는 머리글자를 만들었다.

- 정복(Conquest)
- 계급(Hierarchy)
- 권위(Authority)
- 통찰(Insight)
- 유대(Relationship)
- 성욕(Sexuality)

각각의 욕구는 성경이 남성성에 대해 알려주는 내용을 반영한다.

남성이 가정에서 머리와 책임자가 되길 하나님이 바라신다는 의미에서(엡 5:23, 딤전 3:4~5) 나는 C-H-A-I-R-S라는 이름을 붙였다. 지금은 부모의 권위 아래 있지만, 앞으로 이 조그만 새끼 사자는 수장의 권위와 통치자의 기질을 드러내 보일 것이다. 슈퍼맨 옷을 입은 다섯 살짜리 아들이 "내가 엄마를 지켜줄게요!"라고 맹세하면 엄마는 속으로 웃을지도 모른다. 하지만 아이의 그런 모습 이면에서 나오는 메시지를 들어보면 아들이 강력한 책임감을 느끼고 있음을 알 수 있다.

인정한다. 아들은 아직 엄마를 보호할 수 없다. 그런데도 그렇게 하고 싶어 한다. 왜 많은 남자아이들의 장래 희망이 소방관이나 경찰관일까? 아이 마음을 사로잡은 것은 소방차의 사이렌이 아니라 위험에 처한 사람을 용감하게 구하는 모습이다. 아이를 매혹한 것은 경찰차의 파란 불빛이 아니라 무고한 사람을 괴롭히는 악당을 추적하는 모습이다. 아들은 존경받는 영웅이 되고 싶어 한다.

C-H-A-I-R-S는 존경 대화를 하기에 앞서 체크리스트 역할을 한다. C-H-A-I-R-S를 사용하여 다음과 같이 자문해보라.

- **정복:** 나는 아들이 추구하는 것을 공감할 수 있는가? "빌리, 이 복잡한 레고 제트기를 만들려고 그렇게 열심히 노력했구나. 완성할 때까지 포기하지 않는 모습에 엄마는 깜짝 놀랐어. 그런 네가 존경스러워."
- **계급:** 나는 보호하거나 사람들의 필요를 공급하려는 아들의 욕구를 인정할 수 있는가? "조시, 여동생을 보호하려는 마음이 기특하구나. 그런 모습을 보니 엄마는 얼마나 기쁜지 몰라. 그런 네가 존경스러워."
- **권위:** 나는 아들이 훌륭한 결정을 내릴 때 칭찬할 수 있는가? "잭슨, 엄마가 보기에 넌 힘만 세진 게 아니라 다른 사람이 옳은 일을 하도록 설득하는 능력도 있구나. 조시가 자기 입장을 설명할

때까지 빌에게 조시를 비난하지 말라고 설득했잖니. 그런 네가 존경스러워."

- **통찰:** 나는 아들이 제시한 통찰을 높이 평가할 수 있는가? "데이비드, 친구들의 말다툼을 해결하는 모습이 정말 멋지더구나. 네가 대접받고 싶은 대로 남을 대하려 했기 때문에 훌륭한 통찰을 제시할 수 있었던 거야. 그런 네가 존경스러워."

- **유대:** 나는 동등한 입장에서 아들의 우정에 대한 욕구를 존중할 수 있는가? "브래드, 너와 친구들의 우정이 대단하더구나. 서로서로 지켜주고 말이야. 넌 좋은 친구가 되는 법을 알고 있어. 그런 네가 존경스러워."

- **성욕:** 나는 아들이 이성을 명예롭게 대하는 것을 지지할 수 있는가? "조니, 아빠가 엄마를 대하듯 너도 네 여자친구를 대하기로 했다니 반갑구나. 그런 네가 존경스러워."

여기저기서 "아들에게 그런 식으로 말하는 엄마가 어디 있나요?" 하는 소리가 들리는 것 같다. 나도 안다. 대부분 엄마는 존경 대화를 사용하지 않는다. 이런 말은 여성에게 그다지 사랑스럽게 들리지 않는다. 오히려 이질적으로 느껴진다. 존경의 언어는 엄마에게 모국어가 아니기 때문이다. 그래도 어색함을 끝까지 이겨내고, 이 시대 엄마들이 잃어버린 대본을 참고하기 바란다. 나는 200년 전 농가에서 살던 엄마들이 요즘 엄마들보다 존경 대화를 훨씬 더 많이 사용했으리라 믿는다. 아들이 여동생이 놀고 있는 통나무집 근처로 온 곰을 총으로 쏘면 엄마는 아들을 칭찬했다. 아들이 곰의 내장을 꺼내고 엄마에게 가죽을 건네면, 엄마는 힘든 일을 한 아들에게 진심으로 고마워하며 감사를 표했다.

앞으로 C-H-A-I-R-S의 각 개념에 대해 한 장씩 할애하여 뒷받침되는 성경 말씀을 제시하면서 깊이 있게 설명하겠다.

## 아들을 이해하기 시작한 엄마들

우리 부부는 〈사랑과 존경〉 세미나에서 C-H-A-I-R-S의 각 개념을 상세히 설명한다. 뿐만 아니라 《그 여자가 간절히 바라는 사랑, 그 남자가 진심으로 원하는 존경》 책에도 이 부분을 설명해놓았다. 남편과 관련된 C-H-A-I-R-S를 배운 아내는 그 즉시 이것이 아들에게도 적용된다고 말한다.

한 엄마는 이런 편지를 보내왔다. "저는 어른이든 청소년이든 남자들의 행동을 보면 혼란스러운데, 분명 박사님의 이론과 연관이 있는 것 같습니다. C-H-A-I-R-S를 어떻게 사용해야 열여섯 살, 스물두 살인 아들에게 존경을 표현할 수 있을까요?"

어떤 엄마는 C-H-A-I-R-S를 배우자마자 아들에게 적용해보았다고 한다. 다음은 한 엄마가 보내온 이메일이다.

아들이 기특한 말을 하면 저는 이렇게 말합니다. "네 말에 정말 공감해." 아니면 "상황을 그렇게 풀다니 존경스럽다!"라고요. "솔선수범해서 일을 해내다니 정말 멋지다" 할 때도 있죠. 그러면 아들은 묘한 미소를 짓습니다. 저는 운동 경기 같은 상황에서 상대방에게 어떻게 존경을 표현할 것인가 많이 이야기합니다. 아들은 제가 자기를 사랑한다는 걸 알고 있어요. … 이제는 제가 아들과 그의 생각을 소중히 여긴다는 것도 잘 아는 듯합니다. 과거에는 제가 잘 못했던 일들이죠.

어린 아들 안에 있는 남성성에 별로 신경 쓰지 않던 한 엄마는 이렇게 말했다. "제 아들은 열여덟 살이에요. 가끔은 이 아이가 남자라는 사실을 잊을 때가 있지만, 특정 상황에서는 아들을 존경하려 애썼고, 아들도 거기에 진심으로 응답하는 것 같아요. … 결국 이 아이도 남자이고, 남자들은 다 똑같이 창조되었죠. 나이는 중요하지 않아요. … 저는 아들이 더 이상 어린아이가 아니라는 걸 잊지 않으려고 애씁니다. 아들도 여느 남자들만큼이나 존경받고 싶어 하겠죠."

이 엄마의 말이 이상하게 들리지 않은가? 아들은 열여덟 살이다. 이 엄마는 아들이 여덟 살이었을 때 존경 대화를 시작했어야 했다. 이 '어린아이'는 해군에 입대하여 조국을 위해 목숨을 바칠 수도 있는 나이다. 지금이라도 아들이 존경에 반응한다는 사실을 배우기에 늦지 않았다.


## 여성에게는 같은 욕구가 없는가?

"이런 욕구는 여성에게도 있지 않나요?"

흔히 받는 질문이다. 내가 남성에 초점을 맞출 때마다 많은 여성이 이렇게 묻는다. "왜 여성을 폄하하세요? 여성은 존경이 필요 없다는 말씀인가요? 여자아이에게는 이런 욕구가 없나요?"

내 첫 번째 반응은 이것이다. "제가 아들을 좋게 이야기한다고 해서 딸을 나쁘게 이야기하는 게 아닙니다." 고의는 아니겠지만, 일부 여성은 이렇게 말꼬투리를 잡아 남성에게서 관심을 돌린다. 심성이 나빠서 그런 게 아니다. 다만 남성의 미덕에 박수를 보내면 여성을 공격하는 셈이 된다고 믿기에 여성을 옹호하려고 나서는 것이다.

대개의 여성들이 화제를 아들에서 딸로 바꾸려고 한다. 예를 들면,

어떤 여성은 이 책을 집어 들고 제목을 살펴본 후 이렇게 말한다. "〈아빠와 딸: 존경의 효과〉(이 책의 원제는 Mother and Son: The Respect Effect이다-편집자)는 어때요?"

분명히 짚고 넘어가자. 여성에게도 C-H-A-I-R-S와 관련된 욕구가 있다. 많은 엄마가 이미 이렇게 맞장구를 쳤다. "우리 딸도 노력하고 성취하고 주도하는 것에 관심이 많아요." 하지만 하나님은 남편과 아내에게 각기 다른 욕구를 심어주셨음을 잊지 말라.

예를 들면, 여성은 남편의 생계를 책임지거나 보호하고 구제하는 역할에 관심과 흥미를 상대적으로 덜 느낀다. 오히려 남편에게 이러한 것을 바라는데, 남편의 실직으로 자녀를 돌보며 생계까지 책임져야 하는 부담에 짓눌린 수많은 아내가 보내온 이메일을 보면 이런 사실이 잘 나타난다. 아내가 실직해서 생계를 책임져주지 않는다고 불평하는 남편의 이메일은 아직 받아보지 못했다.

흔히 아내는 공주가 되길 바라고 남편은 왕자가 되길 바란다. 다나 그레시(Dannah Gresh)는 이렇게 말했다. "어릴 때 나는 공주처럼 옷을 입고 언젠가 찾아올 나의 왕자님을 꿈꾸곤 했다. 그렇게 하라고 가르쳐준 사람은 없었다. 내 마음이 인생의 반려자를 찾기 시작하면서 이것이 자연스러운 갈망으로 자리 잡았다."[1]

아동용 파티 복장을 보라. 대부분의 꼬마 숙녀들은 어떤 옷을 입고 싶어 하는가? 여자아이는 자신을 알아봐주고 자신의 매력을 찾아줄 남자를 사랑하고 싶어 한다.

이후 각 장에서 C-H-A-I-R-S를 더 자세히 살펴보는 동안, 남성성을 설명하는 핵심 구절을 살펴보겠다. 다양한 성경 본문을 묵상하면서 아들을 향한 하나님의 설계를 발견할 수 있을 것이다.

## 성경은 남성과 여성을 구별한다

예수님이 물으셨다. "사람을 지으신 이가 본래 그들을 남자와 여자로 지으…신 것을 읽지 못하였느냐?"(마 19:4~5) 예수님은 남성과 여성이 다르다고 가르치셨다. 하나님은 남성과 여성을 똑같이 가치 있게 창조하셨지만, 역할이나 욕구는 다르게 만드셨다. 남성과 여성은 동등하지만 동일하지는 않다. 하나님은 우리가 그분의 설계와 이러한 차이점을 소중히 여기길 바라신다. 예를 들면, 남편은 정자를 생산하고 아내는 난자를 생산한다. 그 사실은 절대로 변하지 않는다.

남자는 아기를 낳지 못한다. 예레미야는 이렇게 단언했다. "너희는 자식을 해산하는 남자가 있는가 물어보라"(렘 30:6). 제 기능을 하는 난소와 자궁이 있는 여성만이 임신하고 출산할 수 있다. 어느 남편도 이사야가 묘사한 고통을 경험하지 못한다. "잉태한 여인이 산기가 임박하여 산고를 겪으며 부르짖음같이"(사 26:17).

엄마의 양육 본능은 자신의 이성, 감정, 의지, 영혼의 모든 부분에 영향을 미치며 다양한 방식으로 마음을 사로잡는다. 남성에게는 이런 양육 본능이 늘 있지는 않다. 여성이 주된 양육자임을 보여주는 연구 결과가 훨씬 더 많다. 성경도 엄마의 양육 본능을 특별한 것으로 인정한다. 앞서 언급했지만, 예를 들면 이런 말씀이 있다. "어머니가 자기 자녀를 돌보듯이"(살전 2:7, 새번역).

이보다 더 순수하고 귀한 것이 있을까? 아빠나 엄마나 똑같이 느끼고 생각하며 행동한다고 주장한다면, 성경의 표현과 우리의 일상 경험을 무시하는 셈이다. 아빠가 병원에서 갓 태어난 자기 아들을 품에 안고 눈물을 흘리는 것이, 그가 앞으로 20년 동안 엄마와 똑같은 애정으로 아이를 돌볼 것이라는 의미는 아니다. 아들이 여덟 살이 되어 학교에 들어갈 때, 그 아빠는 아들 방에 들어가 감격의 눈물을 흘리지는 않을 것이다. 자기 엄마에게 전화를 걸어 "병원에서 녀석을 데려온 게 엊 그제 같은데 벌써 1학년이 되었어요. 얼마 안 있으면 결혼도 하겠죠. 녀석이 제 품을 떠나고 있어요. 내 소중한 아이가 사라지는 것 같아요. 난 이제 어떡하죠?" 하며 울지도 않는다.

그렇다고 해서 남자들이 냉정한 것은 아니다. 조금 덜 감상적일 뿐이다. 아빠는 아들의 등록금을 대기 위해 열심히 일하는 방식으로 아들을 보살필 것이다. 요점은, 엄마의 생각과 느낌과 행동이 아빠와는 완전히, 하늘과 땅 차이만큼이나 다르다는 것이다. 이런 분석에 이의를 제기하는 아빠를 거의 만나지 못했다.

남녀의 차이점은 단순히 생물학적 측면에 국한되지 않는다. 사도 베드로도 여기에 확실하게 동의했다. 베드로는 남편에게 "아내가 여성"(벧전 3:7, 새번역)이므로 아내를 이해해야 한다고 가르쳤다. 그는 여성의 정서적, 영적, 관계적 필요를 중요하게 생각했다. 베드로가 보기에 모든 남편은 "아내가 여성"임을 인정해야 한다. 남편은 아내의 성별과 여성적 사고, 감정을 깨달아야 한다.

남편이 아내의 여성성을 잘못 이해하고 여성인 아내에게 주어진 역할과 가치를 무시하면 그의 기도가 막힌다(벧전 3:7). 이렇게 표현할 수도 있겠다. 아내의 울부짖는 마음에 남편이 응답하지 않으면, 하나님은 남편의 울부짖는 마음에도 응답하지 않으신다. 아내는 하나님께 중요한 존재이다. 하나님은 아내를 제대로 이해한 것에 대해 남편에게 보상을 베푸신다.

이사야는 상처받기 쉬운 아내의 약함을 깨닫고 이렇게 적었다. "버림을 받아 마음에 근심하는 아내 곧 어릴 때에 아내가 되었다가 버림을 받은…"(사 54:6). 자신이 목격한 것을 매우 현실적인 상황으로 받아들인 이사야는 아내를 은유로 사용해 하나님과 이스라엘의 관계를 영적으로 설명한다. 베드로는 제대로 이해받지 못하고 존중받지 못하는 아내를 "더 연약한 그릇"(벧전 3:7)이라고 불렀다. 아내는 거부당하고 버림받을 때 예민해지고 무력감을 느낀다. 일반적으로 갈등 상황에서 남편은 싸우거나 달아나려는 반면, 아내는 보살피고 치유하고 친구가 되어주려는 경향이 있다. 남편은 이런 점을 이해해야 한다. 흔히 사랑에 실패하는 쪽은 남편인데, 그래서 하나님은 남편에게 '아가페'(agape), 곧 조건 없는 사랑을 명하셨다. 반면에 아내에게는 아가페를 명하지 않으셨다. 아내는 선천적으로 소통하고 화해하며, 친밀한 관계를 세워주는 사랑의 행동을 하고자 애쓴다.

아내는 소통을 바라면서 "우리 이야기 좀 해"라고 말한다. 그러나 남편은 이렇게 답한다. "당신이 지나치게 민감한 거야. 뭐든 자기 위주로 생각하잖아." 이런 말은 아내에게 비수처럼 꽂힌다. 남편이 자신을 무시하고 거부한 것 때문에 근심하는 아내를 오히려 비난하는 남편은 얼마나 잔인한가.

흥미롭게도 남편은 아내가 자신에게 지나치게 관심을 기울인다고 화를 내는 경우가 많다. 아내가 그러는 것은 일종의 미덕이다. 예를 들어, 아내가 남편에게 맞서는 이유는 관심이 있기 때문이지 통제하려는 것이 아니다. 나는 남성들에게 그들을 귀찮게 만드는 이런 관심 아래 감추어진 미덕을 찾아보도록 했다. 아내의 마음을 이해하게 되면서 남편들은 아내를 전혀 새로운 눈으로 바라보게 되었다.

성경은 여성의 미덕과 마찬가지로 남성의 미덕도 강조한다. 남성의 보호 본능을 언급한다. 선지자 느헤미야는 남자들에게 "너희 형제와 자녀와 아내와 집을 위하여 싸우라"(느 4:14)고 촉구했다. 사도 바울은 우리 모두에게 이와 같은 남자의 미덕을 본받으라고 촉구한다. "남자답게 강건하라"(고전 16:13). 여자들에게 남편을 위해 싸우라고 말하는 구절은 어디에도 없다.

## 남자와 여자의 내면에 있는 다른 욕구

상식적으로 남녀의 선천적 본능과 관심사를 생각해보라. 남편은 아기를 키우고 싶다는 꿈을 꾸지 않는다. 하지만 아내가 남편의 팔뚝을 꽉 쥐면 남편은 팔을 접어 근육을 만들어 보인다. 강건한 보호자가 되고 싶은 것이다. 남편은 자신의 팔을 잡아보는 여성에게 그러한 모습을 보여주고 싶은 충동을 느낀다. 남편이 아내의 팔뚝을 쥔다고 해서 근육을 만들어 보이는 아내는 없다. 그렇게 하고 싶은 욕구나 그래야 할 이유가 없기 때문이다. 아내가 태권도 유단자라 하더라도 그런 생각을 하지 않는다.

남녀의 욕구는 극명하게 다르다. 이는 역량과는 무관하며 전적으로 각자의 흥미와 관련이 있다. 적성이 아니라 열정과 관련이 있다. 예를 들어, 홀아빠도 자식을 양육할 능력이 있고 반드시 그리해야 하지만, 본성상 여자만큼 양육에 대한 집념은 없다. 아빠에게도 주말 동안 수련회를 떠난 엄마를 대신해 아이들을 돌볼 능력이 충분히 있다. 엄마가 아이들과 하는 모든 일을 아빠도 할 수 있다. 하지만 아이들과 함께하고 싶다는 충동을 엄마만큼 느끼지는 않는다. 아빠도 딸의 머리를 예쁘게 빗겨줄 수 있지만 어지간해서는 딸의 머리스타일이 다 괜찮아 보인다. 아빠도 식탁에 꽃병과 식탁 매트를 갖다 놓을 수는 있지만, 애초 그런 일에 별로 흥미가 없다. 배가 고픈 아빠는 이렇게 소리친다. "자, 어서 먹자! 종이 접시에 플라스틱 포크면 어떠니. 기도하자꾸나."

홀엄마도 얼마든지 공구 벨트를 두르고 사다리를 타고 올라가 지붕을 수리할 수 있지만, 어쩔 수 없어 하는 일이지 그 일에 그다지 재미를 느끼지는 않는다. 이러한 예를 보면 우리가 남녀 차이에 익숙하다는 것을 알 수 있다. 익숙해지면 그런 차이에 무심해진다. 홀엄마가 작업복에 공구 벨트를 두르고 지붕에 올라가기 전까지는 이런 성차이를 느끼지 못한다. 그러다 막상 그런 일이 벌어지면 사람들은 이상하다는 생각에 묻는다. "거기서 뭐하세요?" 지붕을 수리하려고 사다리를 타는 홀아빠를 보고서는 별다른 생각을 하지 않는다. 평소에 성차이가 눈에 띄지 않는 것은 아예 없어서가 아니라 기초 영역에서는 거의 교차하지 않기 때문이다.

이는 능력 부족과는 상관이 없고, 날 때부터 남성과 여성의 내면에 존재하는 상이한 욕구와 관련이 깊다. 사슴 사냥철을 맞이해 여성 몇 명이 함께 사냥을 하러 갈 수는 있다. 사흘 동안 아무 말 없이 나란히 앉아 있을 수도 있다. 수사슴 네 마리를 잡아 배를 가를 수도 있다. 하지만 이들 중 정말로 그 일을 하고 싶은 사람이 누가 있겠는가? 아내가 사냥하러 간 사이에 남편이 집을 지키며 아이들을 돌볼 수 있다. 교회에 갈 때 가장 잘 어울리는 옷을 정하려고 딸아이에게 이런저런 옷을 입혀볼 수도 있다. 하지만 어떤 남자가 마음으로 그런 일을 하고 싶어 하겠는가? 집에 있는 남편은 그저 가장 먼저 눈에 띄는 옷을 고를 것이고, 그가 나 같은 사람이라면 그 옷마저 거꾸로 입힐 것이다(여자아이 옷은 단추가 뒤에 달려 있다는 정도는 나도 이제 안다).

비슷한 맥락에서 여자아이는 아기에게 사랑을 느끼기 때문에 인형을 가지고 노는 것을 좋아한다. 반면에 남자아이는 전쟁놀이를 하면서 사악한 침략자로부터 선량한 사람들을 보호하고 싶어 한다. 남자아이도 아기 인형을 돌보고 소꿉놀이를 할 수 있지만, 그것을 진정으로 원하지는 않는다. 여자아이도 장난감 칼을 들고 뒤뜰의 요새를 지킬 수 있지만, 그렇게 하고 싶어 하지는 않는다. 기본적인 흥미와 열정에 대

해 우리는 솔직해져야 한다. 이런 차이를 솔직하게 인정하는 완구업계
는 큰돈을 버는데, 이는 그들이 사실을 직시하기 때문이다.

## 아들 안에 있는 남성성을 존중하라

그렇기는 해도 성별 문제를 결정하는 것은 화학 물질이다. 관련 연
구를 보면, 생후 3개월 동안 눈을 맞추고 얼굴을 알아보는 여아의 능
력은 400퍼센트 넘게 증가하지만, 남아에게서는 그런 증가를 찾아볼
수 없다.[2] 이것은 사회화가 아니라 생리학에 뿌리를 두고 있다고 연구
자들은 추정한다.

하지만 남자아이가 생리적 차이로 눈 맞춤을 적게 한다고 해서 배
려심이 덜한 것일까? 그렇지 않다. 생리적 차이는 남자아이를 다르게
만들 뿐이지 덜 도덕적으로 만들지는 않는다.

마태복음 19장에서 예수님이 말씀하셨듯, 하나님은 남자를 여자가
되도록 설계하지 않으셨다. 남자아이가 여자아이처럼 되는 것을 하나
님은 의도하지 않으신다. 우리가 여성이나 여자아이에게 "당신의 내
면에 있는 남성성을 따르세요"라고 말하지 않는 것처럼, 남성과 남자
아이들에게 "당신의 내면에 있는 여성성을 따르세요"라고 말해서도
안 된다. 이성의 미덕을 본받아야 하는 부분도 있지만, 하나님은 남성
이 여성스러워지는 것을 원하지 않으신다. 따라서 남자아이가 남자아
이답다고 해서 엄마가 부정적으로 반응하거나, C-H-A-I-R-S가 묘
사하는 여섯 가지 건전한 욕구와 관련된 남자다움을 억눌러서는 안 된
다. 오히려 아들 안에 심어놓은 미덕들을 존중하라는 하나님의 부르심
을 직시해야 한다.

## 핵심 질문

우리는 왜 존경의 문제를 다루어야 하는가? 에베소서 5장 33절에 답이 있다. 거기서 하나님은 남편에게는 사랑을, 아내에게는 존경을 명령하신다. 실제로 베드로는 아내가 남편의 마음을 얻기 위해서는 남편을 존경해야 한다고 가르쳤다(벧전 3:1~2).

하나님은 왜 그런 명령을 하셨을까? 아내에게 사랑이 필요해서일 뿐만 아니라 남편에게 사랑이 자연스러운 일이 아니기 때문이다. 남편이 사랑을 자연스럽게 여긴다면 애초에 그런 명령은 불필요했을 것이다. 아내도 마찬가지다. 하나님은 아내에게 남편을 존경하라고 명령하셨는데, 이는 남편에게 존경이 필요해서일 뿐만 아니라 아내에게는 존경이 자연스러운 일이 아니기 때문이다.

모든 사람은 똑같이 사랑과 존경이 필요하지만, 이 책 1장에서 인용했듯 션티 펠드한 박사도 남녀 사이에 분명한 차이가 있음을 인정했다. 이 세상에서 사랑받지 못하는 느낌과 존경받지 못하는 느낌 중 하나를 선택하라고 했을 때, 남성들은 존경받지 못하는 느낌에 크게 반감을 품었다. 74퍼센트는 존경받지 못하는 쪽보다 차라리 사랑받지 못하는 쪽을 택하겠다고 응답했다.[3]

하나님은 갈등 상황에서 아내들에게 존경을 명령하시는데, 이는 남편들이 자기를 존경하지 않는 아내의 모습에 매우 쉽게 상처를 받기 때문이다. 같은 방식으로 아내는 자신을 사랑하지 않는 남편의 모습에 상처를 받는다.

성경에 나오는 다윗 왕도 존경을 원했다. 우리는 사울의 딸 미갈이 남편 다윗을 사랑했다는 것을 알고 있다(삼상 18:20, 28). 그러나 이후에 "미갈이 창으로 내다보다가 다윗 왕이 여호와 앞에서 뛰놀며 춤추는 것을 보고 심중에 그를 업신여기[는]"(삼하 6:16) 모습을 보게 된다. 미

같은 남편의 행동이 창피했던 것 같다. 미갈은 집으로 돌아온 다윗을 책망했다. "나와서 다윗을 맞으며 이르되 이스라엘 왕이 오늘 어떻게 영화로우신지 방탕한 자가 염치없이 자기의 몸을 드러내는 것처럼 오늘 그의 신복의 계집종의 눈앞에서 몸을 드러내셨도다." 그러자 다윗이 미갈에게 말했다. "내가 이보다 더 낮아져서 스스로 천하게 보일지라도 네가 말한바 계집종에게는 내가 높임을 받으리라"(삼하 6:20~22). 그리고 성경은 이렇게 말한다. "사울의 딸 미갈이 죽는 날까지 그에게 자식이 없으니라"(23절). 둘의 결혼 생활은 바로 거기서 종지부를 찍었다. 잘못된 행동을 한 것은 다윗이 아니라 미갈이었다.

## 남자가 되는 과정

존경은 남자 마음속의 필요인데, 남편뿐 아니라 어린 아들에게도 그러하다. 남자아이 안에 남성이 있다. 이는 곧 아들이 태생적으로 엄마나 (만약에 있다면) 딸보다 애정이 덜할 것이라는 뜻이다. 이는 또한 아들이 기대만큼 다정하지 못할 경우, 당신은 아들에게 무례하게 느껴지게 반응할 수도 있다는 뜻이다. 당신은 별 뜻 없었을지 모르지만, 아들은 존경이 결여된 당신의 말을 인신공격으로 받아들인다. 딸은 엄마의 말을 이해한다. 딸도 엄마와 같은 방식으로 말하기 때문이다. 그러나 아들은 그런 말에 훨씬 더 상처받기 쉽다. 시간이 지나면서 아들은 의도적으로 당신을 피한다. 입을 꾹 다물고 대답하지 않는다.

지금껏 만난 모든 엄마는 아들을 향한 존경이 어떠해야 하고 어떤 느낌인지에 대해, 남편에게 존경을 실천할 때와 마찬가지로 고심한다. 그러나 엄마는 이 문제로 지나치게 걱정할 필요가 없다. 하나님은 여성이 이런 일을 자연스럽게 할 수 있도록 설계하지 않으셨다. 마찬가지로 아빠는 엄마가 하듯 딸을 자연스럽게 사랑하지는 못할 것이다. 괜찮다. 엄마와 아빠 모두 사랑하고 존경하는 방법을 계속 배우면 된다. 딸과 아들 모두 이러한 사랑과 존경이 필요하기 때문이다.

당신은 아들을 사랑하지만 표현이 서툴 경우 아들의 오해를 살 수 있다. 그런 까닭에 나는 엄마와 아들과의 관계가 과열되었을 때 자기를 좀 더 잘 표현할 수 있도록 안내하려 한다. 이런 긴장된 순간에 오히려 아들을 격려하라고 권하는 것도 다 그런 이유에서다.

엄마는 상처를 받았고 화가 나. 이 일 때문에 엄청 실망했거든. 하지만 너를 무례하게 대할 마음은 아니었어. 무시하려는 뜻도 없었어. 지금 이런 이야기를 하는 것은, 하나님이 네 안에 명예로운 남자를 예비하셨음을 믿기 때문이야. 네 행동을 칭찬할 수는 없지만, 너를 향한 믿음과 네가 명예로운 남자가 되길 바라는 마음은 여전하단다.

남자아이 안의 남성을 인정해주는 이런 말을 듣고 아들은 당신에게 마음을 열 것이다.


## 더 배울 준비가 되었는가?

존경을 적용하는 다양한 방법이 더 있다. 다음 여섯 장에서는 남자아이들의 C-H-A-I-R-S 곧 정복, 계급, 권위, 통찰, 유대, 성욕과 관련해 심층적으로 다루겠다. 각 장마다 어떻게 존경 대화를 적용할지 설명하는데, 여기에는 C-H-A-I-R-S에 G-U-I-D-E-S를 적용하는 방법도 포함된다. 존경하는 마음으로 베풀고, 이해하고, 가르치고, 훈육하고, 격려하고, 간구하면 아들의 마음에 기적이 일어날 것이다.

여러 해 동안 엄마들은 이메일로 더 많은 사례를 요청해왔다. 엄마들은 아들의 나이와 발달 단계, 최근에 있었던 갈등 상황을 염두에 두고 편지를 보낸다. 그러면서 잘못된 것을 고쳐서 아들과 정서적으로 계속 연결되길 바란다. 나는 당신이 궁금해하는 문제에 구체적인 답을 찾길 바라는 마음으로 이 책을 썼다.

책에 나오는 많은 정보를 접하면서 제안대로 실천하지 못했다고 해서 스스로를 실패자로 여기지는 말라. 대신 아들의 마음을 효과적으로 사로잡는 방법을 알고 싶을 때 펼쳐 보는 지침서 정도로 받아들이면 좋겠다.

# 5

## 정복
아들의 열정과 재능을 살려주는 엄마

아들의 마음속에는 어떤 분야에서 모험을 시작해 장애물을 정복하고 명예로운 의무를 완수하고자 하는 욕구가 차고 넘친다. 아주 어릴 때에라도 그러하다. 소방관과 소방차를 바라보며 황홀해하던, 혹은 경찰관과 경찰차를 넋 나간 듯 바라보던 세 살배기 꼬마를 떠올려보자. 그 작은 머릿속에서 아이는 신나는 정복을 꿈꾼다. 성숙해가면서 관심사는 달라지지만 자기 분야에서 무언가를 정복하고자 하는 욕구는 그대로 남아 있다. 아들을 키우는 기쁨 중 하나는, 아들이 노력하여 성취하려는 욕구를 충족해가는 과정에서 하나님이 아들 안에 심어놓으신 재능과 열정을 아들과 함께 발견해가는 것이다. 아들이 자라면서 강한 호기심을 보이는 분야를 눈여겨보라.

아들은 고민한다. '노력하면 뭔가를 이룰 수 있을까? 나는 어떤 사람이 될까?' 그럴 때마다 당신은 존경을 담아 아들에게 이렇게 말해줄 수 있다. "그럼, 넌 명예로운 남자가 될 거야. 하나님은 네가 선택한 분야에서 변화를 일으킬 만한 능력을 주셨어."

엄마에게 멸시를 받으면 아들은 자신감이 약화된다. 어떤 엄마는 이렇게 썼다. "존경의 문제가 '나는 능력 있는 사람인가?' 하는 질문과 결부되어 있다는 사실에 충격을 받았습니다. 아들은 제게 몇 번이고 그런 질문을 하더군요. 아이에게 존경을 보이지 않는다면, '넌 그럴 능력이 없어'라고 반복해서 말하는 것과 같습니다. 아이를 절망에 빠뜨리는 일이죠."

하나님이 모든 남자아이 안에 특정 분야를 정복할 수 있는 씨앗을 심어두셨기 때문에 존경 대화는 그 욕구가 싹틀 수 있도록 물을 주는 일이다. 존경을 담은 엄마의 말은 아들의 소질에 영향을 끼치며, 아들에게 용기를 북돋우고 동기를 부여한다.


## 목표 달성 실패 후에 오는 자신감 상실 다루기

어떤 엄마가 이런 이메일을 보내왔다.

우리 부부에게는 아들이 둘 있는데 큰 녀석은 열한 살이 되어갑니다. 큰아이는 동생에게 모범을 보여야 한다는 부담이 있어요. 그래서 큰아이에게 "엄마가 항상 널 사랑한다"는 말을 자주 해주었어요. 하지만 존경한다는 말은 해줄 생각을 못했어요. 지난 화요일, 큰아이 방을 청소하다가 "실패=벤자민"이라고 쓰인 쪽지를 한 장 발견했어요. 자기 자신에게 지나치게 엄격한 아이를 보며 저는 충격을 받았어요. 이래서는 안 되겠다, 먼저 부모가 달라져야겠다는 생각이 들더군요. 우리가 큰아이를 얼마나 자랑스러워하는지 보여주기로 했죠.

큰아이가 학교에서 돌아오기 전에 쪽지 열두 장을 써서 서랍과 베개 아래 등 아이 방 여기저기에 숨겨놓았습니다. 쪽지에는 "엄마는 너를 사랑해", "엄마는 네 생각을 존중해", "엄마는 네가 정말 자랑스러워", "넌 내가 아는 가장 창의적인 아이야", "넌 정말 멋진 큰형이야"라고 썼습니다. 학교에서 돌아온 큰아이가 쪽지들을 발견하고는 달려와 저를 꼭 끌어안 았어요! 눈이 반짝반짝 빛났고 굉장히 흥분해 있었어요. 아이는 칭찬 보 드를 만들어 거기에 쪽지들을 붙였어요. 전에도 제가 아이를 사랑하고 아이가 제게 얼마나 큰 의미인지를 담은 편지를 쓴 적이 있지만(큰아이는 감수성이 풍부해서 모든 쪽지와 편지를 보관하고 있답니다), 존경한다는 말이 가 장 효과가 컸어요. 앞으로도 저는 아이를 존경하기로, 이 아이가 장래 배 우자에게 이렇게 대접받으면 좋겠다고 생각하는 방식으로 아이를 대하 기로 맹세했습니다.

또 다른 엄마는 이런 편지를 보냈다.

아들은 학업 때문에 힘든 한 해를 보냈습니다. 하루는 집에 돌아오니 남 편이 아들과 성적 이야기를 했다고 말하더군요. 녀석이 한참을 꾸물거 리더니 혼내지 않겠다는 다짐을 받은 후에야 성적표를 꺼냈다고요. 성 적표를 보니 A부터 F까지 다 있었어요. 저는 아들에게 가서 솔직하게 말 했어요. 네가 정말 열심히 공부한 걸 안다, 힘든 한 해였다는 것도 안다 고 말이죠. 힘들어도 끈질기게 매달리는 근성에 감탄했다는 말도 했습 니다. 아들은 함박웃음을 짓더니 조용히 말하더군요. "고마워요, 엄마." 그 어느 때보다 아들이 성큼 가까워진 느낌이 들었습니다.

실패 직후에 나누는 존경 대화는 남자아이에게 건전한 자아상을 형성하고 자부심과 자신감을 심어준다. 이상하게 들리겠지만, 이런 때 사랑의 대화를 나누면 가만히 있는 것만 못할 수 있다. 엄마는 자신이 아들 또래였을 때 듣고 싶었던 말을 기준으로 아들과 대화하면 아들이 감동하리라고 추측한다. 그러나 이것은 남자와 여자를 전혀 다르게 만드신 하나님의 설계를 이해하지 못한 생각이다.

## 남자아이에게는 노력하여 성취하려는 욕구가 있다

그 답은 하나님이 창조하신 첫 번째 남자 아담에게 찾을 수 있다.

하나님은 아담을 창조하시고 에덴동산에서 일하게 하셨다. 창세기 2장 15절을 보자. "여호와 하나님이 그 사람을 이끌어 에덴동산에 두어 그것을 경작하며 지키게 하시고." 하나님은 하와를 창조하시기 전에, 아담이 에덴동산의 땅을 경작할 수 있도록 준비시키셨다. 하나님은 완벽한 세상을 만드시고 거기서 일할 최초의 인간을 창조하셨다.

남자는 자신이 하는 일로 자기를 정의한다. "저는 변호사… 의사… 감독… 교사… 은행가… 건축가… 목수… 사업가… 자동차 판매원… 목사… 과학자… 행정가… 카페 주인입니다." 하나님은 그들의 DNA에 일하는 유전자를 심어놓으셨다.

남자는 다른 남자를 처음 만나면 통상적으로 "무슨 일을 하십니까?" 하고 묻는다. 이 간단한 예를 통해 내 아들 안에도 이런 남자가 존재한다는 것을 모든 엄마들이 깨닫길 바란다. 장래에 아들은 자연스럽게 다른 남자에게 같은 질문을 할 것이다. 아들의 DNA에 그런 질문이 들어 있다.

다시 창세기로 가보자. 훗날, 세상에 죄가 들어오고 난 뒤 아담을 향한 하나님의 저주는 땅과 관련이 있고, 하와를 향한 하나님의 저주는 가족과 관련이 있다(창 3:16~19). 하나님은 밭에서 일하는 아담의 이마에는 땀이 흐르게 하시고, 하와에게는 결혼과 가족이라는 영역에서 출산의 고통을 허락하셨다. 이는 남성은 일터가 중심이고, 여성은 가족이 중심이라는 점을 시사한다.

하나님은 죄의 대가로 남녀에게 깊은 열망을 주었던 분야에서 좌절을 경험하게 하셨다. 남편은 밭에서 일하지만 그곳에서 완벽한 존경을 얻지 못한다. 죄 때문에, 밭에서 얻는 영광은 오래가지 못하고 잠시 스쳐갈 뿐이다. 우리는 어떤 운동 경기에서 누가 최고선수상을 받았는지 대개는 기억하지 못한다. 명예는 수일 내로 사라진다. 아내는 가족 관계를 중요하게 생각하지만 완벽한 사랑이나 완벽한 가족을 경험하지 못한다.

죄에 오염된 밭과 가족은 모든 이의 기대에 미치지 못한다. 창세기 3장 이야기는 우리에게 남성과 여성의 영혼에 가장 깊은 영향을 미치는 것이 무엇인지 실마리를 제공한다.

당신은 아들이 하나님의 밭을 찾을 수 있도록 돕고, 그 밭에서 노력하여 성취하려는 아들의 욕구를 채워주는 기쁨을 누려야 한다. 당신이 좋아하는 분야에 아들의 열정이 부족한 것은 단순히 아들의 관심 분야가 다르기 때문이다.

착한 아들이 부정적으로 반응하는 것을 본 적이 있는가? 아들이 풀이 죽거나 짜증 내는 모습을 본 적이 있는가? 잠시 생각해보라. 암호를 해독하라. 아들의 노력이나 성취와 관련해 엄마가 부정적인 말이나 행동을 한 적은 없는가? 별 뜻 없이 한 당신의 말에 아들은 마음이 상하지 않았는가? 무언가를 성취하지 못해 스스로를 별 볼 일 없는 존재로 여기지 않는가? 당신은 일부러 아들의 자존심을 긁는 말을 사용하지 않았는가? 나이를 막론하고 아들을 바보, 낙오자, 겁쟁이, 마마보이, 얼간이 등으로 부른다면 절대 목적을 달성할 수 없다. 이런 말은 사람을 낙담시키고 좌절하게 할 뿐이다. 앞서 다른 장에서도 말했듯,

이는 아빠가 딸을 자기가 생각하는 훌륭한 여성의 틀에 끼워 맞추려고 딸에게 가혹하고 불쾌한 말을 사용하는 것과 흡사하다.

아들의 성취를 다른 사람의 성취와 비교하지 않도록 조심하라. 비교하려면 이전과 달라진 아들의 모습을 비교하라. 아들의 바이올린 연주를 왜 다른 집 아이의 연주와 비교하는가? 그 대신 아들의 현재 노력을 아들의 과거와 비교하라. 아들 개인의 발전을 칭찬하라. 특히 이 것은 형제자매 사이에서 중요하다. "너는 왜 형처럼 하지 못하니?"라고 말하지 않도록 조심해야 한다.


## 아들의 정복에 G-U-I-D-E-S 적용하기

하나님이 아들에게 심어주신 이 욕구를 위해 엄마는 무엇을 할 수 있는가? '정복'에 G-U-I-D-E-S(베풀라, 이해하라, 가르치라, 훈육하라, 격려하라, 간구하라)를 적용하기 위해 당신이 할 일을 소개한다.

**베풀라: 아들이 노력하여 성취하도록 어떤 도움을 줄 수 있는가?**

어린 남자아이: 아빠가 낙엽을 긁어모을 때 곁에서 돕게 하라. 아들을 "아빠의 작은 일꾼"이라 부르며 이렇게 말하라. "아빠를 열심히 도와 이렇게 큰 낙엽 무더기를 쌓아놓다니 정말 멋지다!"

큰 남자아이: 이제 아들은 이웃집 잔디를 깎을 수 있는 나이가 되었으니 1퍼센트의 이자를 붙여 아들에게 잔디 깎는 기계를 사주고 여름이 끝날 때쯤 기계값을 갚도록 하라. "엄마는 너를 믿어. 네게 잔디 깎기를 맡기는 이웃이 많은 것을 보고 엄마는 감명받았어. 그건 사람들이 널 믿는다는 뜻이거든." 아들이 흥미 있어 하는 다른 일이 있다면, 거기에 투자해 아들의 기를 살려줄 수 있다.

아들이 일한 만큼만 대가를 지불한다. 그냥 용돈을 주지 말고 소일거리를 맡겨 돈을 벌게 하라. 성경은 한 가지 원리를 알려준다. "누구든지 일하기 싫어하거든 먹지도 말게 하라"(살후 3:10).

아들, 네가 원하는 자전거를 살 수 있도록 엄마 아빠가 도와줄 텐데 거기엔 두 가지 이유가 있어. 첫째, 최근 몇 달간 너는 대단히 성숙한 모습을 보여주었어. 특히 자전거를 사기 위해 꾸준히 저축했잖니. 둘째, 교회에서 기금 마련을 위한 자전거 마라톤 대회가 곧 열릴 거야. 우리는 네가 이번 대회에 나가 보육원을 위한 기금을 모을 수 있을 거라 생각해. 그래서 네 자전거 값의 3분의 1을 내려고 한단다.

노력과 성취를 통해 아들이 얻을 기쁨을 빼앗아서는 안 된다. 아들 이름으로 예금 계좌를 개설해 돈을 저축하도록 하라. 지나치게 베풀면 아들에게서 자존감을 빼앗을 수 있다.

### 이해하라: 노력하여 성취하려는 아들의 분투를 이해하는가?

어린 남자아이: 난생처음 이웃집 담장에 페인트 칠을 하는 일다운 일을 했을 때, 흙먼지 폭풍 때문에 칠을 다시 해야 하는 상황을 맞고, 그 일로 아이는 화가 난다. 그럴 때에는 화가 난 이유를 이해하고 존중한다고 말하라. 비록 상황이 나빠지긴 했지만 아이가 쏟은 노력과 헌신을 높이 산다고 말해주라. 속상해도 다시 시작하기로 결심했다니 존경스럽다는 말도 해주라.

큰 남자아이: 아들은 축구 선수가 되기 위해 열심히 노력했다. 그러나 이번 대회에 다른 선수를 출전시키기로 했다는 코치의 말에 깊이 상처를 받았다. 그럴 때에는 아이의 실망감을 헤아리며 이렇게 말해주라.

선발 선수가 되려고 네가 얼마나 노력했는지 엄마는 잘 알아. 이번 일로 정말 상심이 크겠구나. 속으로는 망연자실해도 네가 다른 선수 곁에서 어떻게 지혜롭게 처신하는지 엄마는 봤단다. 엄마가 봐도 존경스럽더구나. 넌 좋은 본이 되었어.

목표를 달성하기 위해 노력하는 과정에서 아들은 앞으로도 여러 번 실패할 것이다. 그런 순간마다 존경 대화를 적용해보자. 예를 들어, 잔디를 깎다가 기계 날이 돌에 부딪혀 예상치 못한 비용이 발생할 수 있다. 소득이 줄게 된 아들이 부루퉁해져 소파에 파묻혀 있을 때 존경 대화를 활용해보자.

일에 차질이 생겼구나. 하지만 넌 지금 어른들이 사업하면서 겪는 일을 미리 배우는 중이야. 기억하렴, 사고는 언제든 일어날 수 있어. 스미스 아저씨는 트럭 회사를 운영하는데 트럭들이 종종 고장난대. 그래서 아저씨는 간접비 항목을 만들어 이런 문제에 대비하지. 이 일로 속이 좀 쓰리겠지만 툴툴 털고 다시 일어서리라 믿는다.

이렇게 말한 후에는 자리를 떠서 당신이 할 일을 하라. 아들이 운다고 감싸고돌면 안 된다. 일반적으로 남자아이들은 자기 기분을 별로 이야기하지 않는다. 대신 간결하고 다정한 존경의 말을 듣고 싶어 한다. 포옹이 필요하면 나중에 아들이 당신을 찾아올 것이다. 지금 당장은 아들을 아이가 아니라 한 남자로 대하며 이야기하라. 남자아이 안에 있는 남성에게 이야기하면, 그 아이는 나중에 엄마를 다정하게 대하기 마련이다.

**가르치라: 효과적으로 노력하여 성취하는 방법을 아들에게 어떻게 가르칠 것인가?**

어린 남자아이: 아들이 레고 조립이든 강아지 산책이든 무슨 일을 할 때, 당신이 옆에서 훈수를 두면 아이에게 어떻게 들릴지 생각해보라. 혼자 서는 할 수 없다고 야단치는 것처럼 들리겠는가, 아니면 존경을 담아 조언하는 것처럼 들리겠는가?

큰 남자아이: 아들에게 작은 집안일 하나를 맡겼는데 부산하게 돌아다 닐 뿐 제대로 하지 못할 때, 당신은 어떻게 하는가? "무슨 일을 그렇게 하니?" 하며 무시하는 말투로 가르치는가, 아니면 "네가 어떻게 생각 할지 모르겠지만, 엄마가 더 좋은 방법을 알려줄까?"라고 묻는가? 가 르칠 때는 정중하게 정보를 전달해 아들이 오랫동안 잘 배울 수 있게 하라.

어느 유치원 교사가 남자 원아들에게 존경 대화를 적용했을 때, 아이 들에게 배움의 욕구가 새롭게 일어나는 것을 보았다. 그 교사는 이런 편지를 보내왔다.

> 유치원 교실(하루 여섯 시간 보육하는 환경이죠)에서 기적이 일어났어요. 박 사님의 원리 덕분에 존경에 굶주렸던 다섯 살 남자아이들이 저의 열렬 한 조력자이자 학습자가 된 거예요. 다만 박사님이 말씀하신 원리를 적 용했을 뿐인데도요. 엄마 뱃속에서 수정이 이루어진 순간부터 남자아이 는 남성이고, 여자아이는 여성이라는 점을 부모들은 잊고 있었던 것 같 아요. 아이들도 어른인 우리와 똑같이 사랑과 존경에 대한 욕구가 있다 는 걸요.

다른 엄마가 보내온 편지도 마음에 든다.

큰아들이 세 살이었을 때 잔디 깎는 기계를 고칠 일이 있었어요. 아빠가 작업하는 모습을 지켜보던 아이는 스크루드라이버가 필요한 것을 알았어요. 남편이 드라이버의 특징을 설명하자 아이가 공구 상자에 가서 드라이버를 가져왔어요. 남편이 고맙다고 말하자 아들은 이렇게 대답했죠. "아빠에겐 제가 필요해요!" 무슨 일을 하든지 아이들을 참여시켜야 한다고 남편이 말하더군요. 아이들이 어릴 땐 대개 서툴러 시간이 오래 걸리고 답답하겠지만, 아이들이 얻는 자존감과 소속감, 존경과 사랑을 받는 느낌을 고려한다면 그럴 만한 가치가 있어요.

다양한 공구의 쓰임새를 가르쳐주자 아들은 아빠를 도왔고, 자신이 쓸모 있고 존경받고 있음을 느꼈다. 아들이 성취하려는 분야에서 당신만의 안목과 정보를 제공하는 방식으로 아들을 존중할 수도 있다. 예를 들어 아들의 잔디 깎기를 생각해보자.

엄마가 줄과 바이스로 잔디 기계 날 가는 방법을 알아냈어. 어떻게 하는지 유튜브에 동영상을 올려놨으니 나중에 한번 보면 좋을 거야. 원한다면 철물점에 같이 가자. 절반은 엄마가 낼게. 내가 보기엔 기계 날을 갈 때가 된 것 같거든.

**훈육하라: 아들이 나태하고 게으를 때 어떻게 훈육할 수 있는가?**

어린 남자아이: "네가 주일마다 교회에서 안내 봉사를 한다고 해서 엄마는 얼마나 든든했는지 몰라. 그런데 이번 주에 네가 봉사를 하다말고 식당에 가서 친구들과 놀았다는 소리를 들었어. 그래, 친구들과 노는 게 훨씬 재미있지. 하지만 안내 봉사를 하겠다고 교회 분들과 약속했잖니. 넌 아직 아홉 살이지만 앞으로 훌륭한 어른이 될 텐데, 약속을

지키는 건 그 과정의 일부란다. 알겠니?"

큰 남자아이: "네가 수업을 많이 빼먹었다는 걸 알아. 지난 학기 성적이 안 좋았던 이유도 그 때문인 것 같구나. 넌 명예를 아는 남자야. 엄마는 열심히 일해서 네 등록금을 내는데, 네가 학업을 소홀히 하면 그게 온당한 일일까? 답은 네가 알 거야. 수업에 들어가서 이번 학기가 끝나기 전에 성적을 올리렴. 그렇지 않으면 엄마는 너를 존경하기 힘들 것 같아. 네가 의무를 소홀히 해도 그냥 내버려둔다면 엄마로서 떳떳하지도 않을 거야. 앞으로 나아지는 게 없으면 그에 따른 대가가 있을 거야. 엄마가 이렇게 말해도 되는 거지?"

모든 남자아이는 도전과 훈계가 필요하다. 주어진 과제마다 다 훌륭하게 해내는 아이는 없으며, 때로는 의무를 저버린다. 그럴 때면 대면과 교정이 꼭 필요하다. 하지만 무시하는 말과 경멸하는 표정을 사용해야 하는 것은 아니다.

잔디 깎는 일을 생각해보자. 아들은 놀고 싶은 나머지 잔디를 깎지 않았다. 이럴 때 엄마가 건네는 존경 대화가 빛을 발한다.

엄마는 너를 믿어. 네가 훌륭한 어른이 되어간다고 믿기 때문에 그렇게 되도록 널 돕고 싶어. 잔디 깎기는 힘들고, 노는 것은 재미있지. 하지만 일을 다 마치고 노는 게 훨씬 더 재미있단다. 그러니 이렇게 하자. 둘 중 하나만 선택할 필요는 없어. 앞으로 45분 동안은 프로답게 베일러 아저씨네 잔디를 깎는 거야. 그런 다음 두 시간 동안 친구와 비디오 게임을 할 수 있어. 이렇게 두 가지를 다 하면 오늘 밤 잠자리에 누웠을 때 정말 기분이 좋을 거야. 반대로, 이 제안을 거절하면 친구는 집에 가고, 너는 계속 잔디를 깎은 다음 일찍 잠자리에 들어야 해. 둘 중 무엇이 더 명예로운 일일까?

## 격려하라: 아들이 계속 노력하여 성취하도록 격려할 수 있는가?

**어린 남자아이:** "축구가 뜻대로 되지 않아 짜증 나고 화나지? 그래, 바라는 만큼 실력이 늘지 않으면 속상하지. 발전하려고 노력하는 네 모습을 존경해. 하지만 때로는 다른 사람과 비교하기보단 자신에게 집중할 필요가 있단다. 교회에 다니는 축구선수 형에게 우리 집에 놀러와서 너와 공차기를 해줄 수 있느냐고 물었더니 흔쾌히 그러겠대. 드리블 연습할 도구도 가져온다고 했어."

**큰 남자아이:** "올여름에 세차 보조 일을 늘리고 싶어 했는데, 오히려 근무 시간이 단축되었다니 실망했겠구나. 동물보호소에서 아르바이트 자리를 더 구해보면 어떨까? 거긴 고등학생들에게도 기회를 준대. 동물을 좋아하는 네게 꼭 맞는 일인 것 같은데 어때?"

잔디 깎기 업체가 동네에 들어와 아들이 일해주던 집 중에서 세 집을 낚아채갔다. 일이 절반으로 줄어든 아들은 엄청난 타격을 느낀다. 자기 잘못으로 일자리가 없어졌나 하는 생각도 한다. 아들의 자신감과 열정이 바닥을 칠 때 존경 대화는 그 중요성이 커진다.

명예로운 남자는 시작보다 끝에 더 신경을 쓴단다. 마라톤을 할 때 모두가 똑같이 출발하지만 똑같이 경기를 마치는 건 아니지. 경쟁에 밀리고 좌절하다가 포기하는 사람이 많아. 넌 여섯 집으로 일을 시작했지만 경쟁에 밀려 세 집을 잃었어. 명예롭게 남은 세 집의 잔디를 깎겠니, 아니면 경쟁에 밀렸으니 다 포기하고 말겠니? 지금은 경쟁이 문제가 아니야. 자신감이 문제지. 명예로운 남자도 성장하는 과정에서 이런 좌절을 겪게 마련이란다. 엄마는 이것이 패배가 아니라 엄청난 특권이라 말하고 싶어. 이런 좌절이 또 오지 말란 법도 없지. 처음 만난 이 좌절을 어떻게 헤쳐나갈 수 있을까?

덤으로 격려할 때 쓸 만한 표현 몇 가지를 알려주겠다.

**미취학 아동(3~6세):** "열심히 장난감을 정리하다니 대견하다. 쉬지도 않고 엄청 빨리 하네. 엄마랑 하이파이브!"

**취학 아동(7~9세):** "20달러나 하는 과학 키트를 사려고 열심히 돈을 모으니 보기 좋네. 목표를 정하고 이루려는 모습에 엄마는 감명받았어."

**10대 초반(10~12세):** "올여름에 책을 열 권이나 읽었다니 대견하구나. 깜짝 놀랐어. 엄마는 너만 할 때 그만큼 읽지 못했거든."

**10대 중반(13~15세):** "농구 연습을 이렇게 열심히 하다니 정말 장하다! 네가 실력이 늘고 팀에 기여하는 모습에 감독님도 놀라셨대."

**10대 후반(16~18세):** "목표를 이루기 위해 열심히 노력하는 네가 참 자랑스럽다. 너는 엄마가 열여덟 살이었을 때보다 훨씬 더 성숙하고 능력 있어. 동생에게 모범이 되어 정말 고맙다."

### 간구하라: 아들의 노력과 성취를 위해 아들과 함께 기도하고 있는가?

**어린 남자아이:** 존스홉킨스 병원 뇌 전문 외과의이자 2016년 미국 대선 후보였던 벤 카슨 박사는 이렇게 말했다. "나는 형편없는 학생이었습니다. 형도 마찬가지였죠. [엄마는] 어찌해야 좋을지 몰라 기도하셨습니다. 하나님께 지혜를 구하셨다고 합니다. 그거 아세요? 하나님과 대화하는 데는 박사 학위가 필요하지 않다는 걸요. 믿음만 있으면 됩니다."[1] 이후로 주변 상황이 그의 편으로 돌아서기 시작했고, 그렇게 자신의 진로가 바뀐 것은 어머니의 기도 덕분이라고 카슨은 믿는다. 야고보서 5장 16절은 "의로운 사람의 기도는 능력이 있고 효과가 있습니다"(현대인의성경)라고 말한다.

**큰 남자아이:** 하나님은 아들이 일자리를 구하고 노력하여 자기 손으로 돈을 벌기를 바라신다. 그 점을 아들에게 말해주라. 주님은 땀 흘리는

자에게 귀 기울이신다. 일하고자 하는 아들의 의지에 존경을 표하라.

기도하지 않을 때보다 기도할 때 좋은 일이 일어난다는 사실을 아들에게 알려주라. 사도 야고보는 우리가 얻지 못함은 구하지 않기 때문이라고 말한다(약 4:2).

때로는 아들이 실패를 경험하고 홀로 자신의 길을 고민해보도록 내버려둘 필요도 있다. 당신이 아들을 위해 기도하고 있지만, 때로는 자기 힘으로 산을 올라야 하는 과정도 있음을 알려주라. 예를 들어, 아들이 농구부 감독에게 나머지 시즌에서는 주전으로 뛸 수 없으니 대기하라는 통보를 받았다고 하자. 후배들의 기량이 더 좋아졌기 때문이란다. 이런 경우 당신은 아들에게 뭐라고 말하겠는가?

기분이 안 좋은 게 당연해. 잘하고 싶은 마음이 누구보다 크니까. 나는 네가 이런 시련을 겪지 않길 바라지만, 그래도 받아들일 마음의 준비가 되어 있다고 생각해. 그런 너를 존경해. 명예로운 남자답게 스스로 이 일을 견뎌내려는 의지가 대견하다. 좋은 본이 되어주어 고마워.

엄마는 아들이 하나님을 경외하는 것이 지혜의 근본임을 알고, 자신은 아들의 기대와 분노를 좀 더 이해할 수 있게 해달라고 기도할 수 있다. 또 아들의 내면에 기꺼이 연단받고자 하는 의지가 더 커질 수 있게 해달라고, 하나님이 아들에게 주신 능력과 재능을 더욱 신뢰하게 해달라고 기도할 수 있다.

# 6

## 계급
아들의 명예로운 본성을 인정해주는 엄마

어떤 엄마가 여섯 살 아들에 관한 기분 좋은 이야기를 전해왔다.

어느 날 저녁 식사를 마치고, 운동도 할 겸 다섯 아이를 데리고 산책하러 나갔어요. 갑자기 천둥이 치길래 비가 오면 얼른 다시 집에 들어가기로 약속했죠. 살살 내리던 비가 금세 후두둑 떨어지기 시작했고, 아이들은 집으로 돌아가고 싶어 했어요. 자전거를 타던 두 살배기 막내만 빼고요. 막내는 비가 내려도 아랑곳하지 않았어요. 큰아이들이 얼마나 더 탈 거냐고 투덜거려서 저는 아이들에게 열쇠를 주며 먼저 집으로 들어가라고 했죠. 셋은 집으로 달려갔지만 여섯 살 샘은 저랑 막냇동생과 함께 남았어요. 때마침 천둥소리가 커지고 빗줄기가 굵어져 저는 샘에게 "너도 얼른 집에 들어가"라고 말했어요. 그러자 샘이 이렇게 대답했어요. "안 돼요, 엄마. 이런 폭풍 속에 죽어도 엄마를 남겨둘 순 없어요." 그리고 잠깐 말을 멈추더니 (스스로 대견하게 느껴졌나 봐요) 이렇게 덧붙였어요. "집에 도둑이 들더라도 걱정 마세요. 제가 있으니까요." 그 모습이 얼마나 귀여운지 저는 웃음이 나왔지만 샘은 굉장히 진지했어요. 샘의 이런 성격이 제 아빠를 닮은 게 분명하지만, 누군가 했던 말을 따라하는 것 같지는 않았어요.

샘은 엄마를 보호하는 아들이 되기 위해 아빠에게 이런 대화법을 배울 필요가 없다. 하나님이 샘을 비롯한 남자아이들을, 다른 사람을 위해 아낌없이 주고 보호하는 자로 살아가게 설계하셨기 때문이다.


## 보호 본능

남자아이 안에는 남성이 있다. 이러한 욕구는 일찌감치 다양한 징후를 보이므로 엄마는 주의할 필요가 있다. 아들이 카우보이나 슈퍼히어로 같은 옷을 입고 "난 엄마를 지킬 거야"라고 말하면, 엄마는 대개 아들의 말은 간과하고 귀여운 그 모습에만 집중한다.

유치원에 다니는 딸이 엄마 놀이 하는 것을 보고도 못 본 체하는 엄마는 없다. 다가가 딸의 모성을 지지해준다. 자신도 오래전에 그런 소녀였기 때문이다. 하지만 위험에서 엄마를 보호하려는 아들의 용감함에도 같은 감정을 느낄까?

하나님은 모든 남자아이의 내면에 약자를 보호하게 만드는 뭔가를 심어놓으셨다. "네 남편을 위해 싸우라"고 말하는 성경 말씀은 없다. 오직 "너희 아내를 위하여 싸우라"(느 4:14)고 말한다. 하나님은 여성에게 그런 역할을 요구하지 않으신다. 여성은 자녀를 돌보고, 남성은 다른 방법으로 가족을 안전하게 지킨다. 이는 전 세계 남성의 공통된 현상이다. 하나님은 이러한 기사도 본능을 남자의 내면에 심어두셨다. 그리스도를 따르는 남성에게 여성과 자녀를 보호하는 것은 신성한 의

무다.

아들이 십 대로 접어들면, 당신에게 위협이나 해가 될 일이 생길 때 본능적으로 나서서 당신을 보호하려는 아들을 목격하게 될 것이다. 그럴 때면 놓치지 말고 아들을 칭찬해주라.

## 남자아이가 지닌 공격성의 긍정적 측면

학자들은 미취학 남자아이를 연구하면서 그들에게 소유권과 재산을 지키고, 경쟁하고, 갈등을 두려워하지 않으며 싸우려는 성향이 있음을 발견했다. 여기서 의문점이 하나 있다. 재산을 지키는 것은 좋은 일인가, 나쁜 일인가? 갈등을 두려워하지 않는 경쟁 본능은 부덕인가, 미덕인가?

언젠가 아내가 네 살 손자에게 유치원 마당에서 친구들과 무엇을 하며 놀았느냐고 물었다. "우리는 나쁜 친구들이 가까이 오지 못하게 막았어요." 이것은 미덕이다. 아이는 지금 자기가 옳다고 생각하는 것을 지킬 줄 아는 명예로운 남자가 되는 연습을 하고 있다. 아들은 이런 놀이를 통해 침략자로부터 소중한 것을 지키는 법을 배운다. 그것은 좋은 일이다. 정의에 대한 요구를 부끄러워해서는 안 된다.

다만 아이는 좀 더 나은 방법으로 그런 순간에 대처하는 법을 배울 필요가 있다. 엄마는 아들을 한쪽으로 불러 이렇게 말해줄 수 있다. "공정한 대우를 받고 싶은 마음을 엄마는 존중해. 친구가 네 장난감을 가져간 건 잘못이야. 그런 일이 또 생기면 명예로운 남자로서 어떻게 하면 좋을까?" 아들에게 해결책을 물어보라. 아들이 직접 해결책을 찾도록 기회를 주라. 아이는 옳고 그름을 구별할 줄 아는 도덕적, 영적 존재이므로 직접 물어보아야 한다. 아이들 스스로 해답을 찾아야 그것이 온전히 자기 것이 된다.

"잘 모르겠어요. 걔가 계속 내 장난감을 가져가요"라고 대답한다면 이렇게 말해줄 수 있다. "좋아, 다음에 또 이런 일이 생기면 엄마에게 오렴. 내가 그 아이와 이야기해볼게." 엄마는 부당함에 맞서 자기가 옳다고 생각하는 바를 위해 싸우려는 아들의 욕구를 이해해야 한다. 그럴 때 아들의 놀이가 전혀 새로운 의미로 다가올 것이다.

반대로 아들이 자기만 생각하고 친구의 장남감을 낚아채거나 위험하든 말든 싸우려고 할 때 어떻게 해야 할까? 아들이 자신의 그릇된 생각을 막무가내로 주장할 때 엄마는 이렇게 가르쳐야 한다.

> 자기 것을 지키려는 자세는 아주 좋아. 그런데 궁금한 게 있어. 친구가 네 물건을 빼앗아 가면 기분이 어때? 그러면 싫잖니. 그러니까 너도 친구 장난감을 마음대로 가져오면 안 돼. 자기 장난감을 가지고 노는데, 그걸 이유로 친구와 싸우는 건 명예롭지 못한 일이야.

아들의 미덕은 인정하고 부덕은 고쳐주라. 아들이 가지고 있는 명예로운 본성에 호소해야 한다.

아들은 딸과 다르다는 것을 잊지 마라. 딸은 태생적으로 협상이 가능하지만, 아들은 어린 시절에 훨씬 더 공격성을 띠기도 한다. 이러한 공격성에는 부정적인 면도 있지만, 아들은 나이가 들면서 자연스레 약자를 방어하고 보호하는 방향으로 자랄 것이다. 예를 들어, 대부분 남자아이는 여동생의 고양이를 걷어찬 다른 남자아이를 뒤쫓아 가서 혼내준다.

나는 한밤중에 누군가가 아내를 해치려고 나타났을 때 싸워야 할 책임을 느낀다. 하나님은 내게 가족을 보호하려는 본능을 주셨고, 내가 만난 여성들 역시 남편의 보호를 받고 있다는 느낌을 매우 좋아한다. 이와 마찬가지로 모든 엄마는 아들의 내면에 있는 이러한 욕구를 인정해야 한다.

"아이를 나무라지 않으면 폭력적인 아이로 자란다"고 말하는 사람들도 있다. 하지만 잠깐만 생각해보자. 양쪽을 다 취할 수는 없다. 물론 아들이 폭력을 시도 때도 없이 사용해서는 안 된다. 그러나 남자아이들은 운동할 때 실랑이를 좀 벌인다고 해서 자아상에 그다지 큰 상처가 생기지 않는다. 오히려 그것을 용기로 이해한다. 휘튼대학 교목이자 베트남 전쟁 최초의 성직 부상자였던 짐 허친스(Jim Hutchens)는 내게 이렇게 말했다. "아들들에게 초자연적으로 반응하는 법을 배우라고 요구하기 전까진 녀석들이 자연스럽게 반응하도록 두어야 합니다." 남자아이는 시행착오를 통해 배운다. 그러니 제 여동생을 밀친 녀석을 땅바닥에 메다꽂는 행동을 반드시 나쁘다고 볼 수 없다. 엄마는 그 문제를 다른 관점에서 보고 싶어 할 수도 있겠지만, 아들은 다시 같은 행동을 할지 아니면 달리 행동할지 곧 배울 것이다.

## 때에 따라서는 목숨을 바칠 수도 있다

에베소서 5장 23절을 읽어보자. "이는 남편이 아내의 머리 됨이 그리스도께서 교회의 머리 됨과 같음이니 그가 바로 몸의 구주시니라." 하나님은 아내를 책임자로 부르지 않으신다. 남편에게 필요한 것을 제공하고 남편을 보호하며, 심지어 남편을 위해 목숨 바쳐 막대한 책임을 지려는 여성이 어디 있는가?

머리가 된다는 것은 구세주가 죽으셨듯 섬기고 죽는 것을 의미하며, 이것은 남성의 일이다. 다시 말해, 아들은 머리 됨(위계)을 권리가 아닌 책임으로 느낀다. 그리스도가 구세주로서, 육체의 머리로서 책임 있게 행하셨던 것처럼 대부분 남성은 보호의 의무를 다하는 그리스도의 형상대로 살기 원한다. 아들은 자기 자신을 위험에 빠진 공주를 구하는 왕자라고 상상한다. 예수님은 "사람이 친구를 위하여 자기 목숨을 버리면 이보다 더 큰 사랑이 없[다]"(요 15:13)고 말씀하셨다. 남자들 마음속 깊은 곳에는 이처럼 자기 목숨조차 바친다는 개념이 있다.

아들 데이비드가 대학 시절에, 하나님이 주신 이러한 욕구를 드러낸 것을 본 적이 있다. 아내는 이렇게 회상한다.

> 캘리포니아에서 〈사랑과 존경〉 콘퍼런스를 진행하고 있었어요. 데이비드가 그 근처에서 대학을 다녔는데, 남편과 저는 봄방학을 맞은 고3 딸아이 조이를 데려갔죠. 첫날, 일이 벌어졌어요. 조이는 세 시간 시차를 극복하느라 호텔에 머물고 있었어요. 우리 부부와 데이비드가 호텔 방에 가서 조이를 불러내려고 문을 두드렸어요. 안에서 텔레비전 소리가 크게 났지만 조이는 조용했어요. 그 방은 1층에 있었고 바깥으로 통하는 미닫이문이 있었죠. 남편이 밖으로 나가 반대편으로 가보았는데 미닫이문이 살짝 열려 있었지만 그 문으로 들어갈 순 없었나봐요. 돌아온 남편의 표정이 불안해 보였어요. 남편이 아들에게 말했죠. "데이비드, 넌 여기 있어라. 내가 가서 매니저를 불러오마. 저 문에서 누가 나오거든 꼼짝 못하게 잡아놓고." 그제야 상황이 심각하다는 생각이 들었어요. 남편은 제게 그런 지시를 하지 않았어요. 아들에게 했죠. 데이비드는 호텔 방문밖으로 나오는 사람이 있으면 맞대응할 기세였어요. 단단히 붙잡고 늘어졌겠죠. 두 아이가 어렸을 때 오빠가 여동생을 위해 목숨을 바칠 수 있다고 누군가 얘기했다면, 전 아마 믿지 않았을 거예요. 하지만 그날 저는 하나님이 설계하신 뭔가가 아들 안에 있는 것을 보았어요. 어쨌든 남

편이 매니저를 데려와 방문을 열었어요. 조이는 방 안에서 세상모르고 자고 있었어요. 잠에서 깬 조이는 이게 무슨 소란인지 어리둥절해했어요. 무엇보다 조이가 무사해서 감사했죠. 그리고 남자들은 누군가를 지키기 위해 기꺼이 목숨도 바칠 수 있다는 것을 그날 배웠답니다.

미국 콜로라도 주 오로라에서 어떤 미친 사람이 극장에 들어가 관객들에게 총을 쏘았다. 젊은 남자 셋은 몸을 던져 여자친구를 대신해 총에 맞았다. 세 여성은 극장 밖으로 걸어 나왔지만 남자 친구들은 주검이 되어 밖으로 실려 나왔다. 남성은 여성과 어린이를 보호하고, 여성은 어린이를 보호하며, 큰 아이는 작은 아이를 보호한다. 나는 분명히 말할 수 있다. 여자친구를 대신해 죽은 그 세 친구를 이해하지 못할 남자는 지구상에 단 한 명도 없다.

우리가 개최하는 콘퍼런스에서 나는 이런 질문을 한다. "부모와 세 자녀가 사는 집에 살인마가 침입했습니다. 그는 한 사람만 죽이고, 나머지는 풀어주겠다고 약속합니다. 그런 상황에서 누가 죽겠다고 나설까요?" 참석자들은 입을 모아 대답한다. "아버지요!"

많은 여성이 내게 털어놓은 비밀이 있는데, 자신들은 목숨 걸고 여성을 보호하려는 남성의 욕구에 별 관심이 없다는 것이다. 하지만 여성이 이러한 욕구를 높이 살 때 남성은 정말 큰 감동을 받는다. 텍사스 모 대학의 한 여성 교수는 남성에게 존경이 필요하다는 나의 가르침을 받아들여 자신의 강의에 그 내용을 포함시켰다. 그녀는 이렇게 썼다.

어제 오스틴에서 주 감사관을 대상으로 강연을 했습니다. 강연을 마치자 한 아버지가 저를 만나려고 서성이고 있었습니다. 그분은 속 썩이는 아들 때문에 상심이 컸죠. 아들 문제를 상의한 후 그는 이렇게 말했습니다. "여성들이 '존경'이라는 단어 하나만 제대로 이해해주면 좋겠습니다." 저는 그분에게 당신은 명예로운 남성이므로 테러리스트가 침입한다면 그들에게 맞설 것을 안다고 말해주었습니다. 그분은 자신 있게 그렇다고 대답하며 아내를 대신해 총을 맞을 수도 있다고 하더군요. 그 말에서 느껴졌습니다. 저는 "아드님도 그럴 겁니다"라고 말했습니다. 그리고 당신이 아들을 얼마나 자랑스러워하고 존경하는지 아들에게 말해주고, 아들의 행동과는 별개로 아들을 존경하기 위해 노력하라고 그분을 격려했습니다.

이 교수는 핵심을 잘 이해하고 있다.

## 지키고 보호하려는 명예 본능을 인정하라

장난감 회사에서 판매하는 품목의 유형을 살펴보라. 여자아이에게 바비 인형, 곰 인형, 양배추 인형 등이 수십 년간 꾸준히 팔리는 이유는 무엇인가? 부모가 딸에게 사랑스러운 이 인형들을 적극 소개하기 때문이 아니다. 그 인형들이 누군가를 보살피고 사랑하고 싶은 여자아이의 마음을 끌어당기기 때문이다. 반대로 남자아이는 영웅이나 캐릭터 인형에 관심이 많다. 장난감 회사는 그 사실을 알고 있다! 남자아이는 지아이조, 스타워즈, 트랜스포머에 열광한다. 빠져들고 싶은 모험, 용맹하게 맞서야 할 위험과 정복해야 할 세력. 남자아이는 적군을 무찌르고 선량한 사람들을 구출해 존경받는 주인공이 되길 바란다. 이런 선물이 남자아이의 본능을 사로잡는다.

총 싸움 놀이는 남자아이가 적과 싸운다는 뜻인가, 아니면 폭력성과 범죄성을 일찌감치 드러내는 것인가? 장난감 총과 칼을 몽땅 치우면 아들을 통제할 수 있을까 싶어 애쓰던 한 엄마가 이렇게 털어놓았다. "포기할래요. 오늘 점심 먹을 때 아들이 구운 치즈 샌드위치를 총 모양으로 만들어 창밖으로 쏘는 시늉을 하더라고요." 엄마는 그런 아들을 막을 수 없다. 남자아이는 전투 놀이를 시작할 때 마음속에 이미 무기를 제작한다. 이는 타고난 것이다. 마트에 간 또 다른 엄마의 이야기를 들었다. 이 엄마는 어떻게 해서든 장난감 총과 광선 검 판매대 쪽으로는 가지 않으려 하지만, 네 살배기 아들은 어김없이 그리로 쏜살같이 달려간다.

이 아이들이 도대체 왜 이러는 걸까? 어떤 사람들은 이러한 행동이 남성의 폭력적 본성을 입증한다고 단언한다. 그러나 아들을 좀 더 면밀히 관찰한다면, 이제까지 그저 남성적 행동으로 치부하며 대수롭지 않게 여겼던 부분을 새롭게 바라보게 될 것이다. 이제 엄마는 하나님의 설계를 가치 있게 여기고, 아들을 움직이는 욕구를 존중하게 된다.

아들을 존중하며 바르게 안내하라. 어린 아들에게는 이렇게 말하라. "조니, 엄마가 보니까 너는 나쁜 사람을 물리치고 착한 사람을 보호하기 위해 강해지고 싶어 하는구나. 그런 모습을 존경해." 이런 대화에 아들이 어떤 식으로 반응하는지 표정을 잘 살펴보라. 존경이 가져온 효과를 느낄 수 있다. 아들은 더욱 자신감을 갖고 명예로운 일을 더 많이 생각하게 된다. 열여섯이나 열일곱 살인 큰 아이에게는 이렇게 말해보라. "아빠가 안 계시는 동안 네가 있으니 안심이 된다. 고마워." 그리고 아들의 반응을 살펴보라.

다음은 아들에 대한 이러한 진실을 깨달은 한 엄마가 어떻게 존경 대화를 적용했는지 보여준다.

엄마를 지켜주려는 아홉 살 아들의 성품을 직접 확인한 적이 있어요. 어느 늦은 밤, 마트에 꼭 가야 할 일이 있었는데, 평소처럼 아들이 같이 가주었어요. 기다렸다가 차문도 열닫아주고요. 〈사랑과 존경〉 세미나가 끝난 후, (아들과 나란히 앉은) 저는 그날 정말 고마웠고 대견했다고 말해주었어요. 그러자 아들이 함박웃음을 짓더군요.

아낌없이 주고 보호하려는 욕구를 인정받고 싶은 아들은 자신의 이러한 갈망을 사람들이 비웃는 것을 보면, 당혹감을 느끼고 자신에게 문제가 있다고 생각하게 된다. 실제로 기가 죽을 뿐 아니라 정상적인 의심을 품는다. '아낌없이 주고, 보호하며, 목숨까지 바치려는 이런 마음은 쓸데없는 걸까?' 아들을 사랑하는 엄마로서 당신은 이런 의문에 정중하게 답해야 한다. "아니, 그렇지 않아. 그런 마음이 있어야 진짜 남자다운 거야."

아이가 늘 용맹스러운 전사일 수는 없다. 두려움을 느끼는 아이에게는 엄마의 위로와 보호가 필요하다. 절대 이런 식으로 아들을 비웃거나 놀리지 말라. "용감한 줄 알았는데 순 겁쟁이구나." 아들이 두려움을 드러내더라도 부끄러워하지 않고 당신에게 다가올 수 있도록 격려해야 한다. 용맹한 남자도 때로는 두려움을 느끼며, 그래도 괜찮다는 것을 알려주라.

## 계급에 G-U-I-D-E-S 적용하기

**베풀라: 아들이 아낌없이 주고 보호하도록 어떤 도움을 줄 수 있는가?**

어린 남자아이: 다용도실 한쪽에 공간을 확보해 아이가 바라던 강아지를 키울 수 있게 해주라. 아이가 강아지를 돌보기로 약속했다고 가정하고 이렇게 말하라.

엄마는 너를 믿어. 강아지를 보호하고 싶어 하는 마음도 존중해. 이 일을 할 준비가 된 것 같구나. 네가 책임지고 잘 돌보렴.

**큰 남자아이:** 부모가 외출할 때 어린 동생들을 돌보는 것을 대견해하고 있음을 아이에게 알려주라. 동생들을 보호하고 저녁을 차려줄 열다섯 살 아들이 있다는 것이 엄마에게 얼마나 큰 축복인지 말해주라.

정말 대단해. 동생들이 네게 얼마나 의지하는지 몰라. 고맙다. 그리고 네가 자랑스러워.

### 이해하라: 아낌없이 주고 보호하려는 아들의 분투를 이해하는가?

**어린 남자아이:** 아들이 먹이 주는 것을 잊어버려 키우던 금붕어가 죽었다면 뭐라고 말하겠는가? 일단 아들이 얼마나 슬픈지 이해한다고 말해주라. 아들 마음속 깊은 곳에는 금붕어를 잘 키우고 보호하려는 욕구가 있었기 때문이다. 하지만 잠시 다른 일에 정신이 팔려 이런 일이 일어났다. 이런 가슴 아픈 일을 통해 얻는 교훈이 있음을 알려주라. 이러한 상실을 통해 아들은 다음에 동물을 키울 때는 반드시 매일 먹이를 주겠다고 다짐하게 될 것이다.

**큰 남자아이:** 등록금을 벌어야 하는 여름 방학에 아들이 공장에서 일하다 해고되었다면 어떻게 하겠는가? 우선, 스스로 학비도 벌지 못한다고 느끼는 아들의 감정을 이해해야 한다. 예상치 못한 큰 손실에 아들이 남자로서 느끼는 압박감을 진심으로 공감해주라. 아들이 이런 좌절 앞에 섰을 때 이렇게 말하라. "엄마는 해결책이 없지만, 네가 남자로서 어떻게든 그만큼의 돈을 마련할 방법을 찾을 수 있을 거라고 생각해." 여기서 중요한 것은, 남자는 자신의 독립성과 문제 해결법을 존중받고

싶어 한다는 점이다. 장성한 아들은 엄마가 나서서 자신의 상황을 해결해주길 바라지 않는다.

아들의 심정을 잘 이해하려면 남성들이 서로를 어떻게 생각하는지 알 필요가 있다. 사울 왕을 보호할 책임이 있는 군인 아브넬을 비웃었던 다윗 이야기를 생각해보자. 다윗은 사울이 잠든 동굴로 숨어 들어가 그의 창과 물병을 훔쳤다. 그는 거기서 사울을 죽이고 왕이 될 수도 있었지만, 사울을 해칠 생각이 없음을 증명하려고 그렇게 했다. 사무엘상 26장 15절에서 다윗은 아브넬에게 이렇게 묻는다. "너는 사내대장부가 아니냐?"(새번역) 아브넬은 큰 충격을 받았다. 사내대장부는 자신이 책임지고 있는 것을 보호한다. 다윗은 아브넬의 남자다움에 의문을 제기했다. 이처럼 아들은 남성들 사이에서 자신이 남자라는 것을 입증하고 싶은 충동을 느낀다. 이것은 아들이 가진 기질의 일부로서 아들을 관찰하다 보면 분명하게 이해할 수 있다.

**가르치라: 아낌없이 주고 보호하는 방법을 아들에게 가르칠 수 있는가?**

**어린 남자아이:** 아들이 강아지를 보호하고 싶어 하면서도 막상 관리를 소홀히 할 때, 어떤 일이 일어나는지 가르쳐주어야 한다. 아들이 앞으로 책임감 있는 보호자가 될 것을 확신하기에 주는 가르침이다. 실수로 문을 열어두어 강아지가 도망가면 교훈과 가슴 아픈 추억을 동시에 얻게 된다는 점도 분명히 알려주라.

**큰 남자아이:** 아들이 통학용 중고차를 사려고 돈을 모으고 있다면, 다른 사람과 자신을 보호하기 위해 보험에 들어야 한다고 가르치라. 보험료를 대신 내달라고 호소하더라도 들어주지 말라. "넌 책임감 있고 명예로운 사람이야. 이 기회에 비용이 어떻게 늘어나는지 배우면 좋겠다. 숨은 비용이 있다는 걸 알았으니 지불도 해야지."

**훈육하라: 아들이 지나치게 무심하거나 두려워할 때 어떻게 훈육할 수 있는가?**

**어린 남자아이:** "애완용 쥐를 사달라고 부탁해서 엄마가 들어주었잖아. 그런데 이 우리를 좀 봐. 이틀이 지났는데 청소를 한 번도 안 했어. 먹이와 물을 주긴 했지만 우리에서 냄새가 나잖니. 명예로운 남자는 자신의 반려동물을 잘 돌본단다. 자, 이렇게 하자. 엄마가 우리를 청소할 때마다 네 저금통에서 2달러를 가져갈게. 저 쥐들은 살기 위해 너만 바라보고 있잖니."

**큰 남자아이:** "엄마 아빠는 네가 자동차를 잘 관리하겠다고 약속해서 자동차를 사준 거야. 그럴 수 있는 나이도 됐으니 말이야. 그런데 오늘 네 차를 타고 나갔더니 1킬로미터도 못 가서 기름이 떨어지더구나. 기름을 가지러 집까지 걸어왔다가 다시 차로 돌아가야 했어. 게다가 차를 보니 오른쪽 사이드미러는 깨져 있고 타이어 두 개는 바람이 빠졌더구나. 정말 네가 한 약속을 지킬 수 있겠니? 이 문제를 네 선에서 해결할지, 아니면 아예 차를 중고차 시장에 내놔야 할지 분명히 했으면 좋겠다."

아들을 훈육할 때 무시하는 말투를 사용하지 않도록 주의하라. 어떤 엄마가 이런 편지를 보내왔다.

최근까지도 큰아들을 야단칠 때면 얕잡아서 말하곤 했어요. 물론 효과는 없었죠. 저는 너무 실망했고, 어떻게 해야 아들의 필요를 공감할 수 있을지 알게 해달라고 기도했어요. 그런데 그게 남편의 필요와 별반 다르지 않더라고요. 아들도 존경을 받고 싶어 했어요. 제가 먼저 존경하는 태도를 보이자 아들도 긍정적으로 반응하고, 저 역시 덜 힘들어졌어요.

엄마의 부정적 성향이 어떻게 나타나고 상황을 조정하는지 스스로 깨달으면 아들과의 관계가 호전된다. 아들의 잘못을 꾸짖으면서도 여전히 아들의 마음을 존중하고 있다는 사실을 아들이 안다면, 언제든 마음이 열릴 여지가 있다. 부드럽게 말하라. 진심에는 힘이 있다.

**격려하라: 아들이 계속 아낌없이 주고 보호하도록 어떻게 격려할 수 있는가?**

**어린 남자아이:** "그 말썽쟁이가 너를 괴롭힌다는 걸 알아. 너를 겁쟁이라고 부르는 소리를 들으면 엄마도 마음이 너무 아파. 하지만 이 일을 통해 네가 스스로를 지키는 법을 배웠으면 좋겠어. 말도 안 되는 그 친구의 말을 귀담아듣지 않을 용기가 있지? 엄마는 너의 용기를 존경해."

**큰 남자아이:** "넌 작년에 학교에서 빈곤층 아이들에게 생필품 상자를 보내자고 제안했지. 그 프로젝트에 천 개가 넘는 상자가 모여 일이 순조롭게 시작되었고. 그런데 지난 두 주 동안 지켜보니 너는 사람들에게 연락해 물품 받을 계획을 세워야 하는데도 손놓고 있더구나. 혹시 이 일에 싫증이 난 건 아닌지 염려돼. 이런 활동을 하려면 누군가의 희생이 필요하지. 네가 소매 걷어붙이고 나서도록 응원하고 싶구나. 네 노력의 결과가 값지다는 걸 알려줄 아이들 사진과 편지가 여기 있다. 이건 굉장히 명예로운 일이야."

아이는 그저 놀고 싶을 뿐이지 아버지나 남편 역할을 맡고 싶은 것이 아니다. 하지만 아낌없이 주고 보호하는 욕구를 드러내 보일 때도 있다. 바로 그때 내가 제안하는 존경 대화를 사용해보라.

**미취학 아동(3~6세):** "그 옷이 너한테 잘 어울려. 슈퍼맨 옷만 봐도 네가 악당으로부터 착한 사람을 보호한다는 사실을 알 수 있지."

**취학 아동(7~9세):** "오늘 밖에서 비바람이 불 때 엄마가 너와 동생들에게 집에 먼저 뛰어가라고 했지. 넌 엄마랑 함께 있겠다고 말했고. 엄마를 지켜주려 하다니 감동이다!"

**10대 초반(10~12세):** "친구들과 자전거 타러 가기 전에 네가 모두의 타이어를 점검하고 친구들에게 안전모도 나누어 주더구나. 정말 사려 깊은 리더의 모습이었어."

**10대 중반(13~15세):** "자기 여동생을 함부로 대하는 친구를 네가 혼내주었다고 들었어. 명예롭게 행동한 거야. 존경한다!"

이런 말을 매일 할 필요는 없지만 결정적인 순간에는 사용해야 한다. 이런 말은 아들의 귓전에 오랜 울림으로 남을 것이다. 아들은 이런 말을 마음속에 간직하고 여기서 활력과 보람을 느낀다.

**간구하라: 아들이 아낌없이 주고 보호할 수 있도록 기도하고 있는가?**

**어린 남자아이:** 아들의 고양이가 어디론가 도망갔다. 아들과 함께 하나님께 도와달라고 기도할 수 있는 적절한 순간이다. 하나님이 반드시 찾아주신다고 약속은 못해도 이렇게 말할 수는 있다.

슬퍼하는 모습을 보니 네가 고양이를 얼마나 사랑했는지 알겠다. 너는 마음이 참 따뜻한 아이야.

**큰 남자아이:** 대학 등록금을 낼 돈이 부족한 것을 알았을 때, 당신이 기도하고 있음을 아들에게 알려주라. 학비 부담을 해결할 지혜를 구하며 기도하고 있다고 말이다. 이 사실을 정중하게 표현하라.

○

넓은 안목으로 보자. 앞으로 시간이 지나면 아들의 내면에 있는 아낌없이 주고 보호하려는 본성이 당신을 위해 나타날 것이다(특히 남편과 사별한 경우에 그러하다). 아들의 내면에 있는 이런 능력은 장기적으로 당신에게 큰 유익으로 작용한다. 아들의 이런 본성을 소중히 여기고 칭찬하라. "엄마를 보호하고 싶은 그 마음을 귀하게 생각한단다."

과거에 여성들은 자신을 보호하고 필요를 채워주려는 남성의 본성을 존경했다. 치안이나 생존 수단이 부족하고 환경이 열악한 시절, 여성의 생존 문제는 그러한 남편의 용기에 전적으로 달려 있었다. 그렇기에 여성들은 남편의 힘과 용기를 높이 평가했다. 오늘날 남성들이 그와 동일한 정서를 표현하려 할 때 많은 여성이 이를 굴욕적으로 받아들이며 반발한다.

엄마인 당신은 이런 생각에 굴복하지 말라. 아들은 여성을 억압하려는 생각이 없으며, 다만 보호하고 베푸는 사람으로서 존경받고 싶어 한다. 아들은 자신이 가족 위에 군림하는 신성한 권리를 타고 났다고 생각지 않고, 가족을 보호하는 신성한 책임을 부여받았다고 생각한다. 하지만 어린 시절에는 이런 의문을 갖기도 한다. '과연 내게 그런 자질이 있을까?'

당신이 그 질문에 답해줄 수 있다.

# 7

## 권위
아들의 남성성을 존중하는 엄마

권위와 관련된 아들의 욕구를 이야기할 때 우리가 말하고 싶은 부분은 이것이다. 아들은 강건하고 지혜롭게 이끌며 영향력 있는 결정을 내리길 열망한다. 천하무적이 되길, 지휘관이 되길, 단호해지길 열망한다. 아들은 누군가에게 연약하고 소심하며 우유부단하다는 비난을 들으면 당연히 발끈한다. 이런 말은 남성성의 핵심을 공격하는 것이다. 이보다 더 스트레스를 주는 것도 찾기 어렵다.

### 말썽꾸러기를 다루는 법

나이를 막론하고 남자라면 권위에 도전을 받을 경우 과격하게 반응한다. 권위라는 말이 무슨 의미인지 정확히 알지는 못하는 어린 남자아이에게도 권위는 중요하다. 이런 연구 결과도 있다. "여자아이는 관계에서 비롯된 스트레스에 더 반응하고, 남자아이는 자기 권위에 대한 도전에 더 반응한다."[1]

학교에 들어가지 않은 어린 나이에도 남자아이는 자기 힘을 과시하고, 지위를 내세우며, 다른 사람에게 명령하고, 자기 영역과 소유를 지키고, 예상되는 불편한 결과를 경고하려고 애쓴다. 이 자체만으로는 나쁠 것이 없다. 부모도 아이들 앞에서 지위를 강조하고, 아이들에게 자질구레한 일을 시키며, 말을 듣지 않으면 불편한 결과가 따를 것이라고 경고하니 말이다.

안타깝게도 남자아이는 득이 안 되는 권위적인 면이 있다. 형제나 친구들에게 미숙하게 권위를 행사하거나 엄마에게 알량한 근육을 호기롭게 과시하려는 것이다. 미취학 아동을 상대해본 사람이라면 남자아이가 유치원에서 제법 문제를 일으킨다는 사실을 안다. 기본적으로 남자아이들은 보육 교사로 하여금 머리를 쥐어뜯게 만든다. 여자아이는 모두 깔끔하다고 두둔하려는 것이 아니다. 그저 여아와 남아의 행동양식이 선천적으로 다르다는 뜻이다.

한 유치원 교사는 이렇게 말했다.

'문제 있는' 남자아이에게 가장 흔한 문제는 공부를 힘들어한다는 거예요. 이런 아이들은 자신의 치명적인 결함을 보상받으려고 교실에서 흔히 집단 괴롭힘, 건방진 행동, 짜증 부리기, 권력 투쟁, 반항 등을 일삼죠. 우리 같은 여교사는(저학년 담당 교사는 대부분 여성이다) 남아와 여아를 가리지 않고 대체로 사랑의 기술을 자주 사용하는데, 존경의 기술 같은 것은 생각조차 하지 못해요. 조건 없는 사랑에 남자아이들도 반응하는 것을 알지만 여자아이만큼 성공적이지는 못하고요. 그러다가 박사님의 책을 읽고 눈앞에 불이 켜진 듯했어요! 저는 특별 관리 대상이었던 남자아이들의 장점에 맞추어 놀아주기 시작했어요. 특정 영역에서는 되도록 그 아이들을 리더로 인정해주려고 했고요.

말썽꾸러기 남자아이를 리더로 인정해주었다는 교사의 말이 마음에 든다. 이렇게 인정을 하면 아이의 자만심을 부추길 뿐이라는 의견도 있지만, 나는 그것이 남자아이 안에 있는 명예로운 남성성을 이끌어낸다고 주장한다.

## 아빠의 권위를 빌리라

어릴 때는 남자아이가 훨씬 공격적 성향을 보인다는 데 모두 동의한다. 미취학 남자아이는 또래 여자아이보다 스무 배 이상 공격적인 것으로 나타났다. 예를 들면, 엄마는 아들이 같이 놀던 친구에게 마치 꼬마 게슈타포처럼 강압적으로 말하는 것을 우연히 엿듣게 된다.

"여긴 우리 집이니까 뭘 하고 놀지는 내가 정할 거야!"
"넌 대장이 아니야!"
"이건 내 거야. 넌 가지지 마!"
"경고하는데 한 번만 더 그러면 때린다!"

아들은 적어도 자기 영역에서는 스스로를 연약하고 말 못하는 하찮은 사람, 만만한 사람이라고 생각지 않는다. 자신에게 권리가 있다고 생각한다. 딸아이가 친구들과 다정한 대화로 갈등을 해결하는 모습에 익숙한 엄마는 이처럼 군림하려는 아들의 성격을 우려한다. "아들은 왜 딸 같지 않을까요?" 여자아이는 수다스럽고 다소 버릇이 없기는 하지만, 물리적으로는 덜 위협적이다. "너 맞고 싶어?"라고 말하는 여자아이는 거의 없다.

지나치게 공격적인 남자아이를 다룰 때, 엄마는 아들이 권위를 유치하게 적용한다고 해서 무례한 방법으로 아들을 거부하거나 아들 내면의 권위 의식을 비난해서는 안 된다. 어린 황소 같은 아들의 권위를 부정하고 비난한다면, 아들을 올바른 방향으로 이끄는 게 아니라 오히려 그 눈앞에서 붉은 깃발을 흔드는 셈이 된다.

아들의 권위 의식을 다룰 때에는 아빠를 개입시켜야 한다. 데보라 태넌은 고전이 된 책《일터에서의 남VS여 대화의 법칙》(*Talking from 9 to 5*)에서 '권위의 표지'(markers of authority)에 대해 언급했다. 남성은 "비교적 큰 키와 단단한 몸집에, 저음의 듣기 좋은 목소리를 갖고 있다."[2] 이러한 표지는 비교적 키가 작고 가벼우며, 고음의 목소리를 지닌 여성과 대조된다. 아들은 이러한 권위의 표지를 알아차린다. 정치적 정당성이 아닌 자연적 본성이 부모에 대한 아들의 믿음에 영향을 미친다.

물론 엄마는 아빠가 지닌 권위의 표지가 없더라도 마땅히 존경받아야 한다. 아무도 이 문제를 놓고 갑론을박해서는 안 된다. 하지만 아빠는 아들이 어릴 때는 여전히 권위의 표지를 갖기 때문에 엄마는 남편의 지지를 요청해야 한다. 아빠는 십 대 아들이 인지하는 그 권위를 활용해 엄마의 가르침에 힘을 실어주어야 한다.

## 엄마의 말을 남성성 모독으로 받아들이는 아들

아들은 나이를 먹으면서 이런 말들에 과민해진다.

"넌 다른 사람에게 아무 영향력이 없어. 신용도 없어."

"약해 빠졌구나!"

"너는 리더십이 부족해."

"이것도 모르니?"

"너는 지시하고 결정할 권리가 없어."

일반적으로 남자아이는 이러한 표현을 남성성 모독으로 받아들인다. 이런 말은 가슴 깊은 곳에 상처를 내는 몇 안 되는 말들이다. 그 말이 아이에게는 이렇게 들린다. "내가 보기에 넌 무능해. 그래서 너를 존경할 수 없어." 아이는 자신을 방어할 필요를 느끼고 반격에 나선다.

일반적으로 여자아이는 이런 말을 들으면 안으로 화를 삭이며 이렇게 말한다. "엄마는 날 싫어해요. 날 받아주지 않는다고요. 내가 뭘 잘못했다고 그렇게 말씀하세요?" 여자아이는 사회적, 정서적 고립감을 느낀다. 관계가 어느 방향으로 흘러갈지 두려워한다.

예외는 없을까? 어떤 여자아이는 존경받지 못한다고 느껴 반격하고, 어떤 남자아이는 속으로 화를 삭이며 사랑받지 못해 외롭다고 느끼지는 않을까? 그럴 수도 있다. 하지만 일반적으로 여자아이는 여성성에 도전을 받았다고 생각지 않고, 한 개인으로서 거부당했다고 생각하기 때문에 강경하게 맞서지 않는다. 그러나 남자아이는 도전자에게 강경하게 맞선다. 한 개인으로서 거부당했다고 느끼기보다는 남성성을 공격받은 것으로 간주하기 때문이다.


## 남자의 영광은 그의 힘에 있다

젊은 남자는 강하고 악을 이기라는 호소에 반응하므로 엄마는 아들에게 그러한 언어를 사용해야 한다. 사도 요한은 요한일서 2장 14절에서 이렇게 말했다. "청년들아, 내가 너희에게 쓴 것은 너희가 강하고 하나님의 말씀이 너희 안에 거하시며 너희가 흉악한 자를 이기었음이라." 엄마들은 "착하게 굴고 나쁜 짓은 하지 마라"는 말 대신에 사도

요한이 사용한 어휘를 가져다 쓸 줄 알아야 한다. 여기서 요한은 존경 대화를 사용하고 있다. 엄마는 다음과 같은 말로 아들을 격려하고 영감을 줄 수 있다.

> 너는 영과 몸이 모두 강건해 보이는구나. 그래, 너에겐 선으로 악을 이길 힘이 있어. 하나님의 진리가 네 안에 있거든. 주님이 너와 함께하실 거야.

강건하라는 호소는 하나님이 아들 안에 심어두신 거룩한 욕구를 이끌어낸다. 성경이 남성적 힘을 인정하고 있으므로 모든 엄마는 아들의 특성 중 이 부분을 강조할 필요가 있다. 고린도전서 16장 13절은 "남자답게 강건하라"고 말한다. 이는 남성의 두드러진 특성을 강조하는 중요한 구절이다.

열아홉 살 여학생 100명과 남학생 100명, 총 200명의 대학생이 예배를 드리려고 해변에 모였다고 가정해보자. 오토바이를 탄 건달 스무 명이 나타나 예배를 방해하려 한다면, 남학생들은 자신이 완벽한 보호자임을 입증하고자 나설 것이다. 훌륭한 남성은 그 힘을 여성과 어린이를 보호하는 데 사용한다. 물론 무술 유단자인 일부 여성이 싸움에 나설 수도 있지만, 통상적으로는 내가 이야기한 대로 흘러간다.

열왕기상 2장 2절은 "너는 힘써 대장부가 되고"라고 말한다. 본문은 "너는 힘써 사람이 되고"라고 말하지 않는다. 사무엘상 4장 9절은 "대장부같이 되어 싸우라"고 한다. 이스라엘 사람이든 블레셋 사람이든 모두가 이런 사실을 보편적으로 인식하고 있었다.

잠언 20장 29절은 좀 더 강력하게 말한다. "젊은 [남]자(young men)의 영화는 그의 힘이요." 하나님은 젊은 남자의 영광은 그 힘에 있다고 하신다. 아름다운 여성이 허영에 빠지기 쉽듯 일부 남자아이들은 힘을 자기중심적으로 과시하기도 한다. 그러나 대체로 남자는 자신의 힘을 남을 섬기는 데 사용하기에 우리는 그들을 존경하고 존중할 필요가 있다.

남성적 힘의 독특함은 연구로도 입증된다. 예를 들어 손의 악력을 조사한 2006년 연구에 따르면, 여성의 90퍼센트가 남성의 95퍼센트에도 들지 못하는 것으로 나타났다.[3] 이처럼 생리적 차이는 극단적이다. 실험 표본에는 남성과 비교하더라도 고도로 훈련된 여성 운동선수들이 포함되었는데, 가장 힘이 세다는 여성 운동선수들도 남성 악력의 중간값을 간신히 웃돌았다.

현실적으로 화재 발생 시 몸무게가 80킬로그램인 사람을 안전하게 들어 옮길 수 있는 여성 소방관은 드물다. 남자 소방관이 어떤 사람을 화염에서 구조하면서 여성 소방관에게 이렇게 말했다고 해서 그를 차별주의자로 비난할 수 없다. "당신은 이 사람을 못 구하지만 나는 할 수 있어요. 어깨에 들쳐 메고 나올 수 있어요. 게다가 나는 이 분 딸도 알아요. 내 친구예요. 그러니 내가 가야 합니다."

한 엄마는 이렇게 말했다. "어느 날 벤지(6세)가 오더니 자기 이두박근을 보여주더군요. 재미있는 건, 딸아이들은 아무도 자기 근육을 보여준 적이 없다는 거예요." 아들의 이런 행동에 엄마는 이렇게 말해주면 된다. "힘센 아들을 보니 자랑스러운데!" 이것은 아들의 자만심을 채우는 말이 아니라 "저도 충분히 강하죠?"라는 무언의 질문에 대한 적절한 답이다.

어떤 할머니는 남편과 나눈 존경 대화에서 얻은 놀라운 결과를 들려주었다.

〈사랑과 존경〉 동영상을 시청한 뒤, 우리 부부는 지난여름 한 달간 우리 집에서 지낸 여덟 살 손자에게 존경의 원리를 활용해보았어요. 우리 부부는 물론 다른 사람들도 손자에게 일어난 변화를 목격했죠. 그 모든 사실을 증명하듯 녀석은 이렇게 말했답니다. "할머니 집에 처음 왔을 때 저는 동생만큼도 힘세지 않았는데 지금은 보세요!" 손자는 옷소매를 걷어붙이고 조그맣고 앙상한 팔뚝을 내보였어요. 우리는 별반 차이를 느낄 수 없었지만, 그 팔뚝은 자신도 황소처럼 힘센 남자가 될 수 있다는 손자의 자신감이었죠. 아이는 새로운 사람이 되었답니다.

## 힘보다 더 나은 것: 명예롭고 지혜로운 리더십

전도서는 "지혜가 힘보다 나으나"(9:16)라고 말한다. 남자아이는 자신의 신체적 기량을 넘어 통솔하고 의사 결정을 하려는 욕구가 있다. 숙제하는 아들을 곁에 두고 조용한 집에서 이 책을 읽다 보면 아들의 마음을 알게 될 것이다. 아들은 권리를 요구하기보다는 책임 있게 행동하는 명예로운 남자가 되길 원한다. 엄마는 아들이 이것을 자신의 의무와 사명으로 느낀다는 사실을 감지한다.

디모데전서 3장 4~5절은 "자기 집을 잘 다스려 자녀들로 모든 공손함으로 복종하게 하는 자라야 할지며 (사람이 자기 집을 다스릴 줄 알지 못하면 어찌 하나님의 교회를 돌보리요)"라고 말한다. 같은 내용이 디모데전서 3장 12절에도 나오는데, 교회의 집사들은 "자녀와 자기 집을 잘 다스리는 자일지니"라고 되어 있다. 자격을 갖춘 남성 중에서 장로와 집사를 선발한다. 그렇다고 여성에게 리더십과 경영의 은사가 부족하다는 의미가 아니다. 하나님의 말씀은 이러한 은사들이 그리스도의 몸을 이루는 다양한 구성원에게 주어졌다고 밝힌다(롬 12:8, 고전 12:28).

아이들이 명예롭다고 생각하는 것을 일부 사람들은 여성에 대한 부당한 처사라고 혹평하기도 한다. 남성들은 자신의 욕구를 말과 글로 표현하려고 애쓰기도 하지만 대부분 그냥 침묵한다. 많은 남성이 자기를 불신한다. 하지만 엄마가 건네는 존경 대화는 아들에게 동기를 부여하고 인격 형성에 큰 영향을 미칠 수 있다.

## 권위에 G-U-I-D-E-S 적용하기

**베풀라: 아들이 강건하고 이끌며 올바르게 결정하도록 어떤 도움을 줄 수 있는가?**

어린 남자아이: 아들에게 선물을 주며 존경 대화를 나누는 기회로 삼으라. 예를 들어, 광선 검을 사주었다면 그 상황을 어떻게 활용할 수 있을지 찾으라. 〈스타워즈〉에 등장하는 주인공 루크의 힘을 언급하며 이렇게 말하라.

> 엄마는 포스의 어두운 면으로 가지 않고 명예로운 남자로 남은 루크의 결정을 정말 존경해. 착한 사람들을 어두운 면으로부터 지키는 힘의 상징으로 이 광선 검을 네게 선물하는 거야. 사람들을 이끌고 우주에 유익한 결정을 내리는 데 이 광선 검을 사용하렴.

"이걸로 사람을 때리면 안 돼!"라고 불쑥 한마디를 던지는 것보다 아들의 명예로운 상상력을 활용할 수 있으니 얼마나 멋진 기회인가. 그러나 슬프게도 이런 기회를 놓치는 엄마가 많다. 아들을 폭력적으로 키운다는 비난을 듣고 싶지 않기 때문이다.

큰 남자아이: 강해지고 싶다는 아들에게 10킬로그램짜리 덤벨을 사주고 꾸준한 운동으로 근육과 체력을 기르게 해보라. 아들이 건강한 식사를

할 수 있도록 도우라. 아들의 근육을 꽉 쥐며 "하나님이 남자를 강하게 만드신 것은 정말 멋진 일 같아. 넌 강한 남자가 될 거야. 그런 네 모습이 기대돼"라고 말한다. 되도록 외모보다는 내면의 성품에 초점을 맞추어 말한다.

강한 남자가 되기 위해 성실하게 수련하는 모습이 대견하구나. 여자는 자기를 충분히 보호해줄 남자가 곁에 있으면 안심한단다. 사실 근육 자체에는 크게 신경 쓰진 않아. 하지만 필요시 여자를 보호할 수 있게 자신을 단련하려는 결심만큼은 존경받고도 남지.

**이해하라: 강건하고 이끌며 현명한 결정을 내리려는 아들의 분투를 이해하고 있는가?**

**어린 남자아이:** 아들이 잘못된 결정을 내렸을 때(예를 들어 애써 모은 돈으로 허접한 무선 조종 헬리콥터를 구입했는데, 첫 비행에서 추락해 부서진 경우) "네가 화나고 속상한 이유를 이해한다"고 말하라. 원하는 물건을 구입할 때 좋은 결정을 내리고 싶은 욕구를 존중하고 있음을 알려주라.

그 헬리콥터는 최선의 결정은 아니었어. 그래도 이번 경험으로 다음엔 좀 더 나은 결정을 내릴 수 있을 거야. 엄마는 결정을 잘하고 싶은 네 마음을 존중한단다.

**큰 남자아이:** 여름 학기에 고급영어 수업을 신청한 아들은 수업 준비에 여념이 없다. 친구들과 밖에 나가 놀지 못하는 것을 아쉬워하며 자신의 결정이 정말 잘한 일이지 모르겠다는 아들에게 뭐라고 말해주겠는가?

일부러 쉽지 않은 수업을 찾아서 듣고 공부에 전념하는 걸 보니 존경스러운걸! 친구들과 비디오 게임이나 농구를 할 수도 있었을 텐데, 나는 네가 탁월한 결정을 했다고 믿어.

때로 당신은 아들과 심각한 의견 차이가 날 수 있다. 예를 들어, 아들이 통행금지에 반발할 수 있다. 존중하는 마음으로 아들의 반대 의견에 귀를 기울여보자. 다른 의견을 가질 수 있는 아들의 권리를 인정해야 한다. 그것이 정중한 태도다. "밤늦게 밖에서 놀고 싶은 마음은 이해해. 엄마가 네 입장이었다고 해도 똑같은 심정이었을 거야."

그렇더라도 당신이 마음을 바꾸지 않는 이유를 정중하게 설명하라. "그 시간에는 너도 집에 들어와 쉬어야지. 엄마도 잠 못 이루며 걱정할 필요가 없고. 밤 열 시 이후에 밖에 돌아다녀서 좋을 게 별로 없단다. 당분간 통행금지 시간은 그대로 유지할 거야. 이 문제로 엄마와 다투고 싶다면, 통행금지 시간이 오히려 아홉 시로 당겨질 수 있다는 걸 알렴."

이해가 묵인을 뜻하지는 않는다. 올바른 결정을 하려는 아들의 욕구를 당신이 소중하게 생각한다는 점을 아들에게 알려주라. 아들이 형편없는 선택을 했다 하더라도 지금은 아들의 마음속을 깊이 들여다봐야 할 순간이다. 아들이 왜 반발하는지 엄마가 이해할 때 많은 갈등이 사라진다.

**가르치라: 강건하고 이끌며 올바르게 결정하는 방법을 아들에게 가르칠 수 있는가?**
어린 남자아이: 아들이 심부름으로 받은 용돈을 저축했다가 나중에 스케이트보드 사는 데 보태지 않고 당장 사탕을 사먹겠다면 이렇게 말하라.

"네가 돈 관리를 잘해서 원하는 것을 얻는 모습을 보고 싶어." 아들을 존경하기 때문에 바르게 결정하는 법을 가르쳐주는 것임을 알게 하라.

**큰 남자아이:** 아들이 과식하는 습관 때문에 몸무게가 늘어났다면 이렇게 말하라. "지금 알려주는 게 좋을 것 같구나. 존경받는 남자는 식습관 조절로 자신을 다스릴 줄 알지. 네가 바라는 대로 강하고 탄탄해지려면 설탕과 탄수화물 섭취를 줄이고 운동은 더 열심히 해야 한단다."

아들이 상황을 제대로 이끌지 못할 때, 엄마는 아들의 명예심에 호소할 수 있다.

> 넌 지금 동생과 싸우고 있는데, 이 문제에서 네가 옳다고 생각한다는 걸 알아. 네가 동생에게 한 말은 대부분 사실이야. 하지만 중요한 게 있어. "지혜는 그 자체로 힘이 있다"는 말이 있단다. 네 의견을 전하기 위해 권위적일 필요가 없다는 뜻이야. 대신에 지혜로운 말로 동생의 마음을 움직여봐. 언성이 높고 거칠수록 지혜롭게 들리지 않지. 엄마는 하나님이 네 안에 리더십을 심어주셨고 그에 맞는 권위도 주셨다고 믿어. 하지만 네가 큰소리부터 내면 사람들은 네 말에 귀 기울이지 않을 거야.

아들이 힘을 함부로 쓰려고 할 때 당신은 이렇게 말할 수 있다.

> 하나님은 네가 능력과 힘을 동생을 윽박지르는 데 말고 섬기는 데 사용하길 바라셔. 동생을 윽박지르며 그런 권한을 증명할 필요는 없어. 다른 사람들을 돕는 데 네 힘을 사용하렴. 동생이 말을 안 들으면 엄마에게 말해. 도와줄게. 그러라고 하나님이 네게 엄마를 주셨으니까.

아들에게 리더십을 가르칠 때는 이렇게 해보라.

훌륭한 리더가 되려는 너의 열망을 존경해. 하지만 다른 사람들에게 고함치며 명령한다고 훌륭한 리더가 되는 것은 아니야. 이끄는 것과 잘난 척하는 것은 다르단다. 생각해보렴. 사람들이 네게 이래라저래라 할 때, 특히 하고 싶지 않은 일을 시킬 때 너는 기분이 어떠니?

결정에 관한 지혜를 전할 때는 이렇게 말할 수 있다.

잘 고민해서 너희 둘 다 만족스러운 해결책을 찾아봐. 그런 걸 승-승이라고 해. 분명 넌 방법을 찾아낼 수 있을 거야. 독재자처럼 우기지 말고 민주적으로 결정하렴.

아들에게 장래의 영적 리더십에 관해 이야기하고, 아들의 배우자도 그걸 바란다는 점을 알려주라. 가정의 영적 지도자가 된다는 것이 어떤 의미인지, 여성인 당신에게 그것이 어떠한 의미인지 아들에게 이야기하라. 아내는 남편이 그리스도의 권위에 진심으로 순복한다고 느껴질 때, 남편의 권위 아래 들어간다는 점을 말해주라. 아들이 그리스도처럼 리더십을 발휘할 때 하나님 앞에서 얼마나 명예로워질 수 있는지 알려주라.

**훈육하라: 아들이 지나치게 제멋대로이거나 잘난 척할 때 어떻게 훈육할 수 있는가?**

어린 남자아이: "넌 무슨 일이든 직접 결정하고 싶어 하는 거 알아. 하지만 열한 살 오빠가 아홉 살 여동생을 부려먹으면 안 되지. 동생에게 부탁할 때는 신사답게 정중하게 하렴. 동생이 거절하면 그냥 잊어버려. 네가 직접 그 일을 하든지, 그렇지 않으면 동생과 협상할 수 있게 도와

달라고 엄마에게 부탁하렴. 네 마음대로 하겠다고 계속 고집을 부리면 엄마는 네게 창고 청소를 맡길 거야."

**큰 남자아이:** "너는 명예를 아는 남자니까 통행금지 규칙이 있는 집에 살고 있다는 점도 염두에 두렴. 귀가 시간 안에 돌아오지 않으면 엄마는 걱정되어 견딜 수가 없단다. 그럴 의도는 아니었겠지만 네가 규칙을 어긴 게 벌써 두 번째구나. 그러니 차 열쇠는 반납해. 이번 주에는 엄마가 너를 학교에 데려다줄게. 월요일부터 목요일까지는 하교도 시켜줄게. 네가 잘 따른다면 주말에는 열쇠를 돌려주마."

의지가 강한 아들이 계속 반항하고 자기 잇속만 챙기도록 내버려둬서는 안 된다. 아들의 행동을 용납할 수 없음을 알려주는 단호한 말투는 사용해도 괜찮다. 하지만 최종 권한을 행사하기 위해 언성을 높이고 고함을 치는 것은 좋지 않다.

아들의 행동에 존경할 구석이 전혀 없을지라도 아들을 계속 존중해야 한다. 기억하라. 아들이 반발하는 가장 큰 이유는, 자신이 하찮게 여겨지고 있다는 인식 때문이다. 스스로도 불순종했다는 건 알지만 엄마가 대립각을 세운 방식 때문에 움츠러든다. 하나님이 아들 안에 두신 것을 무시한다면 훈육 효과를 볼 수 없다. 그러니 상식을 벗어난 장광설을 늘어놓지 말라. "남자들은 어른 아이 할 것 없이 자기 생각만 하지. 제멋대로 하고 다른 사람을 조종하려고 해. 여자를 하녀 부리듯 하는 것을 보면 기가 찬다니까." 이런 말은 선의를 가진 아들의 마음에 큰 혼란을 가져온다.

유치원부터 초등학교 2학년까지 아이들을 가르치는 교사를 대상으로 상담하는 친구가 있는데, 나는 그가 교사들에게 하는 말을 참 좋아한다. "남자아이를 사랑한다고 해서 그 아이의 행동이 달라진다고 장담할 수는 없습니다. 하지만 아이를 존경하면 그게 가능합니다." 다소 지나친 주장이기는 하지만, 이 말에 들어 있는 진실은 5킬로그램짜리 금덩이와 맞먹는다.

아들은 "착하게 굴라" 같은 말을 싫어한다. 여자아이 취급을 받는 다는 느낌 때문에 그런 말은 아들에게 전혀 먹히지 않는다. 유치원 원 장이기도 한 어떤 엄마는 이렇게 말했다.

> 우리 집에는 아들 둘, 딸 둘이 있어요. 둘째와 셋째가 아들이고 16개월 차이가 나죠. 아들 둘이 아홉 살과 열 살 무렵에는 늘 다투고 일부러 서 로 약을 올리곤 했습니다. (어떤 사람은 애들은 다 그러면서 크는 거라고 말하지 만, 저는 너무 걱정되었어요.) 제가 아이들에게 "착하게 지내야지"라든가 "서 로 친절하게 대해"라고 말하면 잠깐 달라졌다가도 그때뿐이었어요. 그 런데 아들들에게 존경 원리를 적용하면서 "넌 ~을 할 때 형에게 존경을 보이지 않았어"라든가 "친구를 존중하는 것처럼 동생도 존중해줄래?" 같 은 말을 하자 일생일대의 변화가 일어났어요. 아이들의 마음이 움직인 거예요. 지금은 열세 살, 열네 살이 된 아들들은 여전히 티격태격하지만 의견 차이를 빨리 해결한답니다. 녀석들은 둘도 없는 친구예요.

낙담하지 말라. 바로 지금, 당신은 아들의 모습을 빚어가는 과정에 있다.

### 격려하라: 아들이 계속 강건하고 이끌며 올바르게 결정하도록 격려할 수 있는가?

어린 남자아이: 키가 100명 중 다섯 번째인 아들은 작은 체구 때문에 실 제 나이보다 몇 살 정도 어리게 보이고, 그래서 늘 속상해한다. 하지만 당신은 아들에게 힘이란 몸집 이상을 뜻한다는 것을 깨닫도록 용기를

주는 메시지를 전할 수 있다.

우리가 아는 영웅 중에는 키가 작지만 올바른 결정을 내리고 사람들을 잘 이끌어 존경받는 인물이 많단다. 자신이 바꿀 수 없는 것이 있다는 사실을 받아들이기 어려웠던 만큼, 스스로 바꿀 수 있는 것에 집중했어. 자신의 성품, 지성, 의사 결정력 같은 것 말이야. 엄마가 너를 존경하는 이유는 너도 그 사실을 알고 있기 때문이야. 사람들은 리더십 없는 2미터 장신을 따르지는 않아. 리더를 따르게 되어 있지. 너는 그런 리더가 될 수 있어.

**큰 남자아이:** 교회 여름 캠프에서 봉사하기로 작정한 후, 학비 인상 소식을 접한 아들은 자신의 결정에 점점 자신감을 잃어가고 있다. 학비가 염려될수록 낙심이 커져만 간다. 그럴 때 대개 엄마들은 이런 말로 아들을 달래려 한다. "다 잘 될 거야. 늘 그래 왔잖니." 대신에 이렇게 말해보면 어떨까?

이 일로 네 입장이 정말 난처하겠구나. 하지만 넌 주어진 정보에 기초해 올바르고 귀한 결정을 했어. 엄마의 경험에 비춰봤을 때, 하나님은 이런 상황에서 무엇을 어떻게 해야 좋을지 지혜를 구하는 사람을 높여주신단다. 하나님이 분명 도와주시겠지만, 이번 기회에 네가 무엇을 어떻게 하면 좋을지 방법을 찾는 것도 좋겠다.

성장한 아들의 경우, 엄마는 아들의 성숙함과 남자다움을 존중하는 표시로 아들의 독립성을 인정해주어야 한다. 이것은 엄마가 아들을 남자로 보고 있음을 느끼게 해줄 소중한 계기가 될 것이다. 아들 스스로 일을 해결하도록 내버려둔다고 해서 무심하고 무정한 엄마가 되는 것은 아니다. 이런 경험을 통해 아들은 좌절을 극복하고, 자신에게 장애물을 극복할 능력이 있음을 발견한다.

아들이 자신감을 잃고 상심한 즉시 격려하는 것이 최선이지만, 경우에 따라 세심한 주의가 필요하다. 엄마는 아들에게 말하기 전에 스스로에게 물어야 한다. '아들이 내 말을 듣고 자신을 존경받기에 부족한 사람이라고 생각할까, 아니면 명예로운 사람이라고 생각할까?'

유아 교사를 상담하는 내 친구는 이렇게 주장한다. "남자아이가 현재보다 더 나아질 수 있다고 믿어주는 것이 존경이 하는 일이다. 그러므로 아들이 부적절한 행동을 하더라도 이렇게 이야기하는 것이 적절하다. '방금 그 행동은 너의 진짜 모습이 아니야. 엄마는 너에게 더 훌륭한 모습을 기대한단다.'" 아들의 인격을 형성하는 방법으로 아들의 훌륭한 리더십과 의사 결정을 지지해주라.

**간구하라: 아들의 강건함과 리더십, 올바른 결정을 위해 기도하고 있는가?**

어린 남자아이: 아들과 함께 이렇게 기도하라. "주님, 토미는 친구들에게 선하고 긍정적인 영향을 주고 싶어 합니다. 저 역시 부모로서 토미의 그런 열정을 존경하며 열매 맺는 데 도움을 주고 싶습니다. 하나님이 앞으로 아이의 이 열정을 명예롭게 하실 것을 믿습니다."

큰 남자아이: 아들의 대학 선택을 두고 당신이 기도하고 있음을 알려주라. 아들이 어떤 문제에 통찰과 지혜가 필요한지 물어보라. 아들은 당신이 그런 문제를 위해 기도해주길 바라고 있지 않은가? 당신은 이런 말로 아들에게 조언할 수 있다. "하나님은 내가 기도했던 대로 응답하실 때도 있고, 그렇지 않으실 때도 있어. 하지만 하나님은 무엇이 최선인지 아시지. 그래서 나는 너의 미래를 확신한단다."

장성한 아들과 갈등을 빚을 때에는 다음과 같이 말하라.

너를 무시하려는 게 아니야. 너도 엄마에게 무례하게 굴려는 게 아니라는 것을 알아. 그러니 잠시 시간을 갖고 진정하면서 지금 상황에 대해 지혜를 구해보자. 하나님은 네게 통찰력과 무엇이 최선인지 생각할 수 있는 능력을 주셨지. 우리의 의견이 꼭 일치할 필요는 없지만, 서로 존경하는 마음으로 이 문제를 의논해보자. 넌 엄마의 존경이 필요하고, 난 너의 존경이 필요해. 그럼 공평하지? 어떻게 대화를 이어가야 할지 주님이 지혜를 주실 거야.

하나님의 성령 안에 거하라. 어떤 엄마는 이렇게 말했다.

저는 아들의 몇 가지 장점에 집중하면서 악순환에 빠지지 않으려고 애쓰고 있어요. 아들이 무례함과 불순종으로 저를 힘들게 하거든요. 제가 하나님의 성령 가운데 거하고 있을 땐 그런 주도권 다툼을 무시하거나 물리칠 수 있어요. 목소리를 낮추고 아들을 바로잡는 일에 집중하죠. 때로는 성령님이 제게 아들을 꼭 끌어안으라고 인도하실 때도 있었어요. 그러면서 우리 관계에 몇 가지 중대한 변화를 목격했어요. 존경과 가치, 존중이 아들에게 꼭 필요하다는 생각이 들더군요.

○

한 엄마의 경험을 나누면서 이번 장을 마무리하는 것이 적절하겠다. 그녀는 일곱 살 난 아들과 나눈 대화를 들려주었다.

엄마: 엄마는 너를 존경한단다.

아들: (인심을 베풀 듯 슬쩍 웃는다.)

엄마: 엄마 말이 무슨 뜻인지 알아?

아들: (모른다는 의미로 재빨리 머리를 가로젓는다.)

엄마: 음, 그건 엄마가 너를 자랑스러워하고, 명예롭고 강한 남자로 생각
한다는 뜻이야.

아들: (멋쩍은 웃음을 지으며 좀 더 바른 자세로 앉는다.)

엄마: 너는 어떤 말을 더 많이 듣고 싶니? 엄마가 너를 자랑스럽고 강한
남자로 생각한다는 말과 너를 사랑한다는 말 중에서?

아들: 자랑스럽고 강하다는 말이요.


이 엄마는 예리한 관찰력으로 편지를 마무리한다. "엄마가 아들을
존경해야 한다는 가르침이 오늘날 점점 사라지고 있어요. 저는 아들이
어떤 사람으로 설계되었는지 스스로 깨닫고 성장할 수 있도록 기도하
고 있답니다." 그렇게 아들을 멋지게 키우는 품위 있는 여성이 되게 해
달라고 간구하라.

# 8

---

# 통찰

문제를 해결하려는 아들의 의지를 존중하는 엄마

## 아들은 자신의 통찰을 보여주고 싶어 한다

엄마가 아들들에게 통찰과 조언, 해결책을 요구하는 내용이 포함된 편지를 소개한다.

아들들이 십 대였을 때, 자기 의견을 물어봐주면 무척 좋아했어요. 특히 제가 아이들의 말에 귀 기울이고, 그 상황에서 보여준 통찰을 인정하면 좋아했어요. 가령 이런 식이었죠.

"엄마가 새 휴대폰이 필요해. 네가 좀 알아보고 몇 가지를 추천해줄래?"

"이번 휴가 사진 중에서 어떤 것을 보관하면 좋을지 결정을 못하겠어. 엄마 좀 도와줄래?"

"휴대폰에 새 음악을 저장하고 싶은데 요즘 너희들이 잘 듣는 신나는 음악이 뭐가 있을까?"

"새로 건설 중인 다리에 관한 신문 기사를 읽었니? 도시 계획에 대해 넌 어떻게 생각해?"

벽에 페인트를 칠하면서 아들의 조언을 구한 다른 엄마의 예리한 통찰도 눈에 띈다. "서재 벽을 칠할 때, 열한 살 난 아들이 제게 특별한 기술로 부드럽게 붓질하는 법을 가르쳐주었어요. 페인트칠을 많이 해본 저에겐 새롭지 않았지만, 다시 한 번 아들을 존중할 수 있는 기회가 되어서 고맙다고 말했어요."

아들의 통찰을 마지막으로 칭찬했을 때가 언제인가? 내가 이렇게 묻는 이유는, 아들이 아무리 좋은 의견을 제시해도 태도가 불량하면 엄마의 환영을 받기 힘들기 때문이다. 아들의 태도를 고쳐주어야 한다는 생각에 그의 제안이 귀에 들어오지 않는다. 아들의 분석도 그냥 지나친다. 아들의 긍정적인 견해는 알아주지 않고 그의 미숙한 관계 기술에만 집착한다.

## 아들의 문제 해결 지향성

어느 엄마는 〈사랑과 존경〉 콘퍼런스에 참석한 직후 일어난 사건을 편지로 보냈다. 그 집에는 열 살 난 딸과 열두 살 난 아들이 있었는데, 함께 차를 타고 가던 도중에 딸이 엄마에게 질문을 했고, 이에 나서기 좋아하는 아들이 대답하면서 말싸움이 일어났다. 동생은 오빠의 호의를 딱 잘라 거절하며 이렇게 말했다. "난 엄마한테 질문한 거야!" 자기 말이 무시당해 토라진 아들은 입을 꾹 다물고 자동차 뒷자리로 자리를 옮겼다. 평소 같으면 엄마가 아들에게 다시 앞자리로 오라고 했겠지만, 이번에는 아무 말도 하지 않았다. 그리고 몇 분 후 딸에게 오빠한테 대든 것을 사과하라고 했다. 잠시 후 엄마는 아들에게 동생의 질문에 대답할 수 있겠느냐고 물었고, 아들은 신이 나서 대답을 했다고 한다.

이런 상황에서 엄마들은 곤란해한다. 가끔은 아들이 오지랖 넓게 자기 생각을 가족에게 이야기하다가 다툼이 일어나는데, 아무도 아들에게 그렇게 해달라고 요청한 적이 없기 때문이다. 그럴 때 아들은 무시당했다고 생각하며 상처를 받고 좌절과 분노를 느낀다. 한편, 엄마는 아들이 반발하는 이유에 관심을 갖기보다는 반발하는 것 자체를 나무란다.

그러나 아들의 특성을 기억하면 아들이 왜 그런 식으로 말하는지 이해할 수 있다. 아들은 문제 해결을 지향하기 때문이다. 아들은 분석하기를 좋아하고 해답을 제시하여 주변에 도움을 주고 싶어 한다. 그러다 오히려 환영받지 못하면 삐딱하게 반응하기 쉽다.

여성은 남편이나 아들보다 공감을 더 잘한다. 여성은 어려운 일로 슬픔에 빠진 사람을 위로할 때 함께 공감한다. 반대로 남편과 아들은 동일한 상황에서 슬픔을 위로하고자 상대방의 어려운 일을 해결해주려 한다. 다른 사람의 어려운 사정을 들으면, 어떻게 해결할지 방안부터 떠올린다.

나는 여성에게 이렇게 말한다. "그럴 때 남편에게 이렇게 말해주는 게 좋습니다. '훌륭한 통찰과 해결책이에요. 하지만 지금 당장 내게 필요한 것은 내 말에 귀 기울여주는 사람이에요. 마음을 털어놓고 나면 기분이 한결 나아질 테니까요. 뭘 해야 할지는 내가 잘 알아요.'" 안타깝게도 어떤 아내는 이렇게 고함을 친다. "날 뜯어고치려 하지 마요!"

아들도 똑같은 방식으로 사람들에게 충고하려 할 것이다. 하지만 본심은 도움을 주려는 것이다. 그럴 때는 아들에게 고마움을 표시한 뒤 정중하게 말하라. "지금 네 동생은 그저 자기 말을 들어줄 사람이 필요한 거란다." 이 과정에서 무시하는 태도를 드러내서는 안 된다. 아들은 하나님이 설계하신 대로 행동하고 있을 뿐이다.

## 아들은 항상 합리적인가?

실제로 엄마들은 내게 이렇게 말한다.

아들이 생각이란 걸 좀 했으면 좋겠어요! 자기 할 일을 잘 생각하고, 지혜롭게 선택하며, 농담이라도 할 말 못할 말을 가려서 하면 얼마나 좋을까요? 말하기 전에, 뛰기 전에, 천정 선풍기에 공을 던지기 전에, 체크무늬 티셔츠와 바지를 위아래로 차려입고 나가기 전에, 전자레인지에 찰흙 덩어리를 넣기 전에, 쓰레기봉투를 낙하산으로 사용하기 전에, 술을 마시자고 꼬드기는 친구를 따라가기 전에 생각을 좀 해야 한다고요.

나도 동의한다. "어리석은 자 중에, 젊은이 가운데에 한 지혜 없는 자"(잠 7:7)가 있다. 엄마는 "너는 이와 같이 젊은 남자들을 신중하도록 권면"(딛 2:6)하라고 하시는 말씀에 귀를 기울여야 한다. 엄마는 아들에게 실제적이고 현실적으로, 이성적이고 논리적으로, 균형 있고 상식적이며, 사려 깊고 지혜롭게 행동하라고 요청해야 한다.

아들은 똑똑하다가도 순식간에 바보가 되어버린다. 많은 사람은 2학년을 뜻하는 '소포모어'(sophomore)라는 단어를 '현명한 바보'라는 의미가 담긴 복합어라고 생각한다. '소피'(sophy)는 '현명하다'는 뜻인데, 여기서 '세련된'(sophisticated)이라는 말이 나왔다. 그리고 '모론'(moron)의 어원인 '모로스'(moros)가 '바보 같다' 혹은 '멍청하다'는 뜻이라고 주장한다.[1] '소포모어'는 열여섯 살짜리 남자아이의 상태를 정확히 표현한다. 열여섯 살 남자아이는 월요일에는 제 나이를 능가하는 세련된 지혜를 보이다가도, 화요일에는 다섯 살짜리도 받아주지 않을 바보 같은 행동을 한다. 사춘기 딸의 극적인 성향처럼 아들은 우리에게 좌절을 안겨준다.

물론 엄마는 이런 어리석음을 존경할 수 없다. 잠언 26장 1, 8절은 "미련한 자에게는 영예가 적당하지 아니하니 마치 여름에 눈 오는 것과 추수 때에 비 오는 것 같으니라. … 미련한 자에게 영예를 주는 것은 돌을 물매에 매는 것과 같으니라"고 말한다.

그러나 엄마는 이러한 '바보스러움' 가운데서도 '현명함'을 꾸준히 찾아보아야 한다. 아들의 현명함을 존중하면 아들의 바보스러움을 통제할 수 있다. 아들이 지혜롭고 통찰력이 넘칠 때에는 칭찬해야 한다. 잠언 12장 8절은 이렇게 말한다. "사람은 그 지혜대로 칭찬을 받으려니와 마음이 굽은 자는 멸시를 받으리라."

## 엄마의 과잉 반응

아들의 바보스러움에 엄마는 지나치게 부정적으로 반응할 수 있다. 아들의 어리석음을 과하게 비판하고 불평하기 시작하면, 아들의 좋은 면이 눈에 잘 들어오지 않는다. 엄마가 참다못해 아들을 무시하고 짜증스러운 태도를 보이면 아들은 입을 닫아버린다.

한 엄마는 이렇게 말했다.

아들이 존경하기 힘든 행동을 하면 저는 깊이 실망하고 한심스럽다는 생각이 들어요. '아, 이 아이는 바뀌지 않을 것 같아.' 바로 뒤이어 '내가 참 나쁜 엄마구나' 하는 느낌도 듭니다. 아들의 행동이 어쩐지 저를 닮은 것 같기도 해서요. … 그래서 더 아들에게 실망하는 마음을 감출 수가 없어요. 아들도 확실히 느낄 거예요. 가장 힘든 것은, 우울하고 좌절한 아들의 모습을 보는 거랍니다. … 박사님도 지적하셨듯 우리는 사랑하는 방법을 찾고 실천해야 하지만, 더욱 중요하게는 아들을 존경할 기회와 방법을 찾아야 합니다.

앞서 3장에서 이미 인용했던 잠언 21장 19절은 이렇게 말한다. "다투며 성내는 여인(a contentious and vexing woman)과 함께 사는 것보다 광야에서 사는 것이 나으니라." 사람들은 본문의 여성을 아내로 국한하지만 여기에는 엄마도 포함된다. 성낸다는 의미의 단어 '벡싱'(vexing)은 다른 사람을 약 올리고 좌절하게 하며 화나게 한다는 뜻이다. 다툰다는 의미의 단어 '컨텐셔스'(contentious)는 자꾸 말싸움하거나 분란을 일으킨다는 뜻이다. 일부 여성은 부정적이고 감정적인 말을 자제하지 못하고 공격적으로 불평하며 비난을 일삼는다.

엄마는 여동생을 대하는 아들의 태도가 무심하다고 느끼고 나무랄 수 있지만, 그렇다고 해서 아들이 여동생에게 관심이 없는 것은 아니다. 또한 아들이 잘못된 것도 아니다. 아들은 그저 엄마의 방식과는 다르게 문제에 접근했을 뿐이다.

## 부정적인 시각과 태도 조절하기

아들이 지혜로울 때 혹은 바보 같을 때 당신의 첫 반응이 어떠한지를 곰곰이 생각해보라. 아들이 잘한 일보다는 실수한 일에 더 집착하고 있지 않은가? 아들의 말에 일리가 있을 때에도 긍정적인 말은 거의 안 하지는 않는가? 엄마가 자신의 양육 태도에 주의하지 않으면, 아들의 부족한 부분만 더 커 보이고 아들의 통찰을 존중할 기회를 놓칠 수 있다. 그래서 엄마는 나이 든 여성에게 가르침을 받을 필요가 있다(딛 2:4). 본문에서 사랑을 뜻하는 그리스어는 '아가페'(*agape*)가 아니라 '필레오'(*phileo*)다. 즉 '형제애의 도시'라는 뜻의 필라델피아(Philadelphia)처럼, 엄마는 아들에게 형제나 친구 같아야 한다. 단호하지만 다정해야 한다.

아들이 나이가 들어가면 엄마는 더 이상 헬리콥터 맘(성인이 된 자녀 주위를 맴돌며 온갖 일에 참견하는 엄마라는 뜻—옮긴이)이 되어서는 안 된다. 아들이 어렸을 때는 주변을 맴돌며 통제해야 아이가 차도에 뛰어드는 것을 막을 수 있다. 하지만 아들이 자라면서는 조언 정도만 하고 자유를 주는 쪽으로 태도를 바꾸어야 한다.

장성한 아들을 둔 헬리콥터 맘에게 이메일을 한 통 받았다. 이 엄마는 늘 아들이 걱정되어 주변을 맴돌았고, 아들이 못 미더운 모습을 보일 때마다 끼어들어 대신 일을 처리했다. 아들이 남들에게 잘 보였으면 좋겠다는 기대가 있었기 때문에 아들을 볼 때마다 고쳐야 할 부분만 눈에 들어왔다. 그러다보니 안타깝게도 아들의 장점은 안중에 없었다. 예상대로, 아들은 기회만 생기면 집에 있으려 하지 않았다. 자기 모습이 하나부터 열까지 엄마 눈에 차지 않는다는 걸 알았기 때문에 함께 있기가 불편했던 것이다. 엄마의 동기는 좋았지만, 결과적으로 그녀가 원하는 행복하고 친밀한 가족과는 거리가 멀어지고 말았다.

나는 한 여성 상담가에게 열일곱 살, 열아홉 살 아들을 둔 헬리콥터 맘을 평가해달라고 의뢰했다. 실제 상황은 더할 나위 없이 좋았지만, 엄마만 그 사실을 몰랐다. 두 아들은 모두 신실한 그리스도인 여학생과 교제 중이었는데, 이 엄마는 작은아들의 여자친구가 성격이 너무 조용해서 다른 사람과 잘 어울리지 못할까 봐 염려했다. 큰아들은 가업을 물려받기로 하고, 세례를 받고, 몇 달 전에는 사람들 앞에서 신앙고백까지 했다. 하지만 엄마는 큰아들이 대학에 가지 않고 염려가 많다는 사실에만 집중했고, 겨우 열아홉에 집을 떠나 독립하다니 너무 대담한 게 아니냐며 불만을 토로했다.

상담가는 어떻게 충고했을까? "저는 그 엄마에게 아들들의 장점과 그들이 내린 결정들을 목록으로 죽 써보고, 그런 아들들을 주신 것에 매일 감사하라고 격려하겠습니다. 자신(과 남편)이 아들들을 잘 키웠다는 증거이자 칭찬이니까요. 염려가 많다던 아들도 집을 떠나 독립하는 용기가 있었습니다. 지금 아들들은 연령대에 맞는 과업을 잘 해내고 있습니다. 이 엄마는 자녀가 어른이 다 되어서도 한 집에서 함께 살기를 진심으로 바라는 걸까요? 부모에게 의존하면서요?"

지금까지의 부정적인 시각을 긍정적인 쪽으로 옮겨보자. 다음은 긍정적 존경의 대화에 관한 몇 가지 제안들이다.

## 통찰에 G-U-I-D-E-S 적용하기

**베풀라: 아들이 분석하고 해결하며 조언하도록 어떤 도움을 줄 수 있는가?**

어린 남자아이: 데이브 램지(Dave Ramsey)가 어린이를 위해 쓴 재정 관리 책을 살펴보라. 돈을 모으고 사용하고 나누는 방법 등 아들이 돈에 관해 생각하는 능력을 당신이 존중하고 있음을 알려주라.

큰 남자아이: 데이브 램지의 《대학생 생존 전략》(Graduate's Survival Guide) DVD 세트 같은 자료를 사주며 이렇게 말하라. 아들의 대학 생활 준비에 도움이 될 것이다.

스스로 문제를 해결해가는 모습이 참 보기 좋구나. 돈에 대해서도 그런 능력을 키우라고 이 책과 DVD를 선물하는 거야.

아들의 문제 해결 능력을 계발하는 데 엄마의 자원을 사용하는 것은 얼마나 멋진 일인가. 아들의 사고와 문제 해결 능력을 위한 자료는 무수히 많다. 인터넷에서 아들의 연령대에 맞는 제품을 찾아보라.

**이해하라: 분석하고 해결하며 조언하려는 아들의 분투를 이해하고 있는가?**

**어린 남자아이:** 아들이 애써 수학 문제를 풀었는데 계속 답이 틀려 짜증을 낸다. 이때 당신은 아들의 기분을 이해하고 공감한다고 말해줄 수 있다.

> 잘하고 싶은 마음을 이해해. 열심히 풀었는데 답이 틀리면 얼마나 짜증나는지 엄마도 알 것 같아.

**큰 남자아이:** 암으로 할아버지를 잃은 여자친구에게 무슨 말을 해주어야 할지 아들이 고심하고 있다. 그럴 때 이렇게 말하는 것은 어떨까?

> 때로는 아무 말도 할 수 없을 때가 있어. 그럴 때 가장 다정하고 올바른 행동은 그저 상대방의 말에 귀를 기울이고, 네가 계속 기도한다는 사실을 알려주는 거란다. 지금처럼 말이야. 넌 잘하고 있어.

아들의 통찰을 이해한다는 것은 어쩌면 그냥 잘 들어준다는 의미인지도 모른다. 하나님은 여성에게 조용히 하라고 명령하시는데, 남성에게는 그렇게 하시지 않는다(딤전 2:11~12). 베드로전서 3장 4절은 "오직 마음에 숨은 사람을 온유하고 안정한 심령의 썩지 아니할 것으로 하라. 이는 하나님 앞에 값진 것이니라"라고 말한다. 이 말씀은 성차별적 발언이 아니라 엄마가 가정에서 지나치게 빨리, 혹은 지나치게 많이, 지나치게 일방적으로 말하지 않도록 보호하기 위한 것이다. 때로 엄마는 아들을 이해하기보다는 자신이 생각하는 것만 이야기하기 때문이다. 잠언 18장 13절은 이렇게 말한다. "사연을 듣기 전에 대답하는 자는 미련하여 욕을 당하느니라."

엄마는 자신의 양육 성향 때문에 아들이 좀 더 통찰력 있고 사랑을 잃지 않도록 바로잡을 때에도 그런 실수를 저지를 수 있는데, 이것이 아들 귀에는 예민하게 들린다. 한 엄마는 이렇게 말했다. "제 아들이 특정 사람들에 대해 편견 섞인 발언을 했어요. 저는 아들에게 그러지 말라며 사랑이라는 더 나은 방법을 알려주려고 했는데, 지금 와서 생각해보니 정작 아들의 생각을 존중하는 마음은 부족했던 것 같아요. 아들은 그 후로 오랫동안 제게 마음을 열지 않았어요." 아들을 바로잡으려는 충동적인 사랑 대신에 이런 말이나 질문을 하는 것은 어떨까? "이 사람들에 대한 네 생각을 말해봐. 왜 그렇게 생각하지? 혹시 그들에게 어떤 상처나 모욕을 받은 적이 있니?" 아들에 대한 염려를 드러낼 때에는 반드시 이렇게 자문해야 한다. '지금 내가 하려는 말이 진실하고, 필요하며, 존경을 담고 있는가?'

아들의 생각을 이해한다고 해서 당신이 그 생각에 동의한다거나 당신의 말과 행동을 바꾸어야 한다는 뜻은 아니다. 아들이 자신만의 의견을 가질 수 있는 권리를 인정한다는 의미일 뿐이다. 이렇게 말해주라. "네가 이 문제를 심각하게 생각하고, 해결책에 관해서도 진지하게 고려중이라니 대견하다."

바쁜 세상사에 마음이 어지럽더라도 최선을 다해 아들의 의견을 경청하라. 당신이 아들의 생각에 귀를 기울이면 아들은 자부심을 느낀다. 특히 아들이 자기 생각에 지나치게 열을 올리는 경우, 아들이 했던 말을 그대로 따르면 많은 경우 아들은 안정을 되찾는다. 그렇지 않고, 당신이 이해한 내용이 아들의 뜻과 다를 경우에는 아들이 당신을 바로잡으려 들지도 모른다.

**가르치라: 분석하고 해결하며 조언하는 방법을 아들에게 가르칠 수 있는가?**

**어린 남자아이:** 딸이 당신에게 던진 질문에 아들이 눈치 없이 불쑥 대답했을 때, 아들에게 정중하게 이야기하라. 동생은 오빠가 아니라 엄마에게 질문했으므로 오빠의 대답을 듣고 싶은지 동생에게 물어보라고 말이다. 동시에 여동생을 돕고자 했던 아들의 선의만큼은 분명하게 인정하고 존중해주라.

**큰 남자아이:** 아들이 주말에 친구 집에 놀러 오라는 초대를 받았는데, 그 집 부모가 집을 비운다는 것을 당신이 알았을 때, 아들에게 이렇게 말하라.

> 엄마도 너도 알듯 이건 그냥 친구와 노는 시간이 아니야. 분명 유혹이 많을 거야. 명예로운 남자인 너를 엄마가 밤낮으로 감시할 순 없어. 하나님은 엄마에게 일정 수준에서 네 선택을 믿고 존중하라고 명하신단다. 하지만 이런 초대는 거절하고, 친구들의 비웃음에 당당하게 맞서는 게 더 좋은 방법 같아. 더 재미있게 즐길 수 있는 다른 활동을 한번 찾아봐. 엄마가 용돈을 좀 줄 테니 이번 주말에 동생과 야구 경기를 보러 가는 건 어때?

당신은 아들에게 질문함으로써 아들이 스스로 문제를 풀어가도록 도울 수 있다. 스스로 답을 찾을 기회를 줄 수 있는데 왜 굳이 답을 주려고 하는가? "네 생각은 어때? 다른 좋은 생각이 있을까?" 아들에게 하나가 아닌 몇 가지 생각을 하도록 요구하라. 아들이 틀리더라도 꾸짖지 말고 "왜 그렇게 생각해?"라고 묻는다. 당신은 언제든 이렇게 질문할 수 있다. "이와 관련해 더 많은 정보를 얻을 곳이 있을까?"

또한 아들이 앞서서 생각하도록 도울 수 있다. "우리가 이렇게 저렇게 하면 어떤 일이 일어날 것 같니? 한번 예상해볼래?" 학교 교사를 상대하는 한 상담 전문가는 이렇게 말했다. "남자아이와 잘 지내는 교사와 대화해보면, 우선 그들은 남자아이에게 많은 것을 기대하고 있습니다. 그리고 아이들 안에 문제 해결 능력이 있음을 믿습니다." 그는 이렇게 덧붙였다. "남녀 아이들(아마 남성과 여성도 마찬가지일 겁니다)의 문제 해결 과정에서 제가 알게 된 한 가지는 이것입니다. 여자아이의 경우 문제 해결책을 제시하기에 앞서 아이의 감정을 다루지 않는다면, 그 해결책은 아무 소용이 없습니다. 남자아이의 경우에는 교사의 해결책을 제시하기에 앞서 그 아이에게 해결책이 있는지 물어보지 않는다면, 아무 소용이 없고요. 반대의 경우(남자아이에게 감정, 여자아이에게 해결책)도 효과가 별로 없습니다."

아들이 불쑥 당신에게 "엄마가 틀렸어요" 하고 말한다면 어떨 것 같은가? 아들의 진심 어린 통찰을 받아들이겠는가, 아니면 기분 나빠하겠는가? 아들이 "엄마, 진정하세요" 하고 소리를 지른다면 어떨까? 기분이 상하지 않겠는가? "엄마는 기대하는 게 너무 많아요. 어떻게 모든 상황과 모든 사람이 완벽하길 원해요?" 아들이 이렇게 말하면 그 말에 귀를 기울이겠는가? 아들의 평가가 정당하다면 무조건 순순히 받아들이겠는가?

아내 사라는 큰아들 조나단이 했던 이야기를 이렇게 전한다. "인정하세요, 엄마. 엄마는 완벽한 가족을 원했지만 우리는 그러지 못했어요." 그 말에 아내는 마음이 움직였다. 아내는 완벽을 바라지는 않았지만, 아들 눈에 자신이 어떻게 비쳤는지를 깨달았다. 엄마가 올바른 가르침의 본보기가 된다는 것이 쉽지 않은 일인 만큼, 그것은 아내에게 큰 보상으로 돌아온다. 아내는 아들에게 자신을 본받으라고 호소할 수도 있다.

엄마가 인정해야 할 것을 네가 지적한 것처럼, 너도 몇 가지 행동에 대해 엄마가 하려는 말을 들을 마음의 준비가 됐니?

아는 만큼 행동하는 사람을 만나기는 쉽지 않다. 남들이 어떻게 해야 하는지 말하는 것은 어렵지 않다. 아들이 다른 사람에 대해서는 비판적이면서도 자신의 실수는 대수롭지 않게 넘기는 모습에 화가 나더라도 아들에게 아량을 베풀어야 한다. 아들에게 이렇게 말하라.

무엇을 해야 할지 안다는 네 말을 존중해. 매사에 스스로 하려는 모습이 보기 좋구나. 그건 훌륭한 일이야. 하지만 엄마가 비밀을 한 가지 알려줄게. 세상에 모든 걸 다 아는 사람은 아무도 없단다. 우리는 한 팀이기 때문에 서로 제안하는 의견에 귀를 기울일 필요가 있어. 그럴 때 우리는 더 현명하고 행복한 결과를 얻게 될 거야.

**훈육하라: 아들이 지나치게 말을 듣지 않거나 어리석게 굴 때 어떻게 훈육할 수 있는가?**

어린 남자아이: "충고해줘서 고마워. 하지만 네가 어젯밤에 설거지를 하지 않은 것과 욕실 세면대가 넘치도록 물을 틀어놓은 것, 다 쓴 수건을 바닥에 그냥둔 일은 기억하니? 가족에게 조언하기 전에 스스로 좀 더 배울 자세를 갖추고 있었으면 좋겠다. 그러니 오늘밤엔 네가 당번이 아니더라도 설거지를 하렴. 공평하지 않다면서 엄마를 가르치려 들지 말고. 그렇지 않으면 엄마는 네가 할 일이 더 있는지 찾아볼 거야."

큰 남자아이: "우리 모두 화가 날 때가 있지. 부당하고 명예롭지 못한 일에 화낼 수 있다고 엄마도 인정해. 하지만 가끔 너는 원하는 대로 되지 않으면 화를 내더라. 그건 부당함이나 불평등의 문제는 아니야. 야구

유니폼이 세탁되어 있지 않다고 해서 고등학생이 발끈하며 차를 몰고 나가는 건 정당화할 수 없어. 그러니 앞으로 일주일간 운전은 못할 줄 알아. 이번 주말에는 외출 금지니 꼼짝 말고 집안 일을 거들렴. 넌 명예를 아는 젊은이야. 그런데 이번 행동은 지혜롭지 못했어."

아들이 어리석게 행동하고 말을 듣지 않는다 해도 엄마는 목소리와 눈빛에 경멸을 담아서는 안 된다. 그러면 아무 효과가 없다. 한 엄마는 이렇게 말했다.

아들에 대한 사랑에 존경을 연관 지으라는 박사님의 제안 덕분에 이런 가르침에 처음 관심을 두게 되었어요. 제가 아이들을 호되게 꾸짖을 때, 어린 아들이 그것을 훈육이 아니라 경멸의 말로 듣는다는 것을 알게 되었어요. 아이들은 다그치는 제 목소리와 표정을 보며 제가 이야기하려는 문제보다 엄마가 자기들을 여전히 사랑하는지 아닌지에 초점을 맞추더군요. 그래서 우선 목소리에 힘을 뺐어요. 그리고 존중하는 눈빛으로 바라보며 염려스러운 아들들의 행동에 대해 조심스럽게 이야기했죠. 거기엔 더 이상의 눈물도, 파국도 없었어요. 그러자 아이들이 스스로 행동을 바로잡았어요. 기적 같은 일이었어요!

훈육할 때에는 존경을 담은 말로 시작하라. 어떤 교사는 이렇게 말했다.

오랫동안 저는 제가 가르치는 남자아이들에게 원하는 것을 주지 않았습니다. 하지만 지금은 교실에서 활용하는 새로운 도구가 생겼어요. 바로 존경이죠. 한창 사춘기인 남학생들이 굉장히 긍정적으로 반응하고 있습니다. 심지어는 훈육할 때조차도요. 저는 언제나 이런 말로 대화를 시작하죠. "선생님은 너희가 자신 있게 행동하는 것을 존중하고 응원한다는 사실을 알아주면 좋겠다." 그러고 나서 학생들의 행동을 바로잡을 때 훨씬 반응이 좋습니다.

어리석게 굴거나 말을 듣지 않는 아들을 훈육할 때는 학교 심리상담사의 다음 이야기에 귀를 기울이라.

남자아이를 훈육하려면 특권을 빼앗기보다는 일을 시키는 편이 훨씬 낫습니다. 제 이론으론, 남자아이에게(다섯 살배기를 예로 들어보겠습니다) 일을 시키는 것은 존경의 표현입니다. "가치 있는 일을 해낼 수 있는 너의 능력을 믿어." 교사와 함께할 수 있는 일을 시키는 것도 좋습니다. "선생님과 같이 해보자"라는 말은 사실상 이런 의미죠. "네게 책임을 맡길 만큼 선생님은 너를 존중한단다. 함께 일하자고 할 만큼 널 좋아하지."

아들은 아직 당신의 기대를 충족시킬 능력이 없을 뿐인데, 당신이 이를 노골적인 반항으로 여기고 경멸하는 투로 반응하는 것은 아닌지 돌아보라. 합리적인 기대가 무엇인지 신중하게 다시 생각해볼 필요가 있다. 어린아이가 어떤 문제를 해결하거나 그 문제를 해결하는 데 특정 시간 동안 집중하는 것이 타당한지 말이다. 엄마의 부정적인 반응으로는 아이의 미성숙함을 해결할 수 없다.

**격려하라: 아들이 계속 분석하고 현명하게 해결해 가도록 어떻게 격려할 수 있는가?**

어린 남자아이: 완벽주의 성향의 아이는 복잡한 미로퍼즐을 풀 때 짜증을 부리기 쉽다. 아들이 이런 성향임을 알게 되었다면 예전에는 "진정

해, 별것도 아닌 일로 왜 그러니!"라고 말했겠지만, 이젠 이렇게 말할
수 있다.

문제를 해결하려는 열망이 정말 대견하구나! 엄마는 네가 감정을 잘 다
스리길 바라지만, 미로를 분석하고 바른 길을 찾는 것도 중요하지. 그래,
명예로운 남자는 바른 길로 가려고 그렇게 열심히 노력한단다.

큰 남자아이: 기독교 여름 캠프에서 상담 봉사를 하는 아들이 집으로 전
화를 걸어온다. 아들은 자신이 말씀을 올바르게 깨닫고 많은 사람을
그리스도께 인도하고 싶지만 좌절감을 느낀다고 말한다. 몇몇 아이가
그리스도를 영접할 준비가 되어 있지 않다고 했단다. 이럴 때에는 다
음과 같이 아들을 격려하라.

애야, 엄마가 보기에 그 아이들은 네가 전한 복음을 완전히 이해한 것
같구나. 그래서 미루고 싶어 하는지도 몰라. 그리스도를 인격적으로 만
나고 용서를 구한 다음에는 그리스도께 헌신해야 한다는 것을 분명히
이해하고 있는 거지. 엄마 친구들도 오랜 세월 "난 아직 준비가 안 됐어"
하고 말했단다. 그건 엄마가 복음을 불확실하게 전달해서가 아니라고
결론지었어. 캠프에 온 아이들이 각자 어떤 상황인지, 네가 하는 말을 어
떻게 들었는지 직접 물어보면 좋겠다. 네가 상담가로 성장하는 데 이런
경험이 도움이 된다는 말도 함께 전하렴.

엄마는 자신의 발언에 신중하게 균형을 잡아야 한다.

아들, 네 말이 정말 맞아. 너의 솔직함과 통찰과 도우려는 마음이 참 고

맙구나. 하지만 조금 전에 네가 화가 난다고 동생의 말문을 아예 막아버렸기 때문에, 우리는 너의 말을 존중할 수 없었어. 그럴 때는 동생에게 이렇게 말해봐. "내가 답을 아는 것 같은데 괜찮다면 말해줄까?" 이렇게 하면 동생이 들으려 할 거야. 태도도 훨씬 부드러워지고 말이야. 맞아, 동생은 오빠의 조언을 좋게 받아주었어야 했어. 그래도 사과를 했으니 다음에는 더 잘하겠지. 엄마는 네가 동생에게 이렇게 행동하면 좋겠어.

엄마에게는 아들이 마음을 진정하고 좀 더 참을성 있고 친절하며 다정하게 행동하도록 돕는 한편, 아들의 통찰과 정직을 칭찬하는 언어 능력이 있다. 아들은 자기 생각이 존중받길 원하고, 거부당하면 분노한다. 놀라운 정보를 제공해 도움을 주려 했던 열망이 날아가버렸기 때문이다. 이럴 때는 존경 대화로 아들을 인정하고 격려할 방법을 생각해보자.

**미취학 아동(3~6세):** "와, 색깔도 알고, 어떤 게 같은지 혹은 다른지도 아는구나. 숫자도 셀 수 있네. 여러 모양도 구분하고, 퍼즐도 맞추고, 할 줄 아는게 많구나. 친구들과 서로 도울 줄도 알고, 순서를 지킬 줄도 아네."

**취학 아동(7~9세):** "네가 달라진 모습을 보니 기쁘다. 입버릇처럼 하던 '난 제대로 하는 게 하나도 없어' 하는 말을 덜 해서 좋아. 보드게임 하나를 잘 못하는 게 전체를 못한다는 의미가 아니란 걸 알게 되어 다행이다. 너는 문제를 파악하고 해결하는 능력이 있어. 하지만 모든 걸 다 잘하는 사람은 없단다. 중요한 건 계속 배우는 건데, 엄마가 보니 넌 열심히 노력하고 있어. 그런 모습이 존경스럽구나."

**10대 초반(10~12세):** "너의 사고방식을 존중해. 며칠 전에 엄마 아빠가 두 주간 여행을 떠나 있는 동안 네가 뭘 할지를 말할 때, 넌 네가 할 수 있는 일을 몇 가지 제안했지. 결정하기 전에 각 제안의 장단점을 검토하는 모습이 대견하더라. 어떤 선택을 해도 좋았겠지만 너뿐 아니라 모두에게 최선의 선택을 한 점이 특히 좋았어."

10대 중반(13~15세): "와, 멋진 해결책이야. 네가 한 말을 정말 존중해. 그런데 동생에게 지금 가장 필요한 것은, 오빠가 동생의 슬픈 마음을 진심으로 걱정하고 있음을 보여주는 게 아닐까? 오빠의 응원 말이야. 아무튼 네 의견은 통찰력이 있었어. 고맙다."

10대 후반(16~18세): "운전 중에 엄마가 몰랐던 사실을 알려줘서 고마워. 교통 경찰관 옆을 지나면서 차선을 넘어간 것을 몰랐거든. 고마워, 덕분에 범칙금을 물지 않게 되었어."

미시건 주에 사는 한 여성은 열여섯, 열여덟 살 조카 남매와 커피숍에서 있었던 이야기를 들려주었다. 여동생이 무슨 이야기를 하고 있었는데, 오빠가 목소리를 높여 이렇게 말했다. "지금 나더러 뭔가를 고치라는 거야, 아니면 그냥 이야기를 하는 거야?" 그러자 여동생은 "난 그냥 이야기하는 거야"라고 말했다. 그러자 오빠는 의자 등받이에 몸을 기대고 아무 말도 하지 않은 채 여동생의 이야기를 들었다. 이 여성은 두 조카가 부모에게 들은 사랑과 존경 메시지를 잘 이해하고 있어 감명을 받았다고 했다. 그 자리에서 이 여성이 조카들에게 아무 말도 하지 않은 것은 다소 아쉽다. 여동생에게 멋있게 반응한 오빠를 칭찬해주었다면 좋았을 것이다.

### 간구하라: 아들의 문제 분석과 해결, 조언을 위해 기도하고 있는가?

어린 남자아이: 아들이 어린이 미식축구를 해야 할지, 아니면 지역 축구 리그에 가입해야 할지 고민할 때 아들과 함께 기도하라. 하나님은 우리가 모든 일에 기도하기 원하신다는 것을 아들에게 알려주라. 그렇더

라도 아들에게는 둘 중 하나를 고를 자유가 있고, 당신이 아들의 바람을 존중한다는 사실을 알려주라. 그것이 명예로운 일임을 말해주라.

**큰 남자아이:** 장성한 아들이 자기가 예수님을 사랑하는지 잘 모르겠다고 말한다. 군에 입대한 아들은 믿음대로 살려고 애쓰지만 문득문득 의심이 든다고 솔직하게 털어놓는다. 이런 말을 들으면 마음이 아프겠지만, 당신은 다음과 같이 반응해야 한다.

> 솔직하게 말해줘서 고맙다. 예수님을 어떻게 믿는지 정직하게 고백하는 것이 최우선이야. 너도 알다시피 예수님을 믿는 척하는 사람이 많지만 그들은 너처럼 정직하지는 않거든. 무엇이 진실인지 확인하고 위선자가 되고 싶지 않은 거지? 하나님이 은총을 내려주시길 기도할게.

아들을 위해 기도하고 G-U-I-D-E-S를 적용할 때 하와를 생각해보기 바란다. 디모데전서 2장 14절은 "아담이 속은 것이 아니고 여자가 속아 죄에 빠졌음이라"라고 말한다. 하와는 왜 속았을까? 하와는 낙원을 가졌지만 더 욕심을 냈다. 일부는 이를 두고 여성의 탐욕이라고 말한다. 여자는 절대 만족할 줄 모른다는 것이다. 하나님이 그분의 형상대로 하와를 완벽하게 창조하셨음에도 하와는 더 "하나님과 같이" 되길 원했다(창 3:5).

하와는 낙원의 선함보다 더 많은 선함을 원했으며, 낙원의 지혜를 능가하는 지혜를 갈망했다. 창세기 3장 6절을 보자. "여자가 그 나무를 본즉 먹음직도 하고 보암직도 하고 지혜롭게 할 만큼 탐스럽기도 한 나무인지라. 여자가 그 열매를 따먹고 자기와 함께 있는 남편에게도 주매 그도 먹은지라." 역설적이게도 속임수는 선한 것, 지혜로운 것, 신성한 것의 주변을 맴돈다. 하와는 더 많은 선과 지혜를 얻으려고 하는 것이 무슨 잘못이냐고 생각했다.

　도대체 엄마들에게 이런 내용을 어떻게 적용한단 말인가? 대부분 그리스도인 여성은 하나님과 같이 선하고 지혜로워지길 원한다. 이들은 남편과 자녀도 똑같이 되길 바란다. 그들이 속내를 고백할 때 이러한 태도가 드러난다. "솔직히 말하면, 저는 완벽한 결혼 생활과 완벽한 가족을 원해요. 사실 모든 사람이 저와 같기를 바라죠. 그러면 우리 모두 행복할 텐데요." 이렇게 말하는 엄마도 완벽은 불가능하다는 것을 안다. 하지만 불완전함이 허용되는 것을 믿고 싶어 하지 않는다.

　나는 하나님이 여성의 가슴속에 낙원의 잔재를 남겨두셨다고 믿는다. 여성인 엄마는 내면에서 선하고 지혜롭고 기분 좋고 경건한 것을 이상적으로 느낀다. 엄마는 가족 구성원이 자신과 비교해 선하고 지혜롭고 보기 좋으며 경건한 사람으로 변할 때까지 적극적으로 보살핀다. 그러다 아들이 자기 이상대로 바뀌지 않으면 쌀쌀맞고 경멸하는 태도로 돌변해 이 책 초반에서 언급했던 무례의 효과를 사용한다.

　하와처럼 낙원을 능가하는 완벽을 기대하지는 않더라도, 이 엄마는 불완전한 세상에서 완벽을 원한 나머지 문제에 부닥친다. 예수님이 죄와 곤경에서 세상을 구원하려고 십자가에서 죽으셨음에도 어떤 엄마는 모든 사람이 타락했기에 완벽에 도달할 수 없다는 성경적 세계관(롬 3:23)을 받아들이지 않는다. 예를 들어, 자기 아들이 백지 같아서 자신이 그 위에 쓰는 대로 자랄 수 있다고 생각한다. "엄마처럼 되렴. 엄마 말대로 하라고. 당장!" 아들이 엄마의 완벽한 기준에 미치지 못하면 엄마는 불평하고 반박하면서 경멸하는 태도를 드러낸다.

　아들의 부족함과 죄에 충격을 받았을 때, 엄마가 아들의 완벽하지 못함을 경멸하는 태도로 비난한다면 상황은 전혀 나아지지 않는다. 엄마에게는 그럴 권리가 없다. 설령 아들이 올바르게 상황을 분석하지 못하고, 사려 깊게 문제를 해결하지 못하며, 지혜롭게 조언하지 못해 C-H-A-I-R-S의 미덕을 따라 살지 못하더라도, 엄마는 아들을 무시해서는 안 된다. 아들의 불완전함을 바로잡는 과정에서 존경 어린 태도를 유지할 때, 엄마는 균형 잡기에 성공할 수 있다.

# 9

## 유대
아들이 관계맺는 방식을 이해하는 엄마

"이제 이야기 좀 그만하면 안 돼요?"

아들이 네 살쯤 되면 많은 엄마가 편지를 보내온다. 그들은 이런 이야기를 들려주면서 자신의 소중한 아이에게 벌어지고 있는 일들에 놀라워한다.

〈사랑과 존경〉 세미나에 참석하는 동안 보모에게 두 아이(열두 살 여아와 네 살짜리 테러리스트)를 맡겼는데, 나중에 작은 아이에게 보모 아줌마와 뭘 했는지 물어보았어요. 게임을 했니? 네, 엄마. 무슨 게임? 숨바꼭질이요. 뭘 숨겼니? 장난감이요. 어떤 장난감? 제 장난감이요. 누나도 같이 놀았니? 네, 엄마. 장난감은 다 찾았니? 네, 엄마. (…) 그런데 이제 이야기 좀 그만하면 안 돼요?

적지 않은 엄마가 "이제 이야기 좀 그만하면 안 돼요?"라는 말을 아들에게 듣는다. 도대체 아들에게 무슨 일이 일어난 것일까? 성인 남성과 마찬가지로 남자아이는 엄마가 이야기하고 싶어 하는 주제에 관해 할 말이 별로 없다. 하지만 엄마는 아들에게 무슨 일이 있었는지 상상해야 하기에 정보가 필요하고, 상세한 내용을 알려면 질문을 해야 한다. 반면 아들은 지나간 일을 다시 이야기할 필요를 느끼지 못한다. 다음 활동으로 넘어갈 준비가 되었는데 지나간 일은 왜 이야기하느냐는 것이다.

남자아이 중에도 늘 재잘거리는 아이가 간혹 있기는 하지만, 연구를 통해 밝혀진 남자의 행동 양식은 대개는 이와 다르다. 엄마의 질문 공세를 받으면 대부분은 입을 꾹 다물고 만다. 엄마는 좋아서 적극적으로 질문을 하지만, 질문 공세가 시작되었다고 느끼는 순간 아들은 성미가 고약해지고, 이에 엄마는 당황스러워한다.

아내와 나는 데이비드가 초등학교 5학년이었을 때 우리에게 속내를 털어놓길 꺼리는 아들을 이해하려고 무진 애를 썼다. 아내는 개학 첫날 학교에서 데이비드를 데려오면서 이렇게 질문했던 것을 기억한다.

"오늘 하루는 어땠니?"

"좋았어요."

"학교에서 뭘 했니?"

"아무것도 안 했어요."

"재미있는 일 없었어?"

"없었어요."

둘째 날도 상황은 크게 다르지 않았다.

"데이비드, 오늘 하루는 어땠니?"

"좋았어요."

"학교에서 뭘 했니?"

"아무것도 안 했어요."

"재미있는 일 없었어?"

"없었어요."

셋째 날도 마찬가지였다.

"데이비드, 오늘 하루 어땠니? 재미있는 일은?"

"없었어요."

나흘째 되던 날, 데이비드는 엄마를 빤히 바라보면서 조용하고 단호하게 말했다. "엄마, 할 말이 있어요. 학교는 매일 똑같아요. 혹시 달라지는 게 있으면 그때 말씀드릴게요." 아내는 스무고개 놀이는 그만두기로 마음먹었지만 가끔은 아들의 입을 열게 하려고 노력했다. 효과는 별로 없었다.

아내는 이렇게 말하곤 했다. "데이비드를 도통 모르겠어요. 이 아이는 내가 원하는 방식으로 이야기하지 않아요." 그 당시 우리는 남자아이와 여자아이가 부모와 어떻게 대화하는지를 확실히 알지 못했다. 예를 들면, 여성은 일반적으로 그날의 기분 같은 주제를 포함해 자기감정에 대해 대부분의 남성보다 더 자주 이야기한다. 내가 관찰한 바로는 이러한 행동은 아주 어릴 때부터 시작된다. 아들은 대체로 실황 중계식 대화와 경험을 기억하지 않기 때문에 그런 이야기를 딸들만큼 자주, 적극적으로 들려주지 않는다. 아내가 "오늘 하루는 어땠니?"라고 물은 것은 지극히 정상이었고, 데이비드가 그런 이야기를 꺼리는 것도 지극히 정상이었다. 아내는 아이가 5학년이었을 때 그 사실을 알았더라면 얼마나 좋았겠느냐고 입버릇처럼 말한다.

훗날 데이비드가 십 대가 되고 우리가 결혼 세미나에서 사랑과 존경 원리를 가르치게 되었을 때, 아내는 아들과 유대감을 형성하는 비결은 직접 질문을 던지는 것이 아니라, 서로 어깨를 나란히 하고 아들이 좋아하는 활동을 하면서 함께 시간을 보내는 것임을 알게 되었다.

그냥 아들 곁에 있어주라. 되도록 말은 적게 하고!

## 아무 말 없이 서로 어깨를 나란히 하고

엄마가 아들과 얼굴을 맞대고 기분을 이야기해보라고 적극 밀어붙이는 것은 엄마 자석의 북극을 아들 자석의 북극 쪽으로 들이대는 것과 같다. 엄마와 아들이 모두 긍정적(+)인데도 엄마는 결국 아들을 밀어내버리고 만다. 엄마와 아들 사이에 일어나는 물리적 특성이다.

그렇지만 엄마 본인이 느끼기에 덜 적극적으로 아들에게 접근한다면 오히려 아들의 마음을 끌 수 있다. 아무 말 없이 서로 협력하는 시간을 갖는 것이 비결이다. 어떤 엄마는 이 말을 듣고 놀란 토끼 눈을 하며 혼란스러워한다. 아무 말 없이 서로 협력하는 시간을 실천하면서도 이 엄마는 여전히 납득할 수 없다고 느낀다.

직장이나 집에서 있었던 일에 대해 대화를 나누면서 마음과 마음이 통하는 관계가 생겨난다는 것이 여자의 기본 신념이다. 이른바 '라포'(rapport)가 형성된다. 이 단어의 사전적 정의는 "관련한 사람이나 집단이 상대 감정이나 생각을 이해하고 잘 소통하는 친밀하고 조화로운 관계"다.[1] 이것이야말로 엄마가 아들과의 사이에서 바라는 것이다. 엄마는 소통하지 못할 때 이해와 친밀함을 방해받는다고 생각한다. 아들로부터 멀리 떨어져 있는 듯한 느낌을 받는다. 관계의 결핍은 엄마를 괴롭힌다. 엄마가 아들에게 "우리 이야기 좀 할까"라고 말하고 싶은 것도 다 그런 까닭이다. 하지만 엄마는 그 말이 노골적이란 것을 알기에 대신 질문을 한다. 아내 사라는 이를 두고 "엄마의 스무고개 놀이"라고 부른다. 엄마 입장에서는 이런 방법이 굉장히 세심한 것이라고 믿는다. 마음속으로는 "엄마한테 말해봐"라는 말이 절대로 명령이 아니라고 생각한다.

　그럼에도 엄마가 하는 질문에 아들은 대답을 회피하는 경우가 많다. 아들의 이런 행동에 엄마는 당황하고 무기력해진다. 한 엄마는 이렇게 말했다. "열세 살 제 아들은 제가 항상 자기를 추궁하는 기분이래요. 저는 그저 친해지려고 했을 뿐인데!" 사실이 그렇다. 엄마는 아들과 친해지고 싶어 한다. 엄마가 솔직한 질문을 던지는 이유는 알고 싶고, 친해지고 싶기 때문이다. 그러나 어떤 아들은 질문을 받을 때 엄마가 자신을 의심하는 것처럼 느낀다. 질문이 아니라 일종의 심문처럼 느끼는 것이다.

　"딸은 제 질문에 선뜻 대답을 잘하는데요." 그건 딸이 여자이기 때문이다. 딸은 엄마의 질문을 심문으로 생각하지 않는다. 오히려 사랑으로 받아들인다. 엄마가 질문하면 딸은 엄마가 왜 이런 질문을 하는지 육감을 발동시킨다. "엄마는 대화하고 나면 내 기분이 좋아질 것이라고 생각하시는구나." 예를 들면, 학교에서 일상적으로 경험하는 인기와 인정에 대한 불안감으로 스트레스를 받을 때, 딸은 엄마가 스트레스를 풀어주려고 자기 기분을 묻는다는 걸 본능적으로 안다. 대화는 딸의 울분을 풀어주어 기분이 나아지게 한다.

　하지만 아들은 다른 방식으로 관계를 맺는다. 일종의 임무를 수행하며 서로 어깨를 나란히 하는 활동을 통해 유대감을 형성한다. 예를 들면, 남자에게 최고의 친구는 같이 참전했거나, 농구대회에서 우승했거나, 과학 프로젝트로 상을 탔거나, 뉴잉글랜드 주 첼로 사중주단 중 3위에 올랐거나, 경찰에서 파트너로 일했거나, 집을 지었거나, 응급실에서 수술을 집도하는 등 무언가를 함께한 사이다. 아버지와 아들이 목적 지향적인 활동을 함께 할 때 가장 친한 사이가 된다. 사냥을 할 수도 있고, 작업실에서 선반을 만들 수도 있으며, 같은 축구팀을 응원

할 수도 있다. 대화가 아니라 함께하는 활동에서 정서적 유대감을 공유한다. 그런 유대감이 있어야 대화가 가능해진다.


## 협력하는 활동은 대화로 이어진다

그렇다면 남성은 아예 대화가 없는가? 서로 신뢰하고 존경하는 좋은 친구 사이에서는 남성도 대화를 한다. 하지만 말수가 적고 여성이 선호하지 않는 방식을 취한다.

언어학자 데보라 테넌은 한 연구에서, 네 연령 집단의 남녀를 대상으로 일련의 실험을 진행했다. 각각 초등학교 2학년과 6학년, 고등학교 1학년, 20대인 한 쌍의 피실험자들은 절친한 친구 사이였다. 실험 방식은 같았다. 각 그룹은 따로 방에 들어간 뒤 두 의자에 각자 앉아서 다음 지시를 받을 때까지 기다리라는 말을 들었다. 연구자는 방 안에 있는 두 사람이 어떤 행동을 하는지 보기 위해 대상자에게는 알리지 않고 영상 녹화를 했다. 실험이 진행되면서 모든 여성 그룹은 나이를 불문하고 같은 반응을 보였다. 상대방에게 몸을 돌려 얼굴을 마주 보고 몸을 기울인 채 이야기를 나눈 것이다. 반면, 남성은 다르게 반응했다. 상대방 쪽으로 몸을 돌리지 않고 어깨를 나란히 하고 앉아서 가끔 상대를 바라보는 것을 제외하고는 정면을 보았다. 여성은 서로를 향해 몸을 돌리거나 자기가 앉아 있는 의자를 상대 쪽으로 돌려서 직접 대면했기 때문에 연구자는 이들이 가장 친밀한 대화를 했을 것으로 추정했다. 그런데 실제로 모든 집단 가운데 가장 개방적이고 솔직한 집단은 고등학교 2학년 남자아이들이었다.[2]

나로서는 놀라운 일이 아니었다. 남성은 곁에 나란히 있는 친구에게 마음을 터놓는다. 남성은 서로 어깨를 나란히 하고 앉았을 때 솔직하게 이야기한다. 그들은 솔직함을 두려워하지 않는다. 수치심이나 반대, 훈계를 두려워할 뿐이다. 남자가 하고 싶은 말이 있어도 참는 것은 듣는 사람을 신뢰하지 못하기 때문이다.

엄마에게는 이런 통찰을 어떻게 적용할 수 있을까? 아들의 말문을 열기 위해 엄마는 아들의 측면을 공격해야 한다. 한 엄마는 이렇게 말했다.

> 아들과 소통하기 어려운 이유를 알았어요. 아들은 제가 자기를 이해하지 못해서 대화가 안 된다고 자주 말했어요. 그래서 저는 아들과 (어깨를 나란히 하고) 소파에 앉아서 아들이 비디오 게임을 하는 동안 입도 뻥끗하지 않고 구경만 했어요. (맞아요, 기적이 일어났어요!) 제가 이처럼 잘 적응하면서 모자 관계가 달라졌어요. 며칠 전에는 밖에서 같이 점심을 먹었는데 아들이 쉽없이 이야기를 하더군요. 예전에는 대화를 부담스럽게 여기던 녀석이에요. 놀라운 발전이에요!

이 엄마의 말뜻을 이해했는가? 아들은 엄마가 친구처럼 자신과 어깨를 나란히 하고 있음을 느껴야 마음을 터놓는다. 엄마는 얼굴을 마주 보고 하는 대화보다 어깨를 나란히 하고 대화를 나눌 필요가 있다.

다음은 또 다른 엄마의 깨달음이다.

> 이제 학교에서 돌아오는 차 안에서 아들에게 질문을 하지 않기로 했어요. 그냥 함박웃음을 지으며 인사하고 이렇게 말하죠. "아들 얼굴 보니 기분이 좋네." 그러고 나선 더 대화할지 말지 아들이 정하게 합니다. 어떨 때는 조용히 앉아 있기만 하고, 또 어떨 때는 녀석이 집에 오는 내내 수다를 떨죠. 평소에도 아들이 말할 때면 하던 일을 멈추고 아들을 바라

보며 열심히 들어주려고 노력하고 있어요. 주변의 잡다한 일에 신경 쓰지 않고 아들에게만 온전히 집중하려 합니다.

한 엄마는 이렇게 말했다.

최근에 아들의 인생에 사춘기라는 중대 사건이 일어났어요. 초등학교 입학 첫날 학교에 아들을 두고 온 이후로 엄마인 제게 정서적으로 가장 힘든 사건이었죠. 아들의 변화를 보면 상실감이 들어요. 어느덧 자장가도 끊겼고, 다친 아들을 위로해줄 필요도 없어졌고, 아들이 제 소유라는 느낌도 사라져버렸어요.

지난 몇 달간 이 문제를 곰곰이 생각하다가, 다른 방법으로 아들을 이해할 필요가 있다는 것을 깨달았어요. 제임스 돕슨(James Dobson)의 책에서 이런 글을 읽은 적이 있어요. 아들은 딸에게 하듯 소파에 앉아 대화하기보단 어떤 과제를 함께 수행하며 대화하는 편이 훨씬 효과적이라고요. 하지만 실천하기가 생각보다 어려웠어요. 저와 아들이 좋아하는 게 완전히 달랐거든요. 그래서 저는 쿠키를 만들어보기로 했어요. 남자아이들은 쿠키를 좋아하지만, 실제로 밀가루와 설탕 같은 재료를 반죽하는 것은 이야기가 다르죠. 그래서 저는 아들에게 쿠키를 만들자고 청하지 않고 저 혼자 만들기 시작했어요. 아들은 제 모습을 유심히 지켜보더니 결국 동참하더군요.

아들과 저는 쿠키를 만들면서 우리 가족에 관해, 제가 어릴 때 엄마가 어떻게 해주셨는지에 관해, 학교와 꿈을 비롯한 다른 많은 주제에 관해 이야기를 나누었어요. 아들이 쿠키 반죽을 하나씩 계피 설탕에 굴리면서 무슨 생각을 하는지 저는 더 잘 알게 되었어요. 백 개도 넘는 쿠키 반죽을 오븐에 넣었다 뺀 후에야 우리는 드디어 몇 개를 맛볼 수 있었죠.

무척 보람찬 오후였고, 아들과 다시 하나가 된 듯한 멋진 시간이었어요. 그날 저녁, 이제 곧 열두 살이 되는 아들이 제게 잠자리를 봐달라고 하더군요. 녀석도 저와 똑같은 느낌을 받은 것이 분명해요. 이 모든 게 제가 여유를 가지고 아이를 있는 그대로 받아들인 덕분이에요.

그렇다. 아들이 즐거워하는 활동을 함께할 때 다정한 애착 감정이 생긴다. 아들은 이런 식으로 유대 관계를 맺는다.


**서로 어깨를 나란히 할 때 아들은 엄마에게 반응할 기회를 얻는다**

엄마가 아들과 어깨를 나란히 하려는 노력을 계속하면 이내 좋은 결과가 따른다. 이 말은 무슨 뜻일까? 아홉 살, 열한 살인 두 아들을 둔 엄마가 있다고 해보자. 두 아이 모두 캐치볼을 하려고 뒤뜰로 나간다. 나는 엄마에게 무심히 밖에 나가서 아이들이 공 던지는 모습을 15분 정도 그냥 보고 있으라고 권한다. 의자를 하나 가져다놓고 조용히 앉아만 있으면 된다. 책을 읽는다든가 하지 말고 오롯이 아이들에게 집중해야 한다. 그렇게 15분 정도가 지나면 저녁 준비를 위해 자리를 떠도 좋다. 오래지 않아 엄마는 뭔가 달라진 것을 눈치챈다. 아이들에게 저녁 먹으러 들어와서 손 씻고 수건을 제자리에 걸어두라고 이야기할 때, 아이들이 즉시 반응한다. 더 이상 뭉그적거리지 않고 수건도 제자리에 걸 것이다(물론 조금 차이가 있다는 것이지 대단한 변화가 일어난다는 뜻은 아니다). 왜 그럴까? 엄마가 아무 말 없이 바라봐주면 아이들은 힘을 얻고 엄마를 다정하게 느낀다. 마음이 부드러워지고 엄마의 바람에 더 잘 반응한다. 아들들을 명예롭게 하면 엄마는 존경의 효과를 거둔다. 수많은 엄마는 이러한 발견으로 이루 말할 수 없는 기쁨을 얻는다.

한 엄마는 이런 편지를 보내왔다.

남편은 일주일에도 며칠씩 저녁마다 아들들과 씨름을 하는데, 녀석들은 아빠를 거의 영웅처럼 대하고 언제나 아빠를 즐겁게 하려고 애쓴답니다. 남편을 본받다 보니 아들의 행동을 지적할 때 적게 말할수록 효과가 좋다는 것을 알게 되었어요. 제가 말을 많이 할수록 아이들은 자신이 존경받지 못한다고 느끼더라고요. 하지만 아이들과 엄지싸움이나 비디오게임을 하고 나서, 혹은 서로 어깨를 나란히 한 채 말없이 소파에 앉아 있으면 대개는 좀 더 차분해지고 기꺼이 순종하려 해요. 아들들과 비언어적 방식으로 함께하는 법을 배우는 일은 제게 흥미로운 도전이에요.

## 아들의 요구에 귀를 기울이라

곰곰이 생각해보면, 엄마는 자신을 바라봐달라는 아들의 요청이 꽤 있었음을 떠올릴 수 있다. 한 엄마는 이렇게 말했다.

아들과의 관계에서 또 다른 고민은, 아이가 저와 함께 놀고 싶어 할 때 어떻게 할지 모르겠다는 것이었어요. 아들 주변으로 조그만 장난감 자동차를 쌩쌩 굴리고, 모래를 헤치며 장난감 트랙터를 몰고, 덤프트럭에 자갈을 실어보았지만 아들은 계속 이렇게 말했어요. "아뇨, 엄마. 그렇게 하지 마세요." 정말 좌절했어요. 사랑스러운 아들의 요청에 응하고 싶었지만 아들은 제 놀이 방식을 좋아하지 않았어요. 그때 박사님 책에 있는 또 다른 개념을 설명해준 사람이 남편이었어요. 남자아이는 서로 어깨를 나란히 하는 시간을 좋아한다고요. 저는 깜짝 놀랐어요. 그러니까 박사님 말씀은, 제가 그냥 아들 곁에 앉아 아무것도 하지 않아도 아들이 그것을 엄마가 자기와 '놀아준다'고 생각한다는 거죠? 이럴 수가 … 그게 바로 아들이 원하는 것이었어요! 이제 저도 압니다. 시도해봤거든요.

또 다른 엄마는 이렇게 말했다.

저는 남편들이 아내와 어깨를 나란히 하는 관계를 원한다는 점이 특히 흥미로웠어요. 그런데 제 아들 중 하나에게서 그런 모습을 발견했어요. 열두 살 난 아들이 그네를 타려고 밖으로 나가던 길이었어요. 남편과 저는 아들이 그네를 탈 나이가 지났다고 생각했지만, 아들은 혼자만의 시간이 필요할 때면 밖으로 나간답니다. 어느 날 아들과 저는 동시에 뒷문으로 나가게 되었는데, 그때 아들이 이렇게 말했어요. "그네 타러 갈 건데 같이 가실래요?" 저는 아들이 진짜 하고 싶은 말이 뭔지 바로 알 수 있었죠.

## 서로 어깨를 나란히 할 때 아들은 힘을 얻는다

아내 사라가 아들과 어깨를 나란히 한다는 개념을 실천하기 시작했을 때, 아이들은 이미 다 성장한 상태였다. 조나단은 20대에 접어들어 트럭도 한 대 있었다. 어느 해 여름, 우리 가족은 휴가를 떠났다. 아내는 조나단의 트럭을 타고 가고, 나머지 가족은 내 차로 가는 중이었다. 아내는 조나단이 말하기 전까지 입을 열지 않기로 마음을 먹었다. 조나단은 "여기서 돌까요?", "기름 넣을까요?", "에어컨 켤까요" 외엔 아무 말도 하지 않았다. 그게 다였다! 하지만 아내는 그 휴가가 우리 가족의 최고 휴가였다고 믿는다. 아내는 아무 말 없이 분위기를 조성하며 아들을 격려했고, 조나단은 좀 더 다정하고 배려심 깊게 행동했다.

아들과 대화하고, 하나가 되려는 요리에는 서로 어깨를 나란히 하기라는 양념이 필수다. 남자들 사이에서 관계란 나란히 앉아서, 아무 말 없이, 오랜 시간 흠뻑 젖어 있어야 한다. 다행히 엄마의 고요한 존재감은 아들의 마음을 부드럽게 만들고, 그러한 과정을 통해 엄마는 관계를 개선하고 강화함으로써 더 큰 만족을 얻는다. 조나단은 이제 임상심리학자가 되어 '사랑과 존경 미니스트리'의 책임 관리자로 나와 함께 일하고 있다.

## 서로 어깨를 나란히 할 때 아들은 친근함을 느낀다

모든 여성에게는 그래도 세상이 살 만한 곳이라고 해주고 싶은 본성이 있다. 사람들은 어린아이들에게 놀이공원에서 길을 잃으면 아이가 있는 아주머니를 찾아가 엄마 아빠를 잃어버렸다고 말하라고 가르친다. 모성애가 없었다면 세상은 끔찍한 곳이 되었을 것이다. 하지만 엄마에게 관계란 아가페 사랑이나 조건 없는 사랑, 경건한 사랑이 거의 전부다. 엄마는 이런 사랑을 느끼고, 이런 사랑을 꿈꾸며, 이런 사랑의 필요에 응답하고, 이런 사랑을 표현할 방법을 생각한다. 이런 사랑을 바라보고, 이런 사랑을 말하며, 자녀에게 이런 사랑을 요구하며, 남편에게 이런 사랑을 원하고, 날마다 이런 사랑을 베푼다.

하지만 바울은 디도서에서 나이 든 여성에게 이렇게 권면했다. "젊은 여자들을 교훈하되 그 남편과 자녀를 사랑하며"(2:4). 이 여성들은 이미 하루 스물네 시간, 일주일 내내 아가페 사랑으로 살고 숨쉬고 꿈꾸고 느낀다는 것을 아는데 왜 나이 든 여성은 이것을 계속 가르쳐야 하는가? 이미 그 사랑을 확실히 실천하고 있지 않은가? 여기서 다른 점은 바울이 '아가페' 대신에 인간의 사랑, 형제애를 뜻하는 '필레오'를 사용했다는 사실이다. 나는 바울이 실수를 한 게 아니라, 디도의 가르침을 받는 여성과 이후 그리스도를 믿는 모든 여성에게 구체적인 메시지를 전하려 했다고 본다. 어떤 상황에서도 조건 없이 남편과 자녀를 사랑하는 것은 그리스도인 여성의 본성이기에 가족을 아가페로 사랑하는 것은 굳이 상기시킬 필요가 없음을 바울도 알았다. 하지만 엄마들은 자기 아들을 좀 더 친근하게 대할 필요가 있다. 특히 누군가 지독하게 엄마의 인내심을 시험할 때 그러하다.

아들에게 물어보라. "네 엄마는 너를 사랑하시니?" 아들은 이렇게 대답할 것이다. "네." 그러고 나서 또 물어보라. "네 엄마는 너를 좋아하시니?" 그 말에 아들은 이렇게 대답한다. "아뇨, 오늘은 아니에요. 제가 말을 안 들었거든요." 수많은 엄마가 이렇게 증언한다. "아들을 사랑하지만, 솔직히 말해 좋아하기는 힘든 날이 있어요." 그래도 아들에게 습관적으로 불친절하다면, 엄마는 자신이 원하는 대로 아들의 행동을 강요하고 있지 않은지 자문할 필요가 있다.

한 엄마는 이렇게 말했다.

일곱 살 제 아들은 저와는 사뭇 달라서 이해하기가 너무 힘들어요. … 박사님의 책에서 자녀를 아무런 조건 없이 사랑하지만, 인내심이 부족하고 불친절하며 한숨을 많이 쉬는 엄마의 사연을 읽으며 제 이야기인 줄 알았어요. … 아들을 너무나 사랑하고 아들 앞에 밝고 희망찬 미래가 있다는 것을 알면서도 자꾸 아들에게 실망감이 드는 건 왜일까요?

다른 엄마는 이렇게 말했다.

저도 아이들을 좋아하고 싶고(세상 그 무엇보다 아이들을 사랑합니다), 함께 있는 것을 즐기고 싶어요. 그런데 그렇지 못해 마음이 편치 않아요. 어떻게 이 상황을 바꿀 수 있을지 모르겠어요. … 자꾸 눈물이 나고 미안한 마음이에요. 저도 가족과 함께하는 시간을 좋아하고 싶은데 대부분은 그렇지 못합니다. 스트레스가 너무 심해요. 이런 말을 꺼내는 건 물론이고 이런 생각을 하기만 해도 죄책감이 들어요. … 뭘 어떻게 해야 좋을까요?

당신의 불친절한 태도에 아들이 멀어지고 있는가? 이번 기회에 엄마의 이미지를 바로잡아보자. 아들에게 잘 보이려 하지 말고 서로 어깨를 나란히 하는 활동을 해보라. 아들이 자기를 지켜봐달라고 요청할 때 "미안하지만 지금 시간이 없구나"라며 피하지 말라. 아들의 요청에 응하고, 사랑과 애정 어린 감정이 눈앞에서 자라나는 모습을 지켜보라. 아들을 다정하게 대하라. 확실히 효과가 있다.


## 아들이 마음을 열 때 꼭 비밀을 지키라

아들의 사적이고 민감한 이야기를 다른 가족과 공유하는가? 그래서 아들이 수치심을 느끼는가? 아들의 문제를 도와줄 권리나 책임이 없는 제3자에게 아들의 이야기를 하지 말아야 한다. 당신의 만족을 위해 아들이 모멸감을 느낄 이야기를 다른 사람에게 공개해도 되겠는가? 말하기 전에 아들의 허락을 받는가?

만일 그렇게 할 경우 아들은 자신이 존경받지 못하고 있음을 뼈저리게 느낄 것이다. 상황에 어떻게 대처해야 하는지 지인에게 도움을 얻으려고 하는 엄마의 마음은 잘 모른다. 그러니 그러한 대화를 우연히 엿듣기라도 하면, 엄마가 자기 몰래 뒷이야기를 한다고 생각한다.

어떤 변명도 아들이 느끼는 굴욕감을 막을 수 없다. 다른 여성과 아들 이야기를 나눈 것을 엄마의 사랑으로 정당화할 수는 없다. 이러한 행동은 엄마와 아들의 신뢰 관계를 약화시킨다.

아들은 엄마가 다른 사람 앞에서 자신을 험담할 때 맥이 빠진다. 어떤 유치원 교사는 이렇게 말했다. "엄마들 앞에서 원아를 칭찬할 때면 마음이 조마조마해져요. 어떤 엄마는 이렇게 반응하거든요. '네? 농담이시죠! 얘는 집에서는 절대 그렇지 않거든요.' 그 말을 들은 아이 기분이 어떨지 저는 짐작만 하죠."

## 사과할 때 눈을 피하는 이유

우두머리 수컷 늑대가 다른 우두머리 늑대의 영역을 지날 때 아주 인상 깊은 장면을 볼 수 있다. 떠돌이 늑대는 그 지역 늑대를 만나면 몸을 낮춘다. 눈길을 다른 곳으로 돌리고 몸을 낮춰서 존중과 경의를 표하는 것이다. 이따금 눈이 마주치기도 하지만 단 몇 초에 지나지 않는다. 메시지는 분명하다. "나는 이 길을 지날 뿐 싸움은 원하지 않는다. 너를 통제하거나 이 지역을 차지하려는 의도도 없다."

하지만 떠돌이 늑대가 그 지역 우두머리 늑대의 눈을 직시한다면 이런 메시지를 보내는 셈이다. "나는 너를 존중하지 않는다." 이 순간에 적절한 표현이 바로 '맞대결'이다. 떠돌이 늑대는 대결 모드를 보여주는 것이다. 늑대의 이러한 표정과 몸짓은 필시 죽음에 이르는 싸움을 불러온다.

뜻하지 않게 다른 여자아이를 밀어 넘어뜨린 여섯 살짜리 남자아이가 있다. 어른들은 이렇게 말한다. "친구에게 가서 사과해. 친구의 얼굴을 보면서 용서해달라고 말하렴. 얼굴 똑바로 보고!" 여성은 무조건 얼굴을 마주 보아야 하고, 사과할 땐 상대방의 눈을 똑바로 바라보아야 한다. 그러나 남자아이는 본능을 따라 행동하도록 내버려두면, 우선은 여자아이의 주변을 맴돌 것이다. 그러다 점점 다가가 멈춰 서서 눈을 내리깔고 조용히 이렇게 말할 것이다. "미안해."

남자아이는 상대방을 힐끔 한 번 쳐다볼 뿐 눈도 마주치지 않는다. 왜 그럴까? 아이 안에 우두머리 기질이 있기 때문이다. 본능적으로 남자아이는 "나는 너를 존중하거나 존경하지 않는다"는 의미를 전달할 수도 있는 눈 맞춤을 피한다. 싸움의 가능성을 줄이려고 여자아이를 정면으로 응시하지 않음으로써 여자아이가 화를 내지 않도록, 혹은 자신을 화나게 했다고 느끼지 않도록 한다. 마주 보고 얼굴을 붉히는 일을 피하고자 나름대로 명예롭게 행동한 것이다. 하지만 안타깝게도 많은 여성은 이런 행동에 질겁하며 그에게 불친절의 꼬리표를 붙인다. 통상적으로 여성은 다른 사람의 화를 돋울 때 신체적인 공격은 하지 않지만, 남성은 그러하다. 일정한 시점에서 남성은 대화를 중지하고 무력을 사용한다. 그렇게 되기 전에 떠돌이 우두머리 늑대처럼 행동하는 것이다.

언젠가 내 여동생 앤이 학교 교사인 친구 이야기를 편지로 보내왔다. "로렌이 그러는데, 오늘 학교 운동장에서 싸움질을 하던 남자아이들을 중재하면서 서로 사과를 하게 했대. 남자아이들은 고개를 숙인 채 애꿎은 땅만 발로 차댔지만, 자기들이 분명히 '미안해'라고 말했다지 뭐야. 로렌은 자기가 오빠의 강의를 듣지 않았더라면 분명 아이들에게 '자, 이제 서로 얼굴을 마주 보고 미안하다고 말하렴' 하고 말했을 거래. 로렌도 이제는 남자아이들을 어떻게 대할지 아는 거지."

어떤 엄마도 그 부분을 조금씩 이해하기 시작했다. "오늘 무슨 일 때문에 조카가 제 아들에게 사과를 했어요. 눈을 내리깔며 고개를 푹

숙이고 사과를 했죠. 그러자 옆에 있던 올케가 무슨 말을 했을지 짐작되시죠? '애, 사과할 땐 상대방의 눈을 봐야지.' 저는 즉시 올케에게 박사님이 하신 말씀을 들려주었어요. 눈을 마주치는 것은 남자아이들에게 도발을 의미한다고요."

이 경우 조카아이는 도발을 하지 않겠다는 의미보다는 당혹스러워서 그랬을 것이다. 부끄러움과 수치심을 피하고 싶어 눈을 내리깔고 다른 곳을 본 것이다. 퉁명스럽게 보이려고 한 것은 아니다. 여성들은 서로 눈을 마주쳐도 이런 부끄러움이나 수치심을 느끼지 않는다. 일반적으로 말이다. 여성은 본능적으로 관계가 회복될 것을 알고 있다.

엄마는 아들의 위반 행위가 얼마나 심각한지를 잘 가늠해야 한다. 매정하고 명예롭지 않은 행동에 대한 책임이 아들에게 있다면, 당연히 얼굴을 맞대고 사과해야 한다. 심각한 상황에서는 얼굴을 마주 보는 것이 명예로운 행동이다. 하지만 대부분의 갈등은 비교적 심각하지 않으므로 이렇게 말하는 것이 최선이다. "너는 명예로운 남자야. 자, 그러니 사과하렴." 그리고 나서는 아들이 적당하다고 생각하는 대로 하게 두라. 일반적으로 남자아이는 상대방을 힐끗 본 다음 눈을 내리깔고 "미안해"라고 말한다.


## 아들과의 관계에 G-U-I-D-E-S 적용하기

**베풀라: 아들이 우정을 키워가도록 어떤 도움을 줄 수 있는가?**

어린 남자아이: 아들이 친구와 어깨를 나란히 하고 오랜 시간 요새를 쌓는 모습을 당신이 좋아한다는 것을 아들에게 알려주라. 아들에게 어린이용 망원경을 선물해 친구와 함께 요새에서 적을 정찰하는 놀이를 권할 수도 있다.

**큰 남자아이:** 신입생이자 라인맨으로 고등학교 미식축구팀에 들어간 아들을 마음껏 축하해주라. 식구들 앞에서 아들에 대한 존경심을 표현하라. 아들이 팀에 들어갔을 뿐 아니라 다른 선수들과 협력해 상대 쿼터백을 수비하는 훌륭한 선수인 점을 칭찬하라. 아들의 수고를 칭찬하는 의미로 아들이 언젠가 사겠다고 벼르던 새 축구화를 선물하라. 저녁 식사 자리에서 새 신발로 아들의 기를 살려주라.

### 이해하라: 우정을 키워가려는 아들의 분투를 이해하고 있는가?

**어린 남자아이:** 아들이 친구와 어깨를 나란히 하고 노는 것을 좋아하지만, 동시에 수줍음을 탄다는 것을 알았을 때, 당신은 덜 사교적인 아들의 성향을 공감해주는가? 대화를 피하는 아들을 부끄러워하지 않고 하나님이 창조하신 모습 그대로 존중하는가? 아들이 다른 사람과 친해지려고 애쓰다가 상심한 것을 알아챘을 때, 당신은 그래도 괜찮다는 확신을 주는가? 그래야 아들은 자신이 어느 한 방법에 마음 불편해할 경우, 하나님이 다른 방법으로 우정을 쌓게 하신다는 생각을 받아들일 수 있다. 사람들과 친해지기 위해 말을 사용하는 사람이 있는가 하면, 봉사 활동을 하는 사람도 있다.

**큰 남자아이:** 아들이 축구부 내에서 집단 따돌림을 당했을 때, 당신은 아들의 상처와 분노를 이해한다고 진솔하게 말하는가? 참된 우정이 무엇인지 알아가는 아들을 당신이 존경한다는 사실을 드러내는가? 아들은 힘든 시간을 보내며 남자들 사이에서 훌륭한 우정을 만들어가는 요소가 무엇인지 깨닫게 된다.

### 가르치라: 우정을 키워가는 방법을 아들에게 가르칠 수 있는가?

**어린 남자아이:** 아들이 다른 친구를 밀고 때리며 싸울 때 이렇게 물어보라.

"명예로운 남자는 약자를 보호할 때에만 싸운다는 거 아니? 자기 마음대로 하려고 남을 때리고 밀치는 것은 명예로운 남자가 할 일이 아니야. 이기적인 행동이지. 하지만 누가 너를 때리고 괴롭히는 모습을 아빠가 보셨다면 힘으로 그 사람을 막으실 거야."

**큰 남자아이:** 고등학생 아들이 친구 문제로 힘들어한다면, 아들의 우정과 영향력을 향상시킬 방법을 가르치라. 데일 카네기의 인간관계 훈련 코스에는 이런 원리가 있다. "리더가 되라: 사람을 기분 상하게 하거나 화나게 하지 않으면서 변화시키는 방법." 카네기의 책에서 아들이 힘들어하는 문제에 즉시 적용할 내용을 찾아보는 것도 좋다. 아들이 원하는 정보가 있을 때 엄마가 그 내용을 알려주면 금상첨화다. 대학에 다닐 때 대인관계 과목을 수강한 적이 있다. 그 수업으로 나는 인간관계를 맺는 방법이 완전히 달라졌다. 아들은 우정 뒤에 숨겨진 과학을 알지 못할 수 있다. 하지만 일단 이 부분을 배우면 아들에게 전혀 새로운 세상이 열릴 것이다. 내가 그랬듯 말이다.

### 훈육하라: 아들이 지나치게 비우호적이거나 타인과 어울리려 하지 않을 때 아들을 어떻게 훈육할 수 있는가?

**어린 남자아이:** "명예로운 남자는 친구를 욕하지 않는단다. 친구가 네게 한 행동도 존경스럽지 못했어. 자신이 대접받고 싶은 대로 다른 사람을 대해야 해. 친구에게 전화해서 사과하렴."

**큰 남자아이:** "엄마는 너의 독립심을 존중해. 이제 독립할 때도 됐지. 하지만 넌 여전히 엄마 아빠 집에서 살고, 이 집에는 찾아오는 손님들이 있어. 조금 전 거실에 손님이 있는데 네가 모른 척하고 나가버린 것은 예의와는 거리가 먼 행동이었어. 얼른 다시 와서 인사하렴. 네가 다른 사람에게 받고 싶은 존경을 엄마 아빠의 손님들에게도 보여주기 바란다."

**격려하라: 아들이 계속 우정을 키워나가도록 아들을 어떻게 격려할 수 있는가?**

**어린 남자아이:** 3년 동안 아들과 함께 놀았던 이웃의 친한 친구가 이사를 갔다. 아들이 우울해하자 엄마는 이렇게 말한다.

> 너희 둘이 너무 좋은 친구였기 때문에 슬픔도 큰 거란다. 친구를 소중히 여기지 않았다면 이렇게 슬프지도 않았을 거야. 너는 친구를 정말로 귀하게 여기는 명예로운 남자구나.

**큰 남자아이:** 2학년이 되어 농구부에 새로 들어간 아들은 선배들과 어울려 다녔다. 선배들은 아들을 잘 챙겨주며 여러 대외 활동에 끼워주었다. 그런데 졸업이 다가오면서 선배들이 떠난다는 사실에 아들이 힘들어한다. "앞으로 난 어떡하지?" 이럴 때 엄마인 당신은 다음과 같이 말해줄 수 있다.

> 네게는 중요한 기회야. 선배들이 네게 관심을 쏟고 친절하게 대했던 것처럼 너도 후배들에게 좋은 친구가 되면 좋겠다. 명예로운 남자는 또 다른 명예로운 남자를 닮는 법이지.

**간구하라: 아들이 우정을 키워갈 수 있도록 기도하고 있는가?**

**어린 남자아이:** 친구를 사귀는 문제를 놓고 함께 기도하자고 아들에게 제안하라. 아들은 이렇게 말할지도 모른다. "하나님은 제 기도는 안 들어주세요." 당신은 이런 말로 아들을 격려할 수 있다.

> 엄마는 너를 믿어. 네가 좋은 친구가 되는 법을 안다고 확신해. 하나님도 그 사실을 아실 거야. 그러니 앞으로 어떻게 될지 지켜보자. 기도해도 소

용없다고 생각하니? 세상에서 가장 지혜로운 위인들도 중요한 일을 앞두고 기도했단다. 솔로몬과 다윗 왕, 사도 바울… 예수님도 기도하셨어. 그러니 이 일을 기도로 맡겨보자.

**큰 남자아이:** 당신이 아들의 친구들을 위해 기도하고 있음을 아들에게 알려주고, 아들 친구들에게 감사하는 내용을 적어보라.

너희는 의리가 있어 서로를 지켜주는구나. 친구가 큰일을 당했을 때 서로 위로해주고, 친구를 따돌리는 다른 친구를 보면 참지 않고 말이야. 축구부와 농구부에서 후배들에게 좋은 영향을 주고 있어. 너희는 명예로운 남자의 길을 가고 있어.

## 아들은 다른 방식으로 관계를 맺는다

한 엄마가 내게 말했다.

아들들이 어렸을 때 이런 사실을 알았다면 얼마나 좋았을까요. 저는 우리 아이들이 외계인인 줄 알았어요! 특히 생각나는 일이 하나 있어요. 큰아들 로버트가 한 친구에 관한 이야기를 자주 하더라고요. … 그 친구와 로버트는 여러 수업을 함께 들었기 때문에 무척 가까웠죠. 저는 엄마라면 흔히 하는 질문을 했어요. 브루스는 성이 뭐니? 몰라요. 그 아이는 형제나 자매가 있니? 몰라요. 그 아이는 어디 사니? 몰라요. 엄마, 무슨 취재라도 하세요? '자기 친구 성도 모를 만큼 무심한 녀석이 여기 있구나!' 하는 생각이 들었죠. 아들에게 뭔가 중요한 것이 빠져 있다고 생각했어요.

이 엄마는 아들이 무심하다고 생각했다. 하지만 잠깐만! 남자아이는 다른 방식으로 관계를 맺는다. 이 엄마의 아들이 무심하다는 뜻이 아니다. 엄마가 중요하게 여기는 정보를 모른다고 해서 아들 머리 어딘가에 나사가 풀렸다고 볼 수 있을까? 남자아이는 여자아이와 다르지만, 그렇다고 관계의 질이 얄팍하지는 않다.

남자는 나이를 먹어도 비슷하게 행동한다. 어떤 아내가 남편에게 아들과 함께한 시간이 어땠느냐고 묻는다. 남편은 좋았다고 대답한다. 아내가 묻는다. "무슨 이야기를 했어요?" 남편이 대답한다. "별 얘기 안 했어." 남편의 말은 "당신에겐 중요하지 않은 내용"이란 뜻이다. 남편은 밖에서 나가서 업무 이야기와 정치 문제 등에 대해 이야기하고 다닌다. 그런데 집에 돌아와 아내에게 이런 이야기를 한다는 것은, 이미 끝난 이야기를 되풀이한다는 뜻이다. 남자는 한 말을 반복하는 것을 피곤해한다. 여자는 같은 이야기를 반복하며 힘을 얻는 경우가 많지만 남자는 경우가 다르다.

남자아이의 경우, 자신에게 의미 있는 것을 통해 친구와 우정을 쌓아가지만, 그 우정은 친구의 집안 사정을 중심으로 돌아가지는 않는다. 언젠가 때가 되면 그런 일들도 알게 되겠지만 당장은 아니다. 그럼에도 엄마는 아들이 다른 사람과 관계를 맺는 데 문제가 있는 것은 아닌지 고심한다. 한 엄마는 이렇게 말했다.

열네 살 먹은 아들이 친구 피터에게 전화를 걸었어요. 두 녀석은 용건만 딱 이야기하고 30초 만에 전화를 끊더군요. "두 시에 데리러 갈게. 이거 같이 하자. 준비해." 뚝. 여자들은 절대 그렇게 못하죠. 제가 아들에게 이런 말을 하니 아들이 그러더군요. "그럼 제가 무슨 말을 하길 바라세요?" 아들은 피터에게 다시 전화를 거는 척하며 장난스럽게 말했어요. "아,

피터… 잘 지내지? 영화 보러 갈래? 어떤 영화가 좋을까? 네 생각은 어때?" 저는 배꼽을 잡고 웃었답니다. 하지만 남자는 자기가 지나치게 무심해서 여자에게 엉뚱한 메시지를 전달한다는 사실을 모를 때도 있어요. … 단도직입적으로 용건만 말하다보니 무미건조하고 냉정하게 들리는 것 같아요.

그렇다. 어떤 면에서는 이 엄마의 말이 옳다. 대인관계는 중요하다. 하지만 이 경우에 엄마는 자신이 친구와 대화하듯 아들이 동성 친구와 이야기하길 바랐던 걸까? 남자가 대화하는 주요 목적은 정보 교환에 있다. 정보를 주고받았으면 볼일은 다 본 것이다. 의사소통은 기능적인 것이지 반드시 관계를 뜻하지는 않는다.

반면에 여자가 다른 사람의 안부를 묻는 것은 양육 본능에 기인한다. 엄마가 아들을 위해 그렇게 하기에 아들도 엄마를 위해 그렇게 해야 한다고 생각한다. "망치 가진 사람 눈에는 못밖에 보이지 않는다"는 속담이 있다. 엄마의 인생관에서 보면, 전화 통화가 30초 만에 끝나는 것은 비정상이다. 아들이 어른과의 통화를 그렇게 끊었다면 짚고 넘어갈 부분이 있지만, 친구와 그랬다면 내버려두라. 남자들이 잘못된 것이 아니다. 그저 다를 뿐이다.

# 10

## 성욕
### 성적 관심을 표현하는 아들을 이해하는 엄마

남자아이는 본디 성적 주제에 관심이 많다. 하나님은 남자아이 안에 성적인 세계를 이해하고, 결국에는 자기 아내를 '알고자' 하는 호기심을 심어주셨다. 마치 "아담이 자기 아내 하와를 알았던" 것처럼 말이다(창 4:1, 흠정역).

그러므로 성을 이해하고 알고자 하는 욕구는 적절한 것이다.

### 하나님이 설계하신 성

하나님은 결혼 생활을 위해 적절한 수준에서 성적 흥미를 갖도록 인간을 설계하셨다. 그 안에 즐거움이 있으며 거기서 생식이 발생한다. 예를 들면, 놀랍게도 하나님은 남편에게 이렇게 명령하신다. "언제나 그 가슴에 파묻혀 늘 그의 사랑으로 만족하여라"(잠 5:19, 공동번역). 아내는 남편이 시각 지향적임을 익히 알고 있다.

창세전 하나님은 그분의 거룩하심과 지혜로 청사진을 만드셨다.

솔로몬은 아가서에서 사랑하는 여성의 신체적 특징에 이끌리는 모습을 묘사했다(7:1~9). "귀한 자의 딸아, 신을 신은 네 발이 어찌 그리 아름다운가! 네 넓적다리는 둥글어서 숙련공의 손이 만든 구슬 꿰미 같구나. … 두 유방은 암사슴의 쌍태 새끼 같고"(7:1, 3). 솔로몬은 솔직한 감정을 전달한다. "사랑아, 네가 어찌 그리 아름다운지, 어찌 그리 화창한지 즐겁게 하는구나!"(7:6) 이에 화답하여 솔로몬의 사랑은 이렇게 말한다. "나는 내 사랑하는 자에게 속하였도다. 그가 나를 사모하는구나"(7:10). 모든 아내는 남편이 자신을, 자신의 몸과 영혼과 마음을 사모하길 바란다.

〈사랑과 존경〉 세미나에서 나는 남편이 양치질을 하는데 아내가 샤워를 마치고 나오는 장면을 예로 든다. 남편은 아내를 보고 자연스레 잠언 5장 19절을 인용한다. "언제나 그 가슴에 파묻혀 늘 그의 사랑으로 만족하여라." 이런 식으로 말씀을 외우면 성경 전체 암송도 문제없겠다고 아내에게 말한다.

다음날 욕실에서 남편이 샤워를 마치고 나올 때 우리는 다른 장면을 목격한다. 아내는 밖으로 나오려는 남편에게 큰 소리로 말한다. "다시 들어가요! 이렇게 난장판을 만들면 어떡해요. 바닥에 온통 물을 흘리고 있잖아요. 바닥에 수건 깔고 몸에도 두르고요. 내가 진짜 못살아!"

청중은 숨넘어갈 듯 웃는다. 남녀의 이런 차이를 모두가 잘 안다.

여자가 남자의 몸에 관심이 없다는 뜻이 아니다. 아내도 남편의 몸을 즐거워한다. 또한 남성이 오로지 여성의 몸에만 관심을 둔다는 뜻도 아니다. 남성도 여성의 외모를 떠나서 그 마음과 정신을 사랑한다. 94세 아내를 아끼고 사랑하는 97세 남편처럼 이런 사실은 노년기 부부에게서 분명히 볼 수 있다.

여성이 남성의 몸에 끌리는 것보다 그 반대의 경우가 많다는 것을 남성도 알고 있다. 많은 아내가 남편이 다른 여자를 바라보는 시선에 대해 언급한다. 하지만 아내가 다른 남자를 음란한 시선으로 본다고 불평하는 남편은 찾아보기 힘들다. 바닷가에 갔을 때 남편은 자신이 시선 처리를 잘해야 한다는 것과 비키니 입은 여성을 바라보지 않길 아내가 바란다는 것을 잘 알고 있다.

지난 수십 년에 걸쳐 일부 여성의 시각 지향성이 높아졌는데, 이는 일부 여성에게 문제가 될 수 있다(겔 23:14~16). 그러나 노출이 심한 남성이 바닷가를 산책할 때 아내가 보이는 반응은, 노출이 심한 여성이 비키니를 입고 산책할 때 남편이 보이는 반응과는 사뭇 다르다.


## 부적절한 성적 관심

아들의 성욕에는 적절한 면도 있고, 부적절한 면도 있다. 성경에 따르면, 남자의 부적절한 성적 관심은 음욕과 음행, 간음으로 이어질 수 있다.

예수님은 음욕에 대해 이렇게 말씀하셨다. "나는 너희에게 이르노니 음욕을 품고 여자를 보는 자마다 마음에 이미 간음하였느니라"(마 5:28). 예수님은 음욕의 실체를 인정하실 뿐만 아니라 남자에게 시각 지향성이 있음을 가르치신다. 남자는 "여성을 [음욕을 품고] 본다." 예수님은 곁눈질이 남자를 음욕으로 이끌 수 있음을 아셨다. 보이는 것이 남자에게 성적인 영향을 미칠 수 있다.

하나님이 남자아이를 시각 지향적으로 설계하셨기에 성경도 남성에게 눈을 조심하라고 말한다. 예를 들면, 욥은 "내가 내 눈과 약속하였나니 어찌 처녀에게 주목하랴"(욥 31:1)라고 말했다. 《메시지》 성경은 잠언 6장 25절을 이렇게 표현한다. "그런 여자의 아름다움을 탐내지 말고 욕정 어린 눈길에 홀리지 마라."

음행이란 혼전 성관계를 말한다. 간음도 여기에 포함될 수 있지만, 예수님은 마음에서 간음과 음행이 나온다고 하신다(마 15:19, 막 7:21). 바울도 간음과 음행을 구분했다(고전 6:9). 히브리서 저자는 이런 차이점을 강조해 이렇게 썼다. "모든 사람은 결혼을 귀히 여기고 침소를 더럽히지 않게 하라. 음행하는 자들과 간음하는 자들을 하나님이 심판하시리라"(히 13:4). 결혼하지 않은 두 사람의 성관계는 결혼을 존중하지 않는 행위다. 연구를 통해 혼전 성관계의 폐해는 상당수 드러났으며, 이런 '하룻밤 잠자리' 시대를 사는 우리 자녀들은 큰 압박에 직면하고 있다.[1]

간음이란 결혼한 사람이 배우자가 아닌 다른 사람과 성관계를 맺는 것을 말한다. 사무엘하 11장 2절에 나온 유부남 다윗 왕의 이야기를 읽는다. "왕궁 옥상에서 거닐다가 그곳에서 보니 한 여인이 목욕을 하는데 심히 아름다워 보이는지라." 유명한 이야기다. 다윗 왕이 우리아의 아내 밧세바의 몸을 보았을 때, 그 안에서 불꽃같은 화학 반응이 일어난다. 욕정이다. 다윗 왕은 여인이 누구인지 처음에는 몰랐다. 하지만 벌거벗은 밧세바의 몸을 보면서 음란한 욕망에 사로잡혔고, 밧세바를 불러 간음을 저지른다. 야고보서 1장 14절은 "각 사람이 시험을 받는 것은 자기 욕심에 끌려 미혹됨이니"라고 말한다.


## 엄마의 두려움과 분노

경건한 엄마라면 누구라도 아들이 욕정과 성적인 죄에 빠질까 봐 두려워한다. 어떤 엄마는 걱정스러운 마음에서 아들을 도우려고 이번 장을 가장 먼저 펼치기도 한다. 걱정에 휩싸여 지금 당장 어떤 조치가 필요한지 알고 싶어 한다. 이런 엄마들에게 박수를 보낸다.

또 다른 엄마는 이런 주제가 너무나 버거워서 자기 아들은 다르다고, 그래서 이런 욕정과는 아무 관계가 없다고 믿고 싶어 한다. 이런 엄마는 짐짓 다른 일에 신경 쓰면서 사실을 덮어버린다. 모르는 것이 속 편하기 때문이다. 그런 식으로 아들이 결혼하기 전까지는 성에 아무 관심이 없다고 믿으며, 은연중에 아들을 거세한 남자로 생각한다.

가정심리학자 줄리 슬래터리는 이렇게 말한다. "여성의 관점에서 남성의 성욕은 대개 추잡한 욕망처럼 보이며, 가장 나쁜 남성성 곧 사랑 없는 열정, 자제력 잃은 욕구, 세심함이 빠진 관능을 대표하는 듯 보인다."[2]

남자아이가 여성의 신체 부위를 보며 음란한 상상을 하는 문제로 고민한다는 것을 어떤 엄마들은 믿기 어려워한다. 이런 엄마들은 남자아이가 여성의 모습을 바라보는 일에 적극적이어선 안 된다고 주장한다. 그들이 보기에 신체 부위에 대한 지나친 관심은 변태에 가깝다. 여성의 곡선미와 실수로 풀린 블라우스 단추, 짧은 반바지가 남자에게 성적으로 얼마나 자극이 되는지 엄마들은 모른다.

일부 여성도 성적 매력을 추구하지만 성관계를 위한 것은 아니다. 남성을 성적으로 자극할 목적으로 그렇게 하지 않는다는 뜻이다. 욕정 가득한 반응은 뒤틀린 남성들의 마음에서 기인한다. 대다수 젊은 여성은 이런 식으로 성적 자극을 받는 남성을 건강하지 못하다고 생각한다. 이들은 남성의 시선이 여성의 시선과 같아야 한다고 주장한다. 여성은 옷을 벗기려는 목적없이 남성을 바라본다. 또한 이들은 남성이 이미지에 자극받는 것을 이해하지 못하며, 그보다는 관계와 사랑을 꿈꾼다.

일부 여성에게 이런 시각을 심어주는 원인은 바로 두려움과 분노에 있다. 이런 이유에서 나는 당신이 잠시 기도하는 가운데 이 주제를 하나님의 손에 맡기길 바란다. 지금 이 순간, 두려워하고 분노하는 당신의 마음을 인도하고 지켜달라고 하나님께 구하라.

하나님이 성을 설계하셨다는 사실을 기억하라. 하나님은 태초에 설계하신 청사진을 따라 일하신다. 당신이 아들의 성적 순결을 갈망하는 만큼, 나는 당신이 경건하고 지혜로운 여성으로서 이 문제에 접근하길 권한다. 아들은 엄마가 알지 못하는 어려움을 겪고 있기 때문에 엄마의 두려움과 분노는 아들에게 도움이 되지 않는다.

이 주제를 다루는 일에는 남편의 역할도 중요하다. 남편이 선뜻 받아들인다면 이 문제에 대해 이야기를 나누어보길 권한다. 아들의 성 문제를 다루려는 당신을 돕거나, 이 주제와 관련해 적극 나서달라고 남편에게 정중히 요청하라. 남편이 난감해하더라도 당신에게는 C-H-A-I-R-S가 있으므로 여전히 이번 장에서 적용해볼 것이다. 몇 가지 이유로 두려움과 분노가 느껴지더라도 그런 감정은 잠시 한쪽으로 미루어두고, 다음 통찰로 아들에게 자신 있게, 실제적으로 도움을 주라.


## 아들에게 닥친 어려움

당신은 아들이 원하지 않았지만 아들 앞에 놓인 세 가지 어려움을 이해해야 한다. 첫째는 아들의 중격측좌핵(nucleus accumbens)이고, 둘째는 아들이 받는 유혹이며, 셋째는 하나님에 대한 신뢰와 복종이다.

### 1. 아들은 중격측좌핵 때문에 어려움을 겪는다

뇌 구조에서 중격측좌핵은 남성이 여성의 몸을 보았을 때 생물학적으로 불수의(不隨意, 의지와 관계없이 자율적으로 움직이는) 반응을 일으키는 뇌의 한 영역으로 여겨진다.

아들이 여성의 몸을 보면 그에 대한 반응으로 뇌에서 어떤 일이 벌어진다. 연구에 의하면, 중격측좌핵은 남성이 매력적인 여성에게 반응을 보이도록 촉발한다. 첫 만남에서 남성의 마음을 끄는 것은 여성의 인격이 아니라 남성의 눈에 비친 여성의 모습이다. 심지어 남성은 그 여성을 모를 수도 있다. 추측하건대, 다윗 왕은 밧세바와 이전에 아무런 관계가 없었을 것이다. 그저 멀리서 밧세바를 보았을 뿐이다. 그것만으로도 다윗의 중격측좌핵은 활성화되기에 충분했다.

모든 사건은 눈에서 시작된다. 그래서 욥기는 "그가 나의 온전함을 아시기를 바라노라. 만일…내 마음이 내 눈을 따랐거나 … 만일 내 마음이 여인에게 유혹되어"(욥 31:6-7, 9)라고 말한다. 다시 말하면, 욥은 눈과 마음이 연결되어 있음을 알았는데 이는 남성이 부적절하게 여성을 바라볼 수 있다는 의미다. 남성은 보는 것에서 유혹을 받아 욕정에 불이 붙는다. 솔로몬은 "마음에 원하는 길들과 네 눈이 보는 대로 행하[는]"(전 11:9) 젊은 남성은 형통하지 않을 것이라고 썼다. 솔로몬은 눈이 보는 것을 따르지 말라고 권면하는데, 이 말씀은 눈의 욕망을 따라 살면 만년에 비참한 결과를 맞이하게 된다는 내용으로 이어진다. 눈으로 보는 것을 통해 어려움이 시작되며, 오랜 세월에 걸친 상습적인 눈길은 슬픈 결말로 이어진다.

첫 눈길은 음탕하지 않다. 이는 엄마가 알아야 할 가장 중요한 사실이다. 아름다운 여성이 눈에 들어오자마자 남자아이에게는 생물학적 불수의 반응이 일어난다. 영화 〈캐치 미 이프 유 캔〉을 보면 경찰이 자신을 찾고 있음을 알게 된 주인공이 공항을 통과하는 장면이 나온다. 주인공은 아름다운 여성 승무원 대여섯 명에 둘러싸여 공항 터미

널을 지나간다. 남성 경찰들은 지나가는 여성들을 쳐다보느라 주인공을 보지 못했다. 다른 일은 다 잊어버릴 정도로 자신이 바라보는 데 집중한 것이다.

여성의 모습을 바라보는 것은 길모퉁이를 돌아 저 멀리에 있는 눈 덮인 산을 바라보는 것에 비유할 수 있다. 그 앞에 푸른빛으로 반짝이는 호수와, 주변을 둘러싼 초록빛 언덕은 모두 한낮의 햇빛 아래 선명하게 드러난다. 영혼으로 밀려드는 갑작스럽고 기가 막힌 아름다움에 숨이 막힐 정도다. 어떤 장소에 매력적인 여성이 갑작스레 등장했을 때, 그곳에 있던 남성들의 눈을 주시해보라. 모두의 시선이 그 여성에게 쏠린다. 중격측좌핵이 작동하기 시작한다. 어떤 남성은 친구에게 이렇게 속삭일지도 모른다. "저 여자… 끝내주네."

자기 능력으로 충분히 넘어갈 정도의 선은 있다. 하지만 어떤 남성은 일단 상황을 인지하면 10초간 다시 쳐다보다가 음흉한 미소를 짓는다. 호색적인 추파를 던지며 선을 넘기 시작한다. 여기에 어울리는 옛 속담이 있다. "새가 머리 위에 앉는 것을 막을 수는 없지만, 둥지를 트는 것은 막을 수 있다." 성적 호기심을 가지고 바라보는 것은 자기 선택이다. 그 사람이 자기 의지를 따라 의식적으로 마음속에서 여성의 옷을 벗기고 성적 경험을 상상한다면 욕정이 시작된 것이다.

남녀 모두 중격측좌핵과 관련된 자기만의 싸움이 있다. 가령 미혼 여성이 귀여운 아기를 보고 나서 3분 후에 행복한 기혼녀인 아기 엄마를 질투하는 것은 어떠한가? 아직 미혼이라는 자기 냉소와 함께 얼마 전에 헤어진 남자친구에게 또다시 분노를 느낀다. 아기를 갖게 해달라는 기도를 들어주시지 않는다는 이유로 하나님은 자기편이 아니라고 주장하기도 한다. 귀여운 아기를 처음 본 순간 이 여성은 중격측좌핵이 활성화되었고, 바로 다음 단계인 질투, 씁쓸함, 냉소라는 죄로 넘어간 것이다. 많은 여성에게 이것은 사소한 투쟁이 아니다.

쳐다본다고 해서 다 욕정은 아니다. 모든 욕정이 바라보거나 상상하는데서 시작된다는 점을 지적할 뿐이다. 많은 사례에서 남성은 어떤 모습을 바라보거나 상상한 것을 곧바로 멈추지는 못하지만, 두 번째, 세 번째, 네 번째 단계에서는 멈출 수 있다. 남성이 아름다운 저녁노을을(혹은 여성이 사랑스러운 아기를) 그냥 지나칠 수 없는 것처럼 처음의 이끌림을 거부할 수는 없지만, 이후로 계속 여성의 몸에 이끌려 흥분하는 것을 그만둘 수는 있다. 여성의 모습은 분명 남성의 상상력에 영향을 주지만, 불수의 반응으로 나왔던 행동은 시간이 얼마간 지나면 통제가 가능하다. 그는 무기력하게 끌려가기만 하는 존재가 아니다. 그에게는 힘이 있다.

션티 펠드한은 《남성의 시선으로》(*Through a Man's Eyes*)에서 엄마와 의상실에 간 세 살짜리 남자아이 이야기를 썼다. 엄마는 이런저런 옷감을 살펴보는 동안 아들이 동화책을 읽고 있을 것이라고 생각했다. 하지만 아이는 동화책 대신에 속옷 입은 여성들이 나오는 잡지를 훑어보고 있었다. 그러면서 가게 반대편에 있는 엄마에게 소리를 질렀다. "엄마! 여기 나온 누나들을 볼 때마다 고추가 서요."[3]

이런 사건은 확실히 당혹스럽다. 아무도 남자아이의 순수함이 빨리 사라지는 것을 원하지 않는다. 하지만 이 세 살짜리는 성을 전혀 알지 못했다. 다만 우리가 보는 것은, 자신의 생물학적 불수의 반응에 대해 남자아이가 보여준 투명함과 순수함이다(그렇다. 이런 반응 자체가 순수하다는 증거). 이것은 욕정이 아니라 여성의 몸에 대한 생물학적 반응일 뿐이다.

다행스럽게도, 좀 더 큰 남자아이는 이런 말을 잘 알아들으며 관련된 뇌 부위에 관해 더 공부할 수도 있다. 아이의 성적 관심을 알아챘을 때 우리는 아이가 이해하는 수준에서 정보를 전해줄 수 있다. 침착하고 차분하게 소통한다면 아이는 자신을 이해할 수 있다. 아이는 모든 남성이 여성의 몸을 처음 볼 때 생물학적으로 이러한 불수의 반응을 보인다는 것을 배운다. 그러한 성적 관심은 자기 혼자만 갖는 게 아니며, 하나님이 자신을 그렇게 만드셨음을 이해한다. 하나님은 남자아이로 하여금 여성의 모습을 즐거워하도록 만드셨다. 아이는 또한 명예로운 남자로서 처음에는 여성을 바라보았더라도 곧 시선을 돌림으로 여성을 존중하는 훈련을 받을 수 있다.

이제 아빠가 동맹군으로 나설 때가 되었다. 부부가 함께 아들을 도우라. 하지만 이 일을 남편을 훈련하는 기회로 삼지 않도록 조심하라. "당신도 이렇게 느끼는 거예요? 당신도 속으로 여자들 옷을 벗기고 그래요?" 하며 남편을 추궁한다면, 강력한 동맹군은 입을 다물고 말 것이다. 지금은 부부 관계에 문제가 없음을 확인할 때가 아니다. 오히려 당신이 남편과 아들을 위해 존재함을 확인해주어야 한다. 잠언 12장 4절은 이렇게 말한다. "어진 여인은 그 지아비의 면류관이나 욕을 끼치는 여인은 그 지아비의 뼈가 썩음 같게 하느니라." 하나님은 아들을 도울 수 있도록 당신에게 남편을 주셨다. 최선을 생각하라. 남편과 아들 모두를 부끄럽게 한다면 당신은 아무것도 이룰 수 없다.

## 2. 아들은 유혹을 받는다

시각 지향적 남편은 결혼 관계 밖에서는 절대로 성적 유혹을 느끼면 안 되는가? 쉽지 않은 질문이다. 유혹 자체는 죄가 아니다. 예수님도 유혹을 당하셨다. "예수께서 성령에게 이끌리어 마귀에게 시험을 받으러 광야로 가사"(마 4:1). 하지만 예수님은 유혹에 굴복하지 않으셨다. 유혹당하는 것과 유혹에 굴복하는 것과는 다르다. 예수님처럼 남편도 유혹에 빠질 수 있지만, 그것이 죄를 지었다는 의미는 아니다. 유혹에 굴복할 때 죄를 짓는 것이다.

유혹은 각자가 유혹에 빠질 만한 영역에서 생겨난다. 돌로 떡을 만들라는 유혹에 넘어갈 사람은 없다. 이것이 예수님께 시험이 되었던 것은 그분에게 그렇게 할 만한 능력이 있었기 때문이다. 예수님은 금식으로 굶주려 있었기에 그런 유혹을 받으셨다. 돌로 떡을 만들 수 없는 우리에게 이것은 절대 유혹이 되지 않는다. 이와 유사하게 많은 여성은 남성의 몸을 보며 유혹을 받지 않는다. 그러니 아내가 남편에게 여성의 몸을 보고 유혹에 빠져서는 안 된다고 말하기가 얼마나 쉽겠는가. 자기가 유혹에 빠지지 않으니 남편도 그래서는 안 된다는 논리다.

그러나 하나님은 여성과는 다르게 남성이 아름다운 여성의 몸에 매력을 느끼고 흥분하도록 설계하셨다. 성경은 기혼자들에게 말한다. "서로 분방하지 말라. … 너희가 절제 못함으로 말미암아 사탄이 너희를 시험하지 못하게 하려 함이라"(고전 7:5). 유혹 자체는 문제가 아니다. 자제력이 없어서 유혹에 굴복하는 것이 문제다. 그런 이유로 우리는 무엇이 우리를 유혹하며, 유혹이 되지 않는지를 알아야 한다. 나는 피아노를 못 치기 때문에 피아노를 잘 치는 사람을 봐도 질투를 느끼지 않는다. 그러나 누군가가 결혼 세미나를 진행하고 매주 만 명이 거기에 참석한다면 질투의 유혹을 느낄 것이다. 왜 그럴까? 나도 결혼 세미나를 진행하기 때문이다.

심지어 포르노 업계도 남녀의 차이를 알고 있다. 포르노물 제작자들은 C-H-A-I-R-S를 직감적으로 아는 것 같다. 엄마는 아들을 향한 포르노의 유혹을 대수롭지 않게 생각할지도 모른다. 그러나 유혹하는 여성의 포즈는 당신의 소중한 아들에게 크고도 분명한 메시지를 전한다.

**C**: 성적으로 나를 정복해주세요!

**H**: 성적으로 나를 지배해주세요!

**A**: 당신에게 성적으로 복종하고 싶어요!

**I**: 나의 성욕을 해결해주세요!

**R**: 아무 말도 하지 말고 나랑 같이 섹스해요!

**S**: 성적으로 당신을 만족시켜줄게요!


여성들에게 이런 말은 역겹게 들리겠지만, 사탄은 육감적인 여성을 사용해 이런 메시지를 전달한다. 아들의 연약한 육체는 중격측좌핵이 즉각 활성화되는 방향으로 반응한다. 모든 남자아이는 어른 남성처럼 느끼고 싶어 하는데, 포르노는 남자가 되는 것은 바로 이런 느낌이라고 속인다.

아들은 적군의 피해자라는 사실을 항상 기억해야 한다. 사탄은 유혹한다(살전 3:5). 쾌락을 즐기는 세상이 유혹한다(요일 2:16). 그리고 아들에게 내재한 쾌락적이고 타락한 본성이 아들을 성욕의 세계로 끌고 들어가려 한다. 야고보서 1장 14절은 이렇게 말한다. "오직 각 사람이 시험을 받는 것은 자기 욕심에 끌려 미혹됨이니."

포르노 업계는 남자아이들의 취약함을 이용해 이익을 챙긴다. 그들이 이러한 영상들을 가지고 아들의 뒤를 쫓을 때, 아들은 여자아이는 잘 모르는 싸움을 하며 그 유혹을 이겨내야 한다. 여자아이들에게는 다른 전쟁이 있다. 세상과 육신과 마귀는 여성의 모습으로 아들을 유혹할 것이고, 아들은 그 유혹에 저항할지, 아니면 그 유혹이 상상 속으로 물밀 듯 밀려와 성욕을 자극하도록 내버려둘지 결정해야 한다.

아들이 완벽하다면 유혹과의 싸움에서 지지 않겠지만, 아들은 그런 준비가 제대로 되어 있지 않다. 부모에게 중요한 것은, 아들이 이러한 유혹의 패턴에 빠지지 않도록 돕는 것이다. 다행히도 하나님이 아들을 도우실 것이다. 아들이 맞닥뜨린 도전은 단순하다. 나는 나를 도우시는 하나님을 신뢰하고, 그분의 인도하심에 순종하는가?

### 3. 아들은 하나님을 신뢰하고 순종함으로써 도전을 받는다

유혹은 길어지면 좋지 않다. 유혹을 얕잡아보는 것은 배고픈 사자를 얕잡아보는 것과 같다. 주님도 사탄이 으르렁대는 사자처럼 집어삼킬 자를 찾는 것을 아신다. 아들은 사자가 나타나면 맞서지 말고 도망쳐야 한다. 성경은 "너는 청년의 정욕을 피하고"(딤후 2:22)라고 말한다.

하나님은 우리를 도와 유혹에서 벗어날 길을 제공하겠다고 약속하신다. 아들은 그 진리를 신뢰하고 순종하는 영적 여정을 시작해야 한다.

이런 우리에게 고린도전서 10장 13절은 큰 위로가 된다. "사람이 감당할 시험 밖에는 너희가 당한 것이 없나니 오직 하나님은 미쁘사 너희가 감당하지 못할 시험 당함을 허락하지 아니하시고 시험당할 즈음에 또한 피할 길을 내서 너희로 능히 감당하게 하시느니라."

히브리서 2장 18절은 또 어떤가. "그가 시험을 받아 고난을 당하셨은즉 시험받는 자들을 능히 도우실 수 있느니라."

사람은 누구나 연약함과 취약함이 있다. 우리는 특정한 유혹을 제압할 만큼 강하지 않다. 우리는 도망갈 구멍이 필요하다. 배고픈 사자에게서 달아나야 한다. 모든 남자아이는 하나님이 주시는 비상 탈출구로 달려나가야 한다.

그러기가 늘 쉬운 것은 아니다. 요셉은 자신을 성적 대상으로 여기는 보디발의 아내로부터 도망쳐야 했다(창 39:12). 그렇지 않으면 그 유혹은 하나님의 경계를 벗어난 성관계로 이어진다. 보디발의 아내는 자신에게 요셉을 유혹할 힘이 있음을 알았다. 에스겔 16장 36절은 예루

살렘을 매춘부에 빗대어 이렇게 말한다. "네 연인과 음행함으로 네 나체를 드러내고"(현대인의성경). 남성들은 도발적으로 옷을 벗는 여성을 보면 자극을 받는다. 반드시 그렇지는 않다고 주장할 수도 있겠지만, 사실이 그렇다. 모든 여성은 신혼 첫날밤에 하나님이 주신 유혹의 능력을 알게 된다. 누군가는 이런 유혹에서 도망치기로 마음먹는 것이 힘들 수도 있음을 남자아이에게 알려주어야 한다. 친구들이 같이 죄를 범하자고 꼬드길지도 모른다. 그러면 주님은 이렇게 속삭이신다. "싫다고 말하고 그 자리를 떠나렴." 친구들이 이렇게 말할지도 모른다. "넌 이제 친구도 아니야." 치러야 할 대가가 있지만, 그럴 가치가 있는 일이다.

## 엄마는 아들의 성욕에 어떻게 반응해야 하는가?

### 1. 아들을 부끄러워하지 말고 그에게 닥친 어려움에 공감하라

아들의 선의를 신뢰하는 것이 좋다. 예수님이 제자들에게 하셨듯, 아들의 연약한 육체 너머 그 간절한 마음을 살피는 것이 가장 좋은 접근법이다. 아들의 간절한 마음에 공감하는 것을 목표로 한다.

사탄은 아들의 육체를 유혹하려 할 것이다. 그 어려움에 공감한다면 아들이 유혹을 이겨낼 수 있게 자신감을 줄 수 있다. 엄마는 아들을 적이 아니라, 잠시 유혹과 싸우는 사람으로 생각하고 있음을 아들에게 알려주어야 한다.

공감하라는 말이 "남자아이는 원래 그렇지" 하며 인간적인 취약함을 옹호하고 방종할 권리를 허용하는 것처럼 들리는가? 이미 언급했지만, 여성들은 아들이 유혹에 굴복할까 봐 두려워하거나, 그런 구실을 들면서 성적 유혹에 넘어가고 있다며 분노하기도 한다.

예수님도 음행, 간음의 문제를 심각하게 다루신다. 하지만 주님은 우리가 약하다고 해서 냉정하게 무시하지 않고 오히려 동정하신다. 히브리서 4장 15절을 읽어보자. "우리에게 있는 대제사장은 우리의 연약함을 동정하지 못하실 이가 아니요 모든 일에 우리와 똑같이 시험을 받으신 이로되 죄는 없으시니라." 예수님도 유혹을 받으셨기에 아들들이 받는 유혹을 이해하신다. 당신도 예수님처럼 유혹에 굴복하는 아들을 벌주는 대신 공감하는 것으로 시작할 수 있다.

엄마는 이러한 욕구가 하나님이 주신 것이며, 결혼 생활에서 기쁨으로 누려야 한다는 사실을 확인해주어 아들의 어깨에 놓인 무거운 짐을 덜어줄 수 있다. 욕구 자체가 나쁘지는 않지만, 유혹에 굴복하는 것은 죄다. 동시에 모든 엄마는 자기 아들이 예수님이 아니라는 사실을 받아들여야 한다. 아들은 엄마와 마찬가지로 연약한 인간이다.

학교에서 도발적인 옷을 입고 당신 아들에게 추파를 던지는 여자아이가 있다고 해보자. 당신 아들은 이런 모습에 마음을 빼앗기고 싶지 않으며, 그의 눈은 대부분 다른 곳을 향해 있다. 아들이 보아서는 안 될 것을 보았을 때 그의 마음속에서는 전투가 벌어진다. 그런 마당에 부모에게 이런 말을 듣는다면 힘을 내서 싸우기가 어렵다. "이 정도의 일로 유혹을 받는다니 이해가 안 되는구나. 실망이다." 아들에게 그런 식으로 느끼면 안 된다고 잘라 말하는 것은, 딸에게 "널 좋아한다는 그놈의 손길에 놀아나지 마라. 계속 그러면 차이고 말 거야" 하고 말하는 것과 비슷하다.

죄가 되는 행동은 못마땅해 하되 아들의 됨됨이를 못마땅하게 여겨서는 안 된다. 아들이 엄마 혼자만 옳고 자기는 심각하게 잘못됐다고 느낀다면, 당신은 아들의 마음을 잃게 될 것이다.

아내 사라가 대부분의 여성은 남성처럼 성적 유혹으로 힘들어하지 않기 때문에 어떤 여성은 자신을 좀 더 나은 인간으로 느낄 수 있다는 이야기를 들려주었다. 시간이 지나면서 이들은 예수님이 맞서 싸우며 미워하셨던 가장 큰 죄를 짓는다. 바리새인과 같은 독선적이고 종교적이며 분노에 가득 찬 비판 말이다. 예수님도 그들을 납득시키지 못하셨다. "또 자기를 의롭다고 믿고 다른 사람을 멸시하는 자들에게 이 비유로 말씀하시되"(눅 18:9) 당신이 선천적으로 아들보다 우월한 것이 아니다. 종류가 다른 죄를 지을 뿐이다.

## 2. 놀라지 말고 침착하라

엄마가 욕정에 싸인 아들의 행동에 신경질적인 반응을 보이면, 아들은 성에 대한 관심이 정말로 나쁘고 악한 것이라고 생각하게 된다. 성의 좋은 점을 알지 못하고, 따라서 성은 더러운 것이라는 인상을 받는다. 엄마는 냉정하고 침착하게 그 상황에 대처해야 한다. 말은 쉽지만 실제로는 어려운 것이 사실이다.

아들이 사춘기가 가까워지면 컴퓨터로 이상한 사진을 보거나, 친구끼리 휴대폰으로 그런 사진을 주고받는다는 것을 알게 된다. 그럴 때면 다른 엄마처럼 "저런 쓰레기를 보다니 믿을 수가 없구나. 대체 왜 이 모양이니?"라고 악다구니를 하지 않도록 조심해야 한다.

그런 사실을 발견했을 때 품위 있고 침착하게 대응하라. 남자아이에게는 많은 여자아이가 이해하지 못하는 중압감이 있음을 당신도 안다고 알려주라. 엄마는 품위 있는 태도로 이렇게 말해야 한다.

이런 욕구가 있다고 다 나쁜 사람은 아니야. 하나님이 이런 욕구를 창조하셨거든. 하지만 해결책을 생각해볼 필요는 있어. 어떤 행동이 네게 가장 도움이 될까? 넌 어떤 걸 제안하고 싶니?

아들에게 질문을 하고 해결책을 생각해보게 하라. 그것이 아들의 명예를 지키고 주인 의식을 만들어내는 방법이다. 어쩌면 아들이 당신보다 더 보수적인 제안을 할지도 모른다. 이 부분에서 아빠가 큰 역할을 할 수 있으니 남편과 잘 상의하라.

### 3. 의심하지 말고 하나님을 의지하라

하나님이 성이라는 주제와 관련해 우리가 느끼는 모든 감정을 이해하신다는 것에 언제나 감사한다. 아들에게 중격측좌핵이 있다는 현실과 아들의 마음 문을 두드리는 성적이고 사악한 유혹, 그리고 이러한 유혹을 만났을 때 하나님의 약속을 신뢰하지 않고 불순종하는 아들의 선택을 마주할 때면 나도 마음이 아프다. 그래서 이렇게 함께 기도하자고 제안하고 싶다.

예수님은 제자들에게 기도하라고 가르치셨습니다. "우리를 시험에 빠지지 않게 하시고 악에서 구하소서." 저도 주님을 본받아 동일하게 기도하겠습니다.

당신의 초대에 위안을 얻습니다. "수고하고 무거운 짐 진 자들아, 다 내게로 오라. 내가 너희를 쉬게 하리라." 주님, 아들의 성욕 때문에 무거운 짐을 진 채 할 말을 찾느라 지치고 피곤합니다. 이 짐을 가져가시고 새로운 힘을 주십시오. 사랑 가운데 성숙하게 해주십시오. 이 모든 과정에서 예수님을 신뢰하며 소중한 아들을 주님 손에 맡깁니다. 주님이 행하시는 일을 비록 보지 못하더라도 의심하지 않겠습니다. 이제 우리 아들과 예수님의 명예를 지키기 위해 제가 배운 지혜를 근거로 행동할 수 있게 해주십시오.

예수님의 이름으로 기도합니다. 아멘.

완벽한 세상에서 살고 있다면 자녀들의 음탕한 호기심을 다룰 필요가 없었을 것이다. 그러나 우리는 타락한 세상에 살기에 전능하신 하나님이 우리 아들들을 인도하실 수 있도록 자신을 내어드려야 한다.

## 성욕에 G–U–I–D–E–S 적용하기

남자아이는 일찌감치 여자아이 앞에서 어색함을 느끼는데, 이는 또래 여자에게 있는 관계 기술이 없기 때문이다. 남자로서 어떻게 여성과의 관계를 이끌어가야 하는지 G–U–I–D–E–S를 적용해보자. 베드로는 남편들에게 "아내가 여성[이기에] … 이해하고 함께 살아야 합니다"(벧전 3:7, 새번역)라고 가르친다.

**베풀라: 아들이 이성을 알고 이해하도록 어떤 도움을 줄 수 있는가?**

**어린 남자아이:** 성적인 주제를 다루는 책이 점점 많이 출간되고 있다. 아들의 연령과 발달 단계를 고려해 이 주제에 관한 책을 몇 권 구입해 검토하고, 아들에게 이렇게 말해보자.

> 명예로운 남성이 되어가는 것을 보니, 남자와 여자를 만드신 하나님의 뜻을 네가 알게 되었으면 좋겠다. 너도 남녀의 차이를 몇 가지 느꼈을 텐데, 사람을 그렇게 만드신 하나님의 목적을 잘 이해하길 바란다. 예를 들어, 하나님은 굉장히 특별한 목적을 가지고 여자를 창조하셨어. 여성은 사람을 진심으로 보살핀단다.

**큰 남자아이:** 성 문제는 사실 다루기가 어렵다. 하지만 아들을 믿고 아들이 명예로운 남자가 되어가도록 최대한 돕기로 했다면, 아들이 포르노

물의 피해자가 되지 않도록 여러 조치를 취할 수 있음을 아들에게 알려주라. 그런 사진들이 대다수 여성의 느낌을 반영하지 못한다는 점도 알려주라. 여성은 주변 사람들과의 관계에 관심이 더 있다. 실제로 남성은 섹스를 하려고 사랑을 이용하는 반면, 여성은 사랑을 얻으려고 섹스를 이용한다. 사랑은 여성에게 동기를 부여하지만, 불행하게도 이들은 잘못된 길로 빠질 수 있다. 한 여성과 결혼할 만큼 진지하게 준비가 되기 전까진 그 여성에게 진심으로 사랑한다는 말을 해서는 안 된다고 아들에게 가르치라. 명예로운 남자는 "사랑한다"는 표현을 귀하게 여긴다. 명예로운 남자는 자기 잇속을 차릴 목적으로 그 가치를 떨어뜨리지 않는다.

**이해하라: 이성을 알고 이해하려는 아들의 분투를 이해하고 있는가?**

**어린 남자아이:** 아들이 주일학교에서 거칠게 놀다가 여자아이를 울렸다면, 당황하며 그 사실을 부끄럽게 생각할 수도 있다. 그럴 때 아들에게 이렇게 말하라.

> 네가 점점 키가 커지고 힘이 세지는 것을 보니 대견하구나. 하지만 이제 넌 명예로운 남자로서 여자아이와 이런 식으로 씨름해서는 안 된다는 걸 배워야 해. 하나님은 너를 여자아이와 싸우라고 만드신 게 아니라 여자아이를 보호하라고 만드셨어. <u>스스로 보호자라고 생각하렴.</u>

**큰 남자아이:** 아들이 여자아이에게 어색함을 느끼거나 무시를 당했을 때, 당황하는 이유를 이해한다고 말해주는가? 당신이 아들을 존중하고 있음을 알려주는가? 여자아이가 매력적으로 느끼는 성품을 갖춘 최고의 남자가 되고 싶은 아들의 욕구를 존중한다고 말하는가?

**가르치라: 이성을 알고 이해하는 방법을 아들에게 가르칠 수 있는가?**

어린 남자아이: "네가 학교에서 어떤 여자아이의 기분을 상하게 하는 말이나 행동을 했을 때, 명예로운 남자로서 어떻게 행동하면 좋을지 알려줄게. 그 아이의 눈을 바라보고 존중하는 마음으로 이렇게 말하렴. '미안해. 내가 잘못했어. 용서해줄래?' 뭘 그런 걸로 기분 나빠하느냐고 상대방을 탓하지 말고 그냥 그렇게 하렴. 정말 용감한 사람은 그렇게 하는 거야."

큰 남자아이: 여자아이와 말하기가 어렵다고 고백하는 아들에게 이렇게 물어보라.

> 켈리와 셰리를 저녁 식사에 초대하는 게 어때? 둘은 너를 편하게 생각하니까 이런 주제로 이야기 나누는 것을 즐거워할 거야. 여자아이들이 이런저런 이야기를 하는 동안 너는 식사하면서 잘 들어주기만 하면 돼. 그러고 나선 아무것도 묻지 않고 토론을 마치는 거야. 다음 주 화요일에 아이들을 초대할 텐데, 네가 반대한다면 그만둘게. 무척 재미있긴 할 거야.

하나님은 아들에게 성을 가르쳐줄 사람으로 동네 친구가 아니라 부모를 부르셨다. 하나님은 먼저 부모에게 남녀의 근본적인 차이에 관한 하나님의 계시를 이해하게 하신다. 성경에 나오는 많은 말씀을 사용해 부모는 자녀와 다음과 같은 대화를 할 수 있다.

> 하나님은 남자아이와 여자아이를 다르게 만드셨는데, 그 차이는 아주 멋진 목적을 위해서란다. 하나님이 서로 도울 수 있도록 우리를 다르게 설계하셨다는 것을 어떻게 알 수 있을까?
>
> 하나님의 계획은 남자와 여자가 결혼하는 거란다. 예수님처럼 결혼을

안 하는 사람도 있지만, 창세기 2장 18절에서 25절을 보면 남자와 여자 '둘이 한 몸을 이룬다'는 걸 알 수 있어. 이게 무슨 뜻인지 아니? 성관계는 결혼 관계 안에서만 누려야 하는 거야. 하나님은 두 사람이 성의 즐거움을 누리고, 그 결합을 통해 아이를 가질 수 있도록 결혼을 설계하셨단다.

시편 139편 14절에서 우리는 모든 사람이 "심히 기묘하게" 지어진 것을 알 수 있어. 부부가 사랑을 할 때 남자는 정자를 제공하고 여자는 난자를 제공해. 정자가 난자를 뚫고 들어가면 임신이 된단다. 그러면 아기가 자궁 안에서 자라게 돼. 네가 엄마 뱃속에서 그랬던 것처럼 말이야.

또 다른 구절을 보면, 출애굽기 20장 14절은 "간음하지 말라"고 한단다. 그게 무슨 뜻인지 아니? 하나님은 모든 남편과 아내가 결혼 생활을 잘 유지하길 바라서. 성은 남편과 아내 사이에서만 누리는 즐거움이기 때문에 두 사람 모두 다른 사람과 성관계를 가져서는 안 된단다. 그건 하나님의 명령이기 때문에 간음을 하면 하나님의 마음을 아프게 하는 거야.

우리가 반드시 알아야 할 또 다른 말씀이 있어. 사무엘하 13장 12절에서 어떤 여자가 남자에게 "나를 욕되게 하지 말라"고 하는데, 이걸 강간이라고 해. 강간은 상대방의 의지와는 관계없이 강제로 성관계를 갖는 거야. 자신의 성욕을 채우려고 상대방에게 해를 끼치는 것은 폭력 행위야. 그런 남자는 명예롭지 않고 여자를 명예롭게 하지도 않지.

고린도전서 6장 19절에서 20절은 "너희 몸은 … 성령의 전인 줄을 알지 못하느냐? … 그런즉 너희 몸으로 하나님께 영광을 돌리라"고 했어. 몸으로 하나님께 영광을 돌리기 위해선, 하나님이 너를 남자로 만드셨고, 네가 사랑하는 여자와 한 몸을 이루고, 자녀를 낳아 번성의 기쁨과 책임을 누릴 것이며, 그렇게 해서 심히 기묘하게 지음 받은 아이를 만난다는 사실을 소중하게 여겨야 해.

시편 저자는 119편 9절에서 이렇게 묻는다. "청년이 무엇으로 그 행실을 깨끗하게 하리이까? 주의 말씀만 지킬 따름이니이다." 말씀이 아들을 지키고 인도하게 하라.

**훈육하라: 아들이 이성에 지나치게 관심이 많거나 이성을 불건전하게 이해할 때 어떻게 훈육할 수 있는가?**

어린 남자아이: "네가 아직은 여섯 살이지만, 곧 명예로운 남자가 될 거야. 여자아이에 대해 기억할 것이 있어. 축구장에서 네가 넘어서는 안 될 경계선이 있는 것처럼 여자아이에 대해서도 지켜야 할 기준이 있단다. 예를 들면, 지금 스미스 씨 가족이 며칠째 우리와 함께 지내는데, 너와 동갑인 그 집 딸이 화장실에 있었어. 너는 그걸 알면서도 화장실에 들어갔지. 엄마가 화장실에 사람이 있다고 미리 알려주었는데도 말이야. 케이시도 너만큼 당황했단다. 케이시의 사생활을 존중해주자. 알았지? 고마워. 하지만 아까 네가 엄마 말을 무시했으니까 네 방에 가서 10분간 반성의 시간을 가지렴."

큰 남자아이: "하나님은 네가 여자아이에게 흥미를 느끼도록 너를 설계하셨어. 그런 관심은 좋고 자연스러운 거야. 그렇지만 인터넷 클릭 한 번에 쏟아지는 수많은 유혹 앞에서, 엄마 아빠는 이제 너의 명예를 지켜주기 위해 계획을 세워야겠어. 유혹은 현실이니까. 그래서 아빠가 네게 몇 가지 여과 장치를 말씀해주실 거야. 여자는 자기 눈과 마음을 지킬 줄 아는 남자를 정말 존경한단다. 여자들은 그런 면에서 안전과 안정감, 사랑을 느끼거든. 그건 여자들에게 멋진 선물이야. 엄마가 이런 이야기를 꺼내는 이유는, 네 휴대폰 검색 목록에서 부적절한 사이트를 발견했기 때문이야. 다음 한 주간 휴대폰은 못 쓸 줄 알아. 아빠가 적절한 차단 프로그램을 설치해주실 거야."

**격려하라: 아들이 계속 이성에 대한 지식과 이해를 더해가도록 격려할 수 있는가?**

어린 남자아이: 열 살짜리 아들은 같은 반에 여자친구가 있느냐는 질문을 받을 때마다 얼굴이 빨개진다. 그런 아들에게 나중에 이렇게 말해줄 수 있다.

> 엄마는 아빠에게 관심이 있었고, 아빠는 엄마에게 관심이 있었지. 너만 속으로 여자아이를 생각하는 것은 아니야. 그건 정상적인 거야. 삼촌이 널 놀리는 건, 삼촌이 너만 했을 때 여자아이에게 관심이 있었던 것처럼 너도 그렇다는 걸 알기 때문이야. 넌 아무 문제 없어.

간결하고 다정하게 요점을 전달한다. 그래야 아들은 자신에게 문제가 없다는 걸 알고 안심하며 자신감을 갖는다.

큰 남자아이: 아들이 여자에게 차여서 아무도 자신에게 관심이 없는 것처럼 느낀다 해도, 알맞은 때에 가장 적합한 여성이 아들의 훌륭한 성품에 반할 것이라고 말하며 아들의 명예를 세워주라. 경건하고 지혜로운 여성이 반할 만한 아들의 장점을 몇 가지 알려주라.

**간구하라: 아들이 이성을 알고 이해할 수 있도록 기도하고 있는가?**

어린 남자아이: 아들이 다른 여자아이에게 관심이 있다는 이야기를 한다면, 아들이 잠자리에 들 때 단둘이 어두운 데서 이렇게 기도하라. 이때 아이의 응석을 받아주거나 어떤 교훈을 주려고 기도를 이용해서는 안 된다.

> 주님, 아들이 미셸 이야기를 하게 해주셔서 감사합니다. 친절하고 정직

하며 주님을 믿는 미셸 같이 좋은 친구를 알아보게 하시니 감사합니다. 앞으로도 아들이 명예로운 남자로서 좋은 친구를 알아보고 성장해갈 것을 믿습니다.

**큰 남자아이:** 아들에게 이렇게 말하라.

좋은 여자를 만나고 싶은 마음을 이해해. 네가 경건하고 지혜로운 아내를 만나게 해달라고 엄마도 계속 기도하고 있어. 엄마는 예수님이 남편과 아내에 관해 하신 말씀에서 늘 위로를 얻는단다. "그러므로 하나님이 짝지어주신 것을 사람이 나누지 못할지니라"(마 19:6). 이 모든 과정에 하나님이 중요한 역할을 하고 계셔. 비록 성경은 아내를 찾을 책임이 남성에게 있다고 하지만(잠 18:22), 주님이 우리의 발걸음을 인도하신단다. 하나님이 너를 돌봐주시길 기도할게. 너는 아내가 될 사람에게 큰 행복을 가져다줄 거야.

## 궁극적인 목표

궁극적인 목표는, 남편은 아내를 사랑하고 아내는 남편을 존경하라는 하나님의 명령(엡 5:33)을 아들이 이해하도록 돕는 것이다.

성에 관한 대화를 편하게 느끼는 사람은 거의 없다. 부모도 마찬가지다. 누가 아들에게 아내를 '알아가는' 방법과 성적 관계를 이해하는 방법을 허심탄회하게 알려줄 수 있겠는가? 하지만 주님이 좋다고 말씀하신 것을 우리가 부끄럽게 여길 필요는 없다. 실제로 당신이 잘 모르는 누군가가 아들에게 성과 여성에 대해 알려주고 아들이 거기서 뭔가를 배우게 하겠는가? 이것이 바르고 경건한 일인가? 그렇지 않다고 본다. 다른 사람은 정욕을 조장하고 여성을 비하한다 해도, 엄마는 하나님이 의도하신 방향으로 아들과의 대화를 이끌어가야 한다. 이것이 엄마의 특권이자 책임이다.

# 11

## 그래도 사랑이 우선이지 않은가?

존경 대화에 대한 생각을 듣고 어떤 생각이 들었는가? 의구심인가, 불쾌감인가?

남성을 존경하는 부분에 대해 오랫동안 많은 여성에게 우려의 소리를 들어왔다. 그들의 불안한 마음을 이해한다. 그래서 이러한 비판이 누그러들고, 불안한 느낌이 완화되길 바라는 마음으로 답변을 준비했다.

**이의** "성경은 사랑이 제일이라고 말합니다. 가장 중요하다고요. 아들에게 사랑만 있으면 충분하지 않나요?"

사도 바울이 고린도전서 13장 13절에서 사랑이 제일이라고 말할 때는 그 비교 범위를 믿음과 소망으로 제한했다. 믿음, 소망, 사랑… 그중에 제일은 사랑이라는 것이다. 이 맥락에서 바울은 명예와 존경, 영광은 염두에 두지 않았다. 이것이 왜 중요한가? 하나님은 우리를 영원토록 사랑하시는 것처럼, 우리를 영원토록 영광스럽게 하신다. 우리가 하나님을 영원토록 사랑하는 것처럼, 우리는 하나님을 영원토록 경배하고 영광을 돌린다. 따라서 영광은 좀 더 심화된 존경이라고 말할 수 있다.

우리는 어째서 영광과 명예, 경배의 중요성은 놓치고 있었는가? 사랑에 관심이 집중되어 있는 사람은 성경을 읽어도 사랑만 눈에 들어오기 때문이다. 명예, 존경, 영광 같은 단어를 보는 눈이 없을 때 우리는 이런 개념들을 그냥 지나친다. 어떤 사람의 관점은 좀 더 여성스럽다. 우리는 하나님의 뜻 일부가 아니라 "하나님의 뜻을 다" 알아야 한다(행 20:27).

예를 들어, 신학자들은 사람의 제일 되는 목적은 하나님께 영광을 돌리는 것(고전 10:31)이고 하나님을 영원토록 즐거워하는 것(시 73:25~26)이라는 웨스트민스터 신앙고백에 동의한다. 그렇다. 우리는 성경에서 가르치는 첫째와 둘째 되는 계명대로 하나님과 이웃을 사랑해야 한다. 그런데 그렇게 하나님을 가장 사랑하는 길은 하나님께 영광을 돌리고 그분을 영원토록 즐거워함으로써 가능하다. 마찬가지로 우리는 아들을 존경하고 즐거워함으로써 가장 사랑할 수 있다.

이의 **"우리 아들에겐 사랑이 필요해요. 그 필요를 무시하기 힘드네요. 존경이 사랑을 대신할 수는 없어요."**

물론 아들에게는 사랑이 필요하다. 그것도 아주 많이 필요하다. 나는 이제 아들을 그만 사랑하고 존경만 하라고 제안하는 것이 아니다. 비유하자면 아들에게 사랑은 마실 물과 같고, 존경은 먹을 음식과 같다. 아들에게 두 가지가 모두 필요하다. 사랑만 주어서는 아들의 모든 필요를 채우기 힘들다. 음식 없이 물만으로는 목숨을 유지할 수 없다. 존경 없는 사랑은 아들의 성장을 방해한다. 그래서 나는 사랑보다 존경을 선택하라고 말하지 않는다. 나는 엄마의 언어에 존경의 대화를 더해 존경을 포함한 사랑을 키워가는 방법을 장려하고 있다. 아들은 하나님의 형상대로 창조된 인간이기에 "엄마는 널 사랑해"라는 말을 듣는 것은 물론, 자신을 향한 엄마의 존경 어린 태도를 느끼고 싶어 한다.

**이의** "아들은 저의 사랑을 받으며 존경받는다는 느낌도 함께 받을 거예요. 사랑과 존경은 같은 말이잖아요!"

나는 생각이 좀 다르다. 존경과 사랑은 다르다. 우리는 회사 사장을 존경하지만 사장에게 사랑을 느끼지는 않는다. 우리는 십 대 아들에게 사랑을 느끼지만 늘 아들을 존경하지는 않는다. 실제로 엄마는 시종일관 진심으로 아들을 사랑하는데도 아들은 엄마가 자신을 무시한다고 느낄 수도 있다. 장성한 아들은 그 차이를 안다. 그에게 "엄마가 널 사랑하시니?"라고 물어보면 "네"라고 대답할 것이다. 그러면 다시 물어보라. "엄마가 널 존중하시니?" 아들은 아마 이렇게 대답할 것이다. "아니요, 별로요. 오늘은 아니었어요."

누군가를 사랑한다면 그에게 존경을 표현하고, 누군가를 존경한다면 그에게 사랑을 표현하게 마련이라고 주장하는 사람도 있다. 나도 그 말에 동의하지만 그 개념은 여전히 다르다. 왼쪽 신발과 오른쪽 신발은 매우 비슷하게 생겼지만 똑같지는 않다. 사랑과 존경은 많은 부분에서 매우 비슷하지만 똑같지 않다.

**이의** "관심이 있으니까 아이를 그렇게 대하는 거예요. 그렇지 않으면 말을 듣지 않거든요. 제 행동 뒤에는 사랑이 있어요."

고린도전서 13장 5절에서 사랑은 "무례히 행하지 아니하며"라고 말한다. 사랑은 다른 사람에게 무례히 행하지 않고 그를 함부로 대하지 않는다. 습관적인 무례함은 상당히 해로우며, 건강하거나 다정한 태도가 아니다.

아들을 존중한다고 해서 아들의 용납할 수 없는, 죄 많은 행동에 동의하고 찬성한다는 의미가 아니다. 오히려 아들의 용납할 수 없는 행동에 단호하게 맞서되 그럴 때에라도 아들에 대한 존경을 잃어서는 안 된다는 의미다.

얼마 전, 식료품 가게에서 나오는데 어떤 엄마와 할머니가 여덟 살쯤 되어 보이는 남자아이와 함께 가게로 들어섰다. 그런데 두 여성이 갑자기 소리를 지르며 아이를 혼내기 시작했다. 아이가 뭘 얼마나 잘못했기에 그러는지 궁금해 눈여겨보았다. 아이는 3미터쯤 뒤에 떨어져 까치발을 딛고 서서 제과점 쪽을 보며 케이크와 도넛 냄새를 맡고 있었다. 두 여성은 그런 행동을 무척 싫어하는 것 같았다. 가게에 들어오기 전에 무슨 일이 있었는지는 몰라도, 아이는 두 여성에게 그런 식으로 혼날 만큼 잘못하지 않았다. 아이는 엄마와 할머니에게 돌아갔지만 입을 꾹 다물어버렸다.

공공장소에서 이와 비슷한 장면을 자주 본다. 공공장소에서 아이를 쥐 잡듯 잡는 여성은 자신이 책임감 있고 아이를 잘 돌보는 사람으로 비치길 원하는 것 같다. 아이들이 제멋대로 뛰어다니게 내버려두는 다른 부모와 달리 자신은 성숙한 부모라고 여긴다. 엄마와 할머니에게 "두 분은 사랑하는 마음으로 아이를 혼냈나요?"라고 묻는다면, 그들은 분명 그렇다고 대답할 것이다.

그러나 아이를 무례하게 대하는 그들의 모습에서 애정을 찾아볼 수는 없었다. 그 모습을 지켜본 사람들은 모두 그렇게 느꼈을 것이다. 갈라디아서 5장 20절은 '분냄'이 죄라고 말한다. 이 말씀에 반론을 펼치는 경우를 본 적이 거의 없다. 대부분은 기꺼이 인정한다. "도가 지나치게 화를 냈네요." 당신은 어떠한가? 사랑이라는 명목으로 아들을 함부로 대하고 있지는 않은가? 아들이 부모를 존경하지 않고 제멋대로여서 할 수 없이 화를 낸 것이라고 우기겠는가?

**이의** "아들이 저를 이렇게 화내는 엄마로 만들어요. 아들이 조금만 더 제게 존경심을 보여주었다면 저도 아들을 함부로 대하지는 않았을 거예요."

어느 순간, 우리 부부는 화내거나 무례해지는 원인이 아들들에게 있지 않음을 알게 되었다. 그래서 이제는 "나의 반응은 나의 책임"이라고 가르친다. 아이들 때문에 내가 그렇게 행동한 것이 아니라 아이들이 내 본모습을 드러낸 것이다. 나의 죄 된 반응을 아무리 합리화해보아도 그것은 아이들 잘못이 아니다. 그렇다고 내가 아이들의 불순종에 아무 영향을 받지 않는다는 의미는 아니다. 부모도 미칠 듯이 화나고 슬플 때가 있다. 그러나 양심은 넘어서는 안 되는 선을 알려준다. 화가 난 것과 화내며 폭발하는 것은 다르다. 아들에게 실망한 것과 실망해서 아들을 바보라고 부르는 것은 다르다. 정당한 분노라도 적정선을 넘으면 죄악된 분노가 된다(엡 4:26). 나는 잠언 29장 11절이 뜻하는 바가 무엇인지 알게 되었다. "어리석은 자는 자기의 노를 다 드러내어도 지혜로운 자는 그것을 억제하느니라." 아들의 태도는 엄마를 극단으로 밀어부치기도 하지만 적정선을 넘느냐 마느냐는 엄마의 선택이다.

**이의** "아들을 존경하려니 어색해요. 자연스럽지 않아요. 그런 생각은 해본 적도 없어요. 저의 모국어는 사랑이지 존경이 아니에요."

아들을 대하면서 존경을 떠올리는 엄마는 거의 없다. 이를 자연스럽게 여기는 엄마는 더더욱 없을 것이다. 엄마들의 모국어는 사랑이다. 하나님이 그렇게 만드셨다. 그러나 엄마는 자문해보아야 한다. '내 기분이 중요한가, 아니면 하나님의 형상을 따라 지음 받은 한 인간으로서 자기 모습 그대로 존경받고 싶어 하는 아들의 필요가 더 중요한가?' 아들에게 엄마의 사랑을 넘어 존경이 필요하다고 가정해보면 어떨까?

엄마가 사랑하는 것은 당연하므로 이제는 그 사랑을 통해 부자연스럽게 느껴지는 것을 억지로라도 해보라고 엄마들에게 간청하고 싶다. 성경도 그러한 입장을 뒷받침한다. 빌립보서 4장 8절은 "무엇에든지 참되며(honorable, 명예로우며) … 이것들을 생각하라"고 말한다. 엄마는 아들에게 무엇이 명예로운지 생각해야 한다. 명예롭게 생각하는 것은 사랑에서 비롯된 일이다.

**이의** "정말이지 아들에게 함부로 할 생각은 없어요. 아들을 사랑하니까요. 하지만 아들이 순종하지 않으면 저도 모르게 함부로 대할 때가 있어요."

한 엄마가 이렇게 말했다.

저는 뭐든지 다 표현해야 직성이 풀려요. 마음속에 담아두지를 못해요. 일부러 그러는 건 아니에요. 소리를 지르고 나면 기분이 나아지는데, 아들이 이 사실을 알아줬으면 해요. 아들의 행동을 용납할 수 없어 소리를 지르다가 자제력을 잃는 거니까요.

우리 부부는 그 기분에 공감한다. 하지만 그런 순간에 아들의 기분은 어떻겠는가? 유사한 맥락에서 아빠가 이렇게 말한다고 생각해보라. "딸에게 난폭하게 굴고 화를 낸 건 진심이 아닙니다. 그냥 화가 나서 그런 것이니 딸이 이해해야 합니다. 이걸 감정적으로 받아들여서는 안 되죠." 이 아빠는 딸에게 사랑이 필요하다는 사실을 중요하게 여기지 않고 자제력을 잃은 것을 그런 식으로 변명했다.

이런 변명에 어이없어 할 엄마가 많을 것이다. 그러니 엄마도 존경받고 싶어 하는 아들의 필요를 하찮게 여기지 않도록 해야 한다. 엄마가 별 의미 없이 한 행동에 아들은 마음의 문을 닫아버릴 수 있다. 아들은 상처받고 절망하는데도, 엄마가 자신의 태도를 개의치 않는다면 문제는 악화될 뿐이다.

엄마는 자신의 기분보다 아들이 믿는 것을 앞세워야 한다. "엄마가 좀 함부로 말하더라도 그건 진심이 아니었다고 아들에게 말했어요. 화가 나면 무슨 말인들 못하겠어요." 하지만 사랑이 많은 엄마라면 이런 변명을 입버릇처럼 말해서는 안 된다. 그런 일이 계속되다 보면 엄마의 사랑이 과연 진실한지 아들은 의문을 갖게 될 것이다.

**이의** "아들은 제 말을 무례하다고 받아들이면 안 돼요. 저는 아들과 친해지고 싶어서 그런 걸요. 어떻게든 말을 하게 만들려고요."

딸과 친해지고 싶은 엄마는 딸이 말을 하도록 자극하면 된다. 그런 시도를 딸이 좋아하지 않을 수도 있지만, 엄마가 왜 자기를 들볶는지 직감적으로 안다. 결국 딸은 마음을 열고 모녀는 이야기를 나눈다. 일반적으로 딸은 엄마의 태도 자체를 중요하게 생각지 않는다. 그것이 자기 입을 열게 하기 위한 애정 어린 수단임을 알기에 두 사람은 한결 나아진다. 딸은 엄마와 격한 감정 대립을 겪지만 이내 마음을 터놓고 속내를 보일 것이며, 엄마가 부정적인 반응을 사과하고 용서를 구할 것을 알고 있다. 딸은 엄마를 용서하고, 나아가 자신의 변덕스러움과 먼저 말을 꺼내지 못한 것에 대해 사과할 것이다. 두 사람은 포옹하고 나서, 어깨를 짓누르던 무거운 짐을 벗어버린 듯 자기 할 일을 한다.

하지만 아들은 다르다. 물론 아들이라도 엄마의 비판과 애정을 구분해 대수롭지 않게 여기며 넘어갈 수도 있다. 하지만 그 상처를 막아내지 못하는 순간이 찾아온다. 엄마의 무례한 말들에 찔려 죽을 것 같다는 느낌이 드는 것이다. 그래서 아들은 엄마에게서 도망칠 방법을 찾게 된다. 힘으로는 엄마에게 밀리지 않지만 엄마의 혀는 두려워한다. 엄마의 업신여기는 말을 들으면 아들의 세계는 온통 뒤흔들리고 아들은 입을 다물어버린다.

아들은 이것이 엄마가 상황을 개선하려고 보내는 대화의 신호라고 받아들이지 못한다. 오히려 그것을 인신공격으로 여긴다. 엄마가 자신을 수치스럽게 만들 작정이라고 느낀다.

아들은 존경이라는 렌즈로 삶을 이해한다. 엄마가 주는 자극을 남성성에 대한 도전이라고 생각하고, 자신이 존경받지 못한다고 느낀다. 아들은 엄마와의 갈등을 이런 의미로 해석해 여긴다. 엄마들이 부디 이 사실을 깨닫기 바란다.

엄마는 아들에게 다음과 같이 말해주어야 한다. "엄마는 네게 수치감을 주려는 게 아니야. 그저 명예롭지 못한 이 일을 네가 어떻게 생각하는지 듣고 싶을 뿐이야." 여기에서 생각과 감정, 또는 불명예와 애정 없음을 혼동하지 않도록 주의하라. 아들의 마음에 호소하려면 정확한

단어를 사용하라. 엄마의 동기를 아들이 바르게 이해하도록 정보를 제공할 때, 아들은 좀 더 긴장을 풀고 대화하게 될 것이다.

**이의** "제가 보기에 아들은 존경할 구석이 없어요. 그런데도 존경한다고 말하는 것은 위선이에요."

아침 여섯 시에 알람이 울릴 때 일어나고 싶지 않지만 잠자리에서 몸을 일으키는 당신은 위선자인가? 하고 싶지 않지만 옳은 일을 한다고 해서 위선자는 아니다. 우리는 이를 성숙이라 부른다.

어떤 엄마는 아들을 존경하지 않는데도 존경을 표현하는 것은 잘 못이고 정직하지 못한 일이라고 생각한다. 어쨌든 솔직하게 말해야 한다고 생각한다. "엄마는 널 좋아하지도 않고 존경하지도 않아."

하지만 대개 이런 감정들로 상황을 불필요하게 부풀리다가는 일을 그르치고 만다. 어떤 엄마가 이런 편지를 보내왔다.

> 아들의 뻔뻔한 행동과 죄에서 벗어나지 못하는 모습이 저는 너무 부끄럽습니다. "네가 뭘 하든 엄마는 항상 널 사랑한다"는 말은 할 수 있지만, 차마 존경한다는 말은 못하겠네요. … 그래서 아들에게 가룟 유다 엄마가 된 기분이라고 말했죠. 보다시피 저는 아들과의 문제를 제대로 다루지 못했어요.

아들을 유다라고 부르는 것은, 아빠가 딸을 이세벨이라 부르는 것과 같다. 실제로 부모에게 그런 감정이 생길 수도 있지만, 그것을 말로 내뱉는다고 해서 회개와 치유가 일어나지 않는다. 엄마가 심술궂게 말하는데 상냥하게 나올 아들은 없다.

하나님이 에베소서 5장 33절과 베드로전서 3장 1~2절에서 아내에게 존경을 명하신 이유가 어느 정도 여기에 있다. 엄마도 스트레스를 받으면 자연스레 함부로 하고 싶은 느낌이 든다. 이런 상황에서 하나님의 가르침은 무례한 기분에 휩쓸려 행동하려는 성향으로부터 엄마를 지켜준다.

엄마는 존경하라는 명령을 들었을 때 위선자가 된 듯한 기분이 들기도 한다. 엄마는 자기 마음속에서 존경심이 들지 않는다는 것을 알고 있다. 문제는 그 책임을 아들에게 돌린다는 것이다. 엄마는 성급한 본성으로 격렬하게 다그치며 아들에게 이러한 감정에 대한 책임을 묻는다. 엄마는 이를 경계해야 한다.

**이의** **"못된 행동을 존경할 수는 없어요. 존경 대화는 아들이 원하는 것은 무엇이든 하게 해주잖아요. 그러니 말을 안 듣죠. 자녀를 방임하는 부모나 그러라고 하세요."**

유감스럽게도 우리 사회는 존경받을 자격이 없는 사람들에게 존경을 보이면, 그들에게 원하는 것은 무엇이든 할 수 있는 자격을 준다고 생각한다. 어떤 엄마는 아들을 존경하면 할수록 아들에게 관대해져야 하는 것이 아니냐고 생각한다. 아들을 존경하면 응석을 받아주게 될까 봐 다음과 같이 '논리적' 비약을 하는 경우도 있다. "아들은 좀 함부로 대해도 돼. 그렇지 않으면 말을 듣지 않을 거야. 내가 나쁜 행동을 눈감아준다고 생각하게 만들어선 안 돼."

아들을 존경한다는 것은 아들이 하고 싶어 하는 대로 맞춰준다는 뜻이 아니다. 아닌 것에는 반드시 아니라고 말해야 한다. 존경은 묵인을 뜻하지 않는다. 엄마는 나쁜 행동을 정중하게 대면해야 하고, 아들의 이기적인 선택에 단호하게 한계선을 그어야 한다. 잘못된 행동을 다룰 때에도 존경이 담긴 정중한 태도를 잃어서는 안 된다.

　실제로 누가 불순종을 허용하는 줄 아는가? 도덕적 잣대와 굳은 심지가 없는 엄마가 불순종을 용인한다.

**이의** "제가 존경심을 보이면 아들이 그걸 악용할 것 같아요. 마냥 좋게만 받아주어서는 안돼요. 좀 막대하고 거칠게 다루어야 말을 듣죠."

　아들에게 친절하고 해달라는 대로 해주는 것이 존경은 아니다. 그것은 존경이 아니라 허용에 가깝다. 사실, 존경 대화는 어렵다. 사랑이 진실을 말하듯 존경도 진실을 말한다. 예를 들어 어떤 엄마는 눈을 부라리면서 이렇게 말해야 한다고 생각한다. "남을 속이고 거짓말하는 것은 잘못이야. 사람들은 사기꾼과 거짓말쟁이라면 질색한단다. 너 때문에 엄마는 속상해 죽겠다. 넌 정말 가망이 없구나." 남을 속인 일에 대해 일정한 대가를 치러야 한다는 점에서 진실을 내포하고 있기는 하지만, 과장된 표현은 아들에게 수치심을 준다. 인격을 깎아내린다고 해서 아들의 잘못된 행동을 예방하고, 순종하게 만드는 권한이 생기는 건 아니다. 오히려 아들은 엄마의 호된 꾸짖음을 피하려고 더욱 교활해지고 음흉해진다.

**이의** "윽박지르면 아들이 오히려 고분고분해지고 제게 존경심을 보여요. 아들에게는 이 방법만 통해요."

　아들이 겉으로 순종한다고 해서 마음속으로 받아들였다는 뜻은 아니다. 경멸은 아들 마음속에 규율대로 살아야겠다는 소원을 일으키지 않는다. 소리 지르는 아들에게 그만두라고 맞고함을 치면 당장은 효과가 있기는 해도 표면적이고 일시적이다. 엄마의 강압은 아들의 흥미를 끌어내지 못한다.

유감스럽게도 우리는 강압적인 태도로 효과를 보았다는 엄마들을 많이 만난다. 두말할 것 없이 경멸로 가득 찬 엄마의 고함이 들리자마자 아들은 순종한다. 하지만 아들이 순종하는 이유는 엄마의 협박 때문이 아니다. 그렇게 화를 낸 다음에 올 것이 두려워 순종하는 척하는 것이다. 아들은 이제 곧 엄마가 자신에게 가혹한 대가를 치르게 해서 자기 삶이 비참해질 것이라고 생각한다. 엄마의 응징을 피하려는 마음으로 아들은 옷가지를 정리하고, 양치질하고, 바닥에 떨어진 수건을 줍고, 불을 끈 다음 잠자리에 드는 것이다. 그런 모습을 보며 엄마는 역시 이렇게 하는 게 효과적이라는 잘못된 생각을 한다.

경찰이나 판사 같은 권위자가 사용하는 방법을 잘 생각해보라. 그들은 경멸을 사용하지 않는다. 범죄자를 다룰 때 경멸은 역효과를 낳기도 한다. 현명한 권위자는 흉악범을 대할 때도 기본적인 존경을 표한다. 범법자에게 무례함이나 불손한 태도, 거만함을 보이지 않는다. 그런 태도로는 범죄자를 교화할 수 없다. 존경이 내면의 변화를 보장하지는 않지만 거만함은 절대 효과가 없다는 데 나는 동의한다.

나는 분명하게 말할 수 있다. 엄마의 무례함은 아들을 자극해 착한 행동을 하도록 만들 수 없다. 장기적으로 볼 때 그 사실은 분명하다. 엄마는 단호하나 존경이 담긴 훈육이 아들을 순종하게 한다는 사실을 알아야 한다. 한심하게 여기는 태도와 경멸로는 불순종을 막을 수 없으며, 엄마에게 다정하게 반응하고 싶다는 욕구를 아들의 마음속에 불러일으킬 수 없다. 여기에 동기 부여되는 사람은 없다.

**이의** "저는 아들에게 벌을 주는 거예요. 호되게 야단을 맞아야 자기가 한 일을 후회하죠. 그래야 교훈을 얻고요."

엄마의 경멸을 듣자마자 아들이 위축되었다고 해서 그 처벌이 적절했다는 의미는 아니다. 그것은 교훈을 주겠다며 딸을 매몰차게 외면하는 식으로 벌을 주는 아빠와 같다. 적개심과 경멸 앞에서 자녀는 불쾌한 기분이 들고 결국 뒤틀린 자아상을 갖게 된다. 누군가 나를 습관적으로 형편없게 보는 것을 알면서도 건전한 자존감을 지켜나갈 사람이 몇이나 되겠는가?

산불이 났을 때는 맞불을 놓아 불이 숲 전체로 번지는 것을 막을 수 있지만, 가족 안에서 그런 방법을 쓴다면 상황이 악화되고 분노에 부채질을 할 뿐이다. 게다가 그런 처벌은 가혹하고 앙심이 깊어 어떤 아들도 엄마에게 마음을 열지 않게 된다. 물론 엄마는 훈육해야 한다. 하지만 엄마의 처벌이 아들을 다시 제자리로 돌려놓는 데 도움이 되는 긍정적이고 미래지향적인 목표를 가져야지 탈선에 대한 앙갚음이어서는 안 된다.

**이의** "존경을 받아야 할 사람은 저예요. 아들이 저를 존경해야지 그 반대는 정말 아닌 것 같아요."

맞는 말이다. 아들은 엄마를 존경해야 한다. 십계명에도 부모를 공경하라는 계명이 있다. 나는 그 계명을 따르는 방법을 설명하고자 《자녀가 간절히 바라는 사랑, 부모가 진심으로 원하는 존경》을 썼다. 그러나 비단 엄마뿐 아니라 모든 사람에게 존경이 필요하다. 우리는 모두 하나님의 형상대로 창조되었다. 하나님은 우리 모두에게 이유를 불문하고 존경을 나타내라고 명령하신다. 베드로는 "뭇 사람을 공경하며 형제를 사랑하며"(벧전 2:17)라고 썼다.

2장에서 나는 존경에 대해 정의하면서 "이유를 불문한 긍정적인 존중"이라고 했다. 이것이 조건 없는 존경이다. 엄마는 아들의 행동 자체를 존경하지는 않더라도, 존경스럽지 못한 아들의 행동에 존경이 담긴 태도로 말할 수는 있다. 존경은 받을 만한 사람만 받는 것이라고 믿는다면, 상대방이 존경받을 만하지 않으면 존경을 보일 필요가 없다는 견해에 굴복하는 셈이다. 그리고 자신에게는 마땅히 존경받을 자격이 있다는 믿음과 결합해 아들을 향한 독선과 분노, 우월감, 판단으로 이어진다. 엄마의 이러한 태도에 아들은 움츠러들고 마음 문을 닫는다. 아들은 바리새인 같은 엄마와 감정적으로 소통하려 하지 않을 것이다. 엄마에게 존경을 보이려는 다정한 욕구도 사라질 것이다. 엄마가 바라는 그것을 엄마 스스로 없애는 셈이다.

**이의** "부모의 권위를 아들에게 넘겨주게 될 거예요. 그건 하나님의 설계에 반대되는 일이에요."

한 사람이 다른 사람에게 존경을 표한다고 해서 존경받은 사람이 고상하고 권위 있는 위치로 갑작스레 올라가는 것은 아니다. 엄마가 아들을 존경한다고 해서 아들은 우월해지고 엄마는 열등해지지 않는다. 이 점을 깨달아야 한다.

현실은 이렇다. 아들에게 무례함을 드러내면 아들은 엄마의 지도를 따르지 않고, 오히려 대놓고 무례하게 나올 것이다. 엄마는 아들에게 존경을 요구해야 하는가? 물론이다. 하지만 먼저 존경의 본을 보여야 한다. 엄마가 본을 보일 때, 아들에게 도덕적 권위를 행사할 수 있다.

아들이 엄마의 가르침을 따라야 하는 분야에 대해 엄마가 아들에게 존경하는 마음으로 말한다고 해도 절대 권위가 떨어지지 않는다. 더욱이 경멸의 말투를 배제한 엄마의 징계 조치는 아들에게 순종하고 싶은 가장 훌륭한 동기를 부여한다.

**이의** "딸들도 존경이 필요해요. 아들이라고 해서 특별할 게 없어요. 성적 편견은 곤란해요."

맞는 말이다. 아들과 마찬가지로 딸도 존경이 필요하고, 딸과 마찬가지로 아들도 사랑이 필요하다. 이에 대해서는 어떤 논쟁도 있을 수 없다. 그러나 사람들이 '느끼는'(feel) 필요와 '진정한'(true) 필요를 구분해야 한다. 앞서 말했듯, 딸은 아들과 같은 방법으로 상황을 해석하지 않으며, 그 반대의 경우도 마찬가지다. 예를 들어 연구에 따르면, 남녀 십 대에게 스트레스를 주는 요인은 각각 분명히 다른 것으로 드러난다. 여자아이들은 인간관계에서 갈등을 겪을 때 더욱 불안해하고, 남자아이들은 자신의 권위에 대한 도전을 무례하다고 여긴다. 남녀 모두 동일한 상황을 경험할 수 있지만 같은 사건을 다르게 해석한다.

혹시 예외가 있을까? 물론이다. 그러나 예외에 초점을 맞추다 보면 전체 그림을 보기 힘들다. 여성도 존경이 필요하지만 그 마음이 사랑으로 기운다.

**이의** "저는 아들을 조종하고 싶지 않아요. 존경이라는 것이 일종의 꼼수 같아요. 아들에게 적용하고 싶은 공식이 아니에요."

전적으로 동감한다. 나는 이것이 어떤 공식이 아니라고 항상 힘주어 말한다. 이것은 자신이 불순종할 때조차도 존경받기 원하는 아들의 필요를 채워주자는 것이다. 우리는 아들의 필요 충족 그 자체를 다루고 있다. 아빠도 자신의 목적에 따라 딸이 행동하게 하기 위해서가 아니라 딸에 대한 사랑으로 딸의 필요를 채워주어야 한다.

아들을 존경하고자 하는 당신의 진짜 동기를 점검할 때, 진정한 시험은 바로 이것이다. 당신은 아들이 사랑스럽고 존경심이 넘치며 순종적이지 않을 때에도 기꺼이 존중하는 태도로 아들을 대할 수 있는가? 아들을 조종하려고 존경 대화를 사용하는 엄마는 자신이 기대한 반응을 얻지 못하면 존경 대화를 그만둘 것이다.

그래도 딸에 대한 아빠의 사랑은 딸이 아빠의 진심을 인지하는 한 거기에 반응하도록 동기를 부여한다. 따라서 아들에 대한 엄마의 존경도 아들이 엄마의 진심을 알고 거기에 반응하도록 동기를 부여한다.

**이의** "남자의 자기도취와 우월의식을 부채질하고 싶지 않아요. 가부장제로 돌아가자는 건 아니겠죠?"

"존경을 표하다가 아들에게 엉뚱한 메시지를 전하게 될지도 몰라요. 그러면 제 지위가 약해지고 말 거예요. 여성을 지배할 권리가 남성에게 있다는 잘못된 생각을 아들에게 주입하고 싶지 않아요." 이러한 주장을 지지하는 근거는 없다. 엄마가 아들에게 존경을 보인다고 해서, 아들이 미래의 아내를 악의적으로 지배하게 된다는 말인가? 여기에는 아무 인과관계가 없다.

# 12

## 엄마의 용서에 담긴 힘

당신에게 두 가지를 부탁해도 되겠는가? 하나는 용서를 구하는 것이고, 다른 하나는 용서하는 것이다.

### 당신의 실패가 아니다

당신은 평소 아들에게 존경의 말과 태도를 보인다. 아들을 사랑할 뿐만 아니라 존중한다. 그런데도 당신은 자꾸만 성공이 아니라 부족함과 실패에만 신경이 쓰인다. 솔직히 당신은 자신에게 지나치게 엄격한데, 이는 엄마들이 필요 이상으로 자주 겪는 어려움이다. 엄마는 자기 단점을 알고 스스로를 다그친다. 자신의 약점 때문에 자녀에게 해를 입히게 되지는 않을까 염려한다.

당신도 그런 엄마인가?

'나는 형편없는 엄마'라는 생각으로 자신을 호되게 질책하지 않길 바란다. 존경 대화에 관한 이야기로 일부 엄마들이 죄책감을 느꼈을지 모른다고 생각하니 왠지 미안한 기분이 든다. 이런 이야기를 하는 것은, 엄마의 마음속에 심각한 불신의 씨앗을 심는 무언가가 있기 때문이다. 이들은 사소한 약점과 결함 때문에 스스로 끔찍한 엄마라고 판단한다. 모든 과목에서 A학점을 받고 단 한 과목만 B학점을 받았다고 해서 낙제는 아니다. 오히려 훌륭한 학생이다. 마찬가지로 자신과 자신의 양육법을 지나치게 비판하지 마라.

장성한 아들을 둔 어떤 엄마는 하나님의 뜻을 따라 아들에게 헌신했지만, 아들이 부모의 믿음과 가치관을 거부하는 것만 같다. 그래서 안타깝게도 엄마로서 실패했다고 결론짓는다.

세상은 예수님을 곧이곧대로 따르는 것이 구식이라고 설득한다. 지성인이라면 그렇게 살지 않는다며 바보들이나 성경을 믿는다고 광고한다. 기독교 신앙에 반대하는 세속 문화의 힘은 당신의 어린 시절보다 훨씬 강력해졌다. 그러므로 당신이 엄마로서 실패한 것이 아니라, 아들로 하여금 당신의 믿음과 가치관에 등을 돌리게 한 세속 문화가 성공한 것이다.

아들이 이 메시지를 따르리라는 보장은 없지만 혹시 이의를 제기하거나 엇나가더라도 자신을 미워해서는 안 된다. 존경 메시지가 아들을 혼란스럽게 하는 세속의 영향력을 누그러뜨리는 일종의 해독제임을 신뢰해야 한다. 결국, 아들은 누가 진짜인지 평가할 것이다. 당신은 아들을 진정으로 사랑하고 존경하는 엄마로서 최고의 영향력이 있는 자리에 앉게 될 것이다. 포기해서는 안 된다. 당신은 실패하지 않았다. 계속해서 당신의 뜻을 전달하라. 또한, 당신이 뭔가 부족했을 때는 아들에게 용서를 구해 다시 일어설 수 있다. 심지어 대다수는 용서를 구할 필요가 없을 수도 있다.

## 아들이 진심으로 반응할 때

기본 규칙은 이렇다. 당신이 무시한 것이 사실일 때만 아들에게 용서를 구하라. 때로 엄마는 아들이 이기심과 반항심 때문에 저지른 잘못까지 책임을 진다. 그 경우에 무례한 쪽은 엄마가 아니라 아들이다. 하지만 확실히 당신이 무시했다면 이렇게 단순하게 말하라. "미안해. 엄마가 널 무시했던 것을 용서해주겠니?"

한 엄마가 이렇게 말했다.

[이제는 장성한 아들이] 어렸을 때 저는 아이를 존경하지 않았어요. 두 말할 것 없이 애아빠도 존경하지 않았죠. 저는 아들에게 굉장히 비판적이었고, 존중하는 태도로 대하지 않았어요. 박사님의 책을 읽고 나서, 아들에 대하는 제 태도가 잘못되었음을 깨달았어요. 남편에 대해서도 교훈을 얻었지만 그것을 아들에게 적용할 생각은 못했죠. 저는 아들의 어린 시절과 현재 아들을 대했던 태도에 대해 용서를 구하는 편지를 썼어요. 아들은 저를 기꺼이 용서해주었어요. 우리 모자 관계가 과거 어느 때보다도 좋아졌다고 말할 수 있어 행복합니다.

"미안해"라는 한마디는 엄마의 감정을 드러내지만 이것은 반쪽 사과에 불과하다. 아들은 어떤 기분이 들까? "엄마를 용서해주겠니?"라고 하기 전까진 아들의 기분을 알 수 없다. 엄마는 아들의 대답을 들어야 한다.

엄마가 자신의 무례한 행동에 대해 사과를 구할 때, 아들은 엄마의 진심을 알게 된다. 반면에 엄마가 '더 사랑하지 못했다'며 용서를 구하려 한다면 아들은 긴가민가해한다. 대부분 아들은 엄마들이 사랑이 넘치기는 하지만 늘 자신을 존중한다고는 생각지 않는다. 엄마가 존경하는 태도를 보이지 못한 것에 대해 용서를 구할 때, 아들이 관심을 보이는 것은 그런 이유다. 이때 아들은 존중받는 기분을 느낀다.

어떤 엄마는 이런 편지를 보내왔다.

> 어느 날 일곱 살 아들을 앉혀놓고 이렇게 말했어요. "엄마가 너라는 멋진 남자를 제대로 대우해주지 못해 미안해. 이제 더 이상 어린아이가 아닌데 어린아이처럼 대해서 미안해." 아들은 긴장했던 어깨를 내려뜨리며 제 말에 고개를 끄덕였죠. 저는 명예롭고 존경받기 원하는 아들의 필요를 채워주는 태도로 아들을 대하기 시작했어요. 끌어안고 뽀뽀를 퍼붓는 횟수도 대폭 줄였답니다. 아들은 생활 전반에 좀 더 자신감을 갖는 것 같았고, 다른 사람을 대할 때도 공격적으로 행동하기보단 존경심을 보이기 시작했어요.

대부분 아들은 마음속 깊이 감동을 받아 진심 어린 용서를 한다. 그렇게 해서 엄마는 아들과 멋진 소통을 경험한다.


## 아들을 공격한 것에 대해 용서 구하기

어떤 엄마는 아들의 애정 없고 무례한 반응에 분개한다. 그러나 좀 더 자세히 관찰해보면, 고통스러운 가족의 악순환이 무심코 자신에게서 일어났음을 깨닫는다. 존경하는 마음이 없는 아들은 사랑 없는 반응을 하고, 사랑(존경)하는 마음이 없는 엄마는 존경 없는 반응을 한다.

한 가지 중대한 사실이 엄마의 눈을 멀게 만든다. 엄마는 자신이 아들의 반응에 일조했다는 사실을 알지 못한다. 자신은 사랑을 표현하려 했을 뿐이라고 생각한다. 엄마가 생각하기엔 아들이 존경받지 못했다고 느낄 이유가 없다. 사랑하는 마음으로 말하더라도 무례하게 보일 수 있음을 인정하지 못한다. 여성은 인간관계에서 오는 긴장을 해소하려 할 때, 상대방에게 관심이 있기 때문에 이런 행동을 한다. 그런데 여성의 이런 행동 방식이 남성에게는 다른 사람을 무시하는 것처럼 보일 수 있다. 엄마는 표정이 시큰둥해지고, 한숨을 쉬며 눈을 부라린다. 한 손을 허리에 얹고 손가락질을 하며 혼을 낸다. 엄마는 아들의 부정적 반응이 대개 조롱당하지 않으려고 방어하는 것임을 깨달아야 한다. 아들은 그저 방어했을 뿐인데도 엄마는 오랜 세월 아들이 공격적으로 반응한다며 분통을 터뜨린다면 이 얼마나 슬픈 일인가.

엄마들에게 묻는다. "아들이 사랑스럽지 못하고 무례한 태도로 반응하기 직전, 아들에게 무례하게 느껴지는 말이나 행동을 하지는 않았나요?" 엄마들은 대부분 선뜻 인정한다. "네, 하지만 제가 일부러 그런 게 아니란 것을 아들도 알아요. 전 그저 엄청 화가 났을 뿐이에요." 다시 한 번 말하지만, 자신을 정당화하지 말고 다음과 같은 말로 분위기를 바꾸라.

미안하구나. 엄마가 무례했던 것을 용서해주겠니? 그럴 의도는 없었어. 무슨 일이 있었는지 이야기하고 싶었을 뿐 널 업신여기려 한 것은 아니야. 이젠 말을 부드럽게 할게. 엄마는 네가 명예로운 남자가 되리라고 믿기에 널 도우려는 거야.

아들을 무례하게 대한 일에 대해 하나님께도 용서를 구해야 할까? 사실 실수는 엄마보다 아들이 훨씬 많이 하지 않는가? 오히려 아들이 엄마와 하나님께 용서를 구해야 하지 않을까?

맞는 말이다. 하지만 이 문제는 아들과 엄마를 비교하려는 게 아니라, 아들과는 별도로 엄마와 그리스도의 관계를 다루는 것이다. 그러므로 엄마가 아들에 대해 넘어서는 안 될 선을 넘었다고 인정한다면, 그리스도께도 용서를 구해야 한다. 엄마는 마음을 가라앉히고 이렇게 기도할 수 있다. "주님, 죄송합니다. 아들을 무례하게 대했던 것을 용서해주세요."

이 책을 읽으며 알게 되었듯, 아들을 향한 엄마의 무례한 태도는 딸을 향한 아빠의 애정 없는 태도만큼이나 나쁘다. 하나님은 우리가 사람들을 사랑할 뿐 아니라 존경하길 바라신다(롬 12:10, 벧전 2:17). 무례하고 명예롭지 못한 반응이 모여 죄가 된다.

## 그리스도의 용서 받아들이기

모든 엄마에게 굉장히 중요한 요점을 알려주고자 한다. 대부분 여성은 자기비판이라는 강력한 여성적 특성이 있다. 그래서 어떤 일에 실패하면 자신을 책망하고 수치심에 빠지기 쉽다. 예를 들어, 아무도 자기 말을 듣지 않는다고 느낀 엄마는 감정이 폭발할 수도 있다. 즉시 공격 상태로 돌입해 실패에 모두 책임을 져야 한다고 비난할 것이다. 잠시 후 냉정해지고 나면 후회가 물밀듯 밀려오지만…. 어쩌면 우울한 마음에 이렇게 단정할지도 모르겠다. "난 끔찍한 엄마야."

이들은 자기비판을 견디지 못한다. 그래서 아들을 존경해야 한다는 진실을 받아들이지 못하는데, 그것이 이러한 분노와 자기혐오를 만들어내기 때문이다.

하지만 이런 헛된 시도로는 성공과 성숙의 길로 갈 수 없다. 다음은 자기 잘못을 깨달은 후 그리스도께 용서를 구하고 십 대 아들과 관계가 좋아진 한 엄마의 이야기다.

예전에는 [아들이] 지쳐 쓰러져 사과할 때까지 누나와 마주 보고 서 있도록 했어요. 아들이 울거나 화가 나서 날뛰어야 마침내 아들의 기를 꺾은 것 같았죠. 세미나에 참석하고 나서 제가 아들에게 저지른 엄청난 실수와 상처가 생각나 울었답니다. 아들과는 늘 사이가 좋지 않았는데, 아들이 크면서(이제 열세 살이에요) 더 심해졌죠. 어떤 의미에서 저는 아들과 악순환을 겪고 있었어요. 그날 저는 아들과 함께하는 소중한 시간을 되찾고, 아들에게 존경을 보이며, 아들과 어깨를 나란히 하고 생활할 준비를 한 후에 집으로 돌아왔어요.

세미나 바로 다음날, 할머니 댁에 가 있는 아들을 데려오려고 세 시간 반 거리를 운전해야 했어요. 제가 배운 것들과 여러모로 아들을 존중하지 못했던 것에 대한 미안한 마음을 집으로 돌아오는 내내 아들에게 들려주기로 마음먹었죠. … 아들은 차에 타자마자 피곤하니 자겠다고 하지 뭐예요. 제가 평소에 쏟아내던 잔소리를 피하려는 작전이 틀림없었죠. 그래서 전 이렇게 말했어요. "좋은 생각이네. 나도 네가 피곤할 거라고 생각해." 그리고 조용히 있었어요. 아, 힘들더라고요! 하지만 언짢아서 조용히 있었던 건 아니었어요. 아들이 원하는 대로 그냥 두었어요. 아들은 몇 분 정도 가만히 있더니 이젠 피곤하지 않다고 하더군요. 우리는 함께 라디오를 들었어요. 집으로 돌아오는 내내 질문은 하나도 하지 않았어요! 그러자 아들이 라디오를 끄더니 2년 전처럼 제게 시시콜콜한 이야기들을 하더군요! 라디오를 켜고 차를 몰고 오다가, 아들이 할 말이 생각나면 라디오를 끄고 이야기하고, 우리는 그러면서 집으로 왔어요. 집에 들어온 아들은 굉장히 신나 보였어요. 저도 마찬가지였죠. 정말 효과가 있어요! 며칠 뒤 아들은 부엌에서 자기 근육을 보여주었어요. … 아들이 자주 하는 행동이에요. … 나쁜 사람들로부터 엄마를 보호해줄 거라니 내가 놀랍다고 아들에게 말해주었어요. 아들은 자부심과 사랑이

가득한 표정으로 저를 바라보았죠! 아들은 존경을 만끽하고 있었어요! 저는 아들에게 사랑을 받았고요!

## 하나님의 용서는 완전하다

과거에 어떤 잘못을 저질렀든 당신이 빛 가운데 그 죄를 고백하면 미쁘시고 의로우신 예수 그리스도는 죄를 용서하신다. 법률적 관점에서도, 하나님 보시기에도 당신은 죄를 지은 적이 없는 것같이 된다. "만일 우리가 우리 죄를 자백하면 그는 미쁘시고 의로우사 우리 죄를 사하시며 우리를 모든 불의에서 깨끗하게 하실 것이요"(요일 1:9). 이것은 예수님의 피 덕분이다. "그가 빛 가운데 계신 것같이 우리도 빛 가운데 행하면 … 그 아들 예수의 피가 우리를 모든 죄에서 깨끗하게 하실 것이요"(요일 1:7). 히브리서 10장 17절은 "또 그들의 죄와 그들의 불법을 내가 다시 기억하지 아니하리라"라고 말한다. 당신이 "주님, 제가 주님 뜻을 어기고 다시 죄를 지었습니다"라고 고백할 때 하나님은 마치 이렇게 대답하시는 것 같다. "다시라니? 난 기억 못하겠구나."

하나님은 항상 모든 것을 알고 계신다. 그러나 법정이 누군가의 잘못을 전부 면죄한다고 선고하는 것처럼 하나님도 그러하시다. 과거 범죄에 대한 기억이 모든 이의 뇌리에서 사라진다는 의미가 아니다. 사람들은 과거의 일을 기억한다. 그보다는 법정에서 사형을 선고하지 않을 것이라는 의미다.

하늘에 계신 우리 재판관은 그분의 장부에 기록된 모든 잘못에서 우리가 무죄라고 선언하신다. 그렇다. 이 세상에서 치러야 할 대가가 있을지는 모르지만 영원히 치러야 할 대가는 없다. 정말 좋아서 믿기지 않겠지만 우리는 지금부터 영원까지 용서받았다.

엄마는 겸손하게 그리스도가 주시는 빛을 영접하고, 주님이 나의 명예를 높여주신다는 확신을 가지고 앞으로 나아가야 한다. 그리스도가 비추시는 빛을 피해 도망치는 엄마가 어떻게 아들에게 빛을 전할 수 있겠는가? 아무리 그 빛을 통해 아들을 깨우치고, 아들에게 가능성을 심어주며, 아들을 격려하려는 의도가 있다 해도 말이다.

## 은혜와 자비

예수님은 당신이 새롭게 시작할 수 있도록 도우신다. 잠언 24장 16절은 "대저 의인은 일곱 번 넘어질지라도 다시 일어나려니와"라고 말한다. 주님은 당신을 용서하신 후 당신이 머리를 들고 일어서길 기대하신다. 이것은 예수 그리스도가 당신을 어떻게 여기시는가의 문제가 아니다. 이것은 당신이 자기 자신과 사탄의 거짓말에 어떻게 반응하는가의 문제다. 형제를 참소하는 자는 예수님이 아니라 사탄임을 깨달아야 한다(계 12:10). 사탄은 하와에게 했던 것처럼 "하나님이 … 먹지 말라 하시더냐?"(창 3:1)라고 속삭인다. 자기정죄라는 감정을 애써 무시하면서 믿음으로 그리스도의 용서를 내 것으로 여기기는 쉽지 않다. 그렇더라도 사탄이 보낸 고소장에 이렇게 말할 수 있어야 한다. "사탄아, 나는 네가 생각하는 것보다 훨씬 더 죄가 크지만, 그리스도의 피로 영원히 무죄를 선고받았다."

많은 사람이 여기서 실족한다. 자신이 저지른 일 때문에 스스로를 용서하기 어렵다는 것을 안다. 그러므로 엄마는 그리스도가 자신을 위해 하신 일에 집중하도록 스스로를 훈육해야 한다. 골로새서 2장 13~14절에 이런 말씀이 나온다. "또 범죄와 육체의 무할례로 죽었던 너희를 하나님이 그와 함께 살리시고 우리의 모든 죄를 사하시고 우리를 거스르고 불리하게 하는 법조문으로 쓴 증서를 지우시고 제하여 버리사 십자가에 못 박으시고."

우리가 저지른 일이 아니라 그리스도가 하신 일이 중요하다. 고린도후서 5장 21절을 보자. "하나님이 죄를 알지도 못하신 이를 우리를 대신하여 죄로 삼으신 것은 우리로 하여금 그 안에서 하나님의 의가 되게 하려 하심이라." 다시 말해, 하나님의 관점에서 우리의 모든 악함은 예수님께로 옮겨졌으며, 그리스도의 모든 선하심은 우리에게로 옮겨졌다. 이것을 가리켜 그리스도의 의가 우리에게 전가되었다고 말한다. 하나님이 보시기에, 그리스도가 우리 죄를 위해 고난당하셨기 때문에 우리는 더 이상 우리 자신과 사탄을 포함한 누구에게도 고소당하거나 정죄받지 않는다. 로마서 8장 1절은 이렇게 단언한다. "그러므로 이제 그리스도 예수 안에 있는 자에게는 결코 정죄함이 없나니."

"절대로 나 자신을 용서할 수 없어요"라고 주장하는 사람에게 나는 단호히 그렇지 않다고 말한다. 하나님의 아들이 당신을 용서하시겠다는데 당신은 왜 스스로를 용서할 수 없다고 하는가? 주님은 감정이 아닌 믿음으로, 주님이 베푸신 용서를 당신 것으로 여기라고 명령하신다. 하나님은 모든 죄를 용서한다고 말씀하신다. 혹여 세상적인 자존심 때문에 하나님의 용서를 받아들이지 못하고 있는 것은 아닌가? 실제로는, 그리스도의 용서를 거부하고 죄에 상응하는 대가를 스스로 치를 수 있을 만큼 당신이 선하고 충분히 강한 존재라고 생각하는 것은 아닌가?

은혜란 우리가 받을 만하지 않은 무언가를 받는 것이다(그리스도의 의가 전가됨). 자비란 우리가 받을 만한 무언가를 받지 않는 것이다(불의에 대한 정죄).

다시 한 번 말하지만, 이 세상에서 우리가 저지른 나쁜 행실에는 당연히 온당한 대가가 따른다. 당신이 던진 접시가 아들 머리에 맞아 상처가 생겼다면, 상처와 함께 악몽 같은 기억이 남을 것이다. 그러나 그리스도가 십자가에서 우리를 위해 하신 일을 이해한다면, 심판 날에 우리의 죄 많은 행동이 우리에게 불리하게 작용하지 않을 것이다. 우리가 은혜와 자비에 대해 수없이 이야기하는 것도 그런 까닭이다.

## 용서하는 마음이 전해지게 하라

당신은 아들을 용서해야 한다. 내 말뜻은 당신에게 용서하는 마음이 필요하다는 것이다. 안타깝게도, 많은 이들이 "용서하는 마음"이라는 표현을 오해한다. 아들의 잘못에 아무 책임도 묻지 않고 아무 일도 없었다는 듯 지나간다는 의미라고 받아들인다. "용서는 잊는 것이다"라는 말을 많이 들어보았을 것이다. 이 말을 들으면 다음과 같은 질문이 떠오른다. "만약 잊지 못했다면 용서하지 못한 것인가?" 성경은 용서하면 모든 기억을 지울 수 있다고 가르치지 않는다. 큰 범죄는 쉽게 잊히지 않는다. 우리는 범죄는 잊지 않으면서도 용서하는 마음을 가질 수 있음을 알아야 한다.

게다가 용서하기로 마음먹은 후에도 여전히 저지른 잘못에 책임을 지게 할 수 있다. 용서는 면죄를 요구하지 않는다. 극단적인 예를 들어 보자. 어떤 엄마가, 마약을 사려고 엄마의 보석을 훔쳐서 팔아버린 아들을 용서한다. 하지만 엄마는 아들의 죄를 경찰에 알려 법의 무거운 심판을 받도록 하는 일을 소홀히 하지 않는다. (그래도 엄마는 남은 평생 아들의 잘못을 기억한다. 용서한다고 해서 잊지 않는다.) 용서가 반드시 엄마의 고소 취하를 의미하지도 않는다. 엄마는 교도소에 있는 아들을 면회하면서도 용서하는 마음이 있다. 용서한다고 해서 위법에 따르는 엄중한 대가를 치르지 못하게 하는 것은 아니다. 엄마의 용서하는 마음과 아들을 교도소에 가두는 행동 사이에는 아무 모순이 없다. 엄마는 아들에게 이렇게 말할 수 있다.

> 엄마는 너를 완전히 용서했단다. 하지만 너를 사랑하고 존경하니까 네게 최선의 행동을 할 수밖에 없구나. 여기서 최선의 선택은, 네가 잘못의 대가를 치르고 약물 중독 치료 시설로 가는 거야. 엄마는 널 용서하려는 것이지, 네 안에 보이는 명예로운 남자를 망가뜨릴 자격을 네게 주려는 것이 아니야.

## 신뢰는 어떻게 되는가?

용서한다는 것은 엄마가 아들을 반드시 신뢰해야 한다는 의미인가? 그렇지 않다. 어떤 아들은 엄마에게 일부러 죄책감을 조장하기에 이것은 중요한 문제다. "엄마가 정말로 용서했다면 저를 믿고 제가 지금 뭘 하는지 캐묻지 말아야죠." 아들의 이런 말에 마음이 약해진 엄마는 자신이 이미 용서했으며 아들을 믿는 것을 입증하고자 더 이상 아무 말도 하지 않고 참견하지 않으려 한다. 하지만 엄마는 그럴 필요가 없다. 잘못한 게 없기 때문이다. 잘못한 쪽은 아들이므로 자신의 능력을 스스로 입증해야 한다. 엄마가 용서하는 마음을 맹목적 신뢰라고 이해한다면, 아들은 엄마를 여러 차례 이용할 것이고, 그러면 엄마는 화를 내고 아들을 업신여기게 될 것이다.

엄마는 아들이 "엄마는 절 신뢰하지 않아요"라고 말한다고 해서 침묵으로 뒷걸음치지 않고, 아들에게 최선이 되는 행동을 꾸준히 하면서 아들을 용서해야 한다. 엄마는 이렇게 대답할 수 있다.

우리 중 누구도 자기 약점을 안이하게 생각해선 안 돼. 이건 엄마가 너를 신뢰하고 안 하고의 문제가 아니라, 네가 믿음직한 사람임을 스스로 엄마에게 증명해야 할 문제야. 신뢰 있는 사람은 언제나 자신을 입증할 수 있단다.

레이건 전 대통령이 자주 인용한 말처럼, 신뢰하되 검증하라.

## 쓴 뿌리와 용서하지 않는 마음

"박사님, 잘 알겠어요. 제가 아들을 용서한다고 하면서 실제로는 아들에게 압력을 행사할 수 있다는 말씀이죠. 그런데 솔직히 말해, 아들을 더 이상 용서하고 싶지 않아요. 분노를 내려놓을 힘도, 열의도 잃어버렸나 봐요."

다른 엄마는 이렇게 말할지도 모른다. "저도 용서라는 걸 해보려고 했지만 효과가 없었어요. 강하고 단호한 상태를 유지하려면 끊임없이 화를 내고 있어야 해요." 엄마는 이러한 태도가 엄마에게 상처를 주었다는 사실을 아들이 잊지 않게 하여 뉘우치는 데 동기부여가 된다고 결론짓는다. 하지만 하나님 말씀은 우리가 증오를 내려놓아야 할 핵심 이유를 이렇게 제시한다.

첫째, 히브리서 12장 15절은 이렇게 말한다. "너희는 하나님의 은혜에 이르지 못하는 자가 없도록 하고 또 쓴 뿌리가 나서 괴롭게 하여 많은 사람이 이로 말미암아 더럽게 되지 않게 하며." 쓴 뿌리(용서하지 않는 마음)는 문제를 없애지 않고 오히려 일으킨다. 실제로 엄마는 자신의 쓴 뿌리에 더럽혀진다. 외출한 사이에 집에 도둑이 들어 물건을 온통 뒤져서 훔쳐간 적이 있다면, 더럽혀진다는 것이 어떤 느낌인지 알

것이다. 마찬가지로 쓴 뿌리가 영혼을 침입해 당신을 더럽힌다. 그 더러움이 당신의 친구와 가족에게로 쏟아질 수도 있다. 본문 그대로 "많은 사람이 이로 말미암아 더럽게" 된다. 용서하지 않는 마음에서 좋은 것이 나올 리 없다.

둘째, 장기간에 걸친 분노는 사탄의 공격에 굴복하게 만들어 그리스도와의 친밀한 교제를 약화시킨다. 에베소서 4장 26~27절은 "분을 내어도 죄를 짓지 말며 해가 지도록 분을 품지 말고 마귀에게 틈을 주지 말라"라고 말한다. 사탄은 오래 지속되는 분노를 악용한다는 점을 잊지 마라. 바울은 고린도후서에서도 같은 생각을 인용했다. 고린도후서 2장 10~11절을 읽어보자. "너희가 무슨 일에든지 누구를 용서하면 나도 그리하고 내가 만일 용서한 일이 있으면 용서한 그것은 너희를 위하여 그리스도 앞에서 한 것이니 이는 우리로 사탄에게 속지 않게 하려 함이라. 우리는 그 계책을 알지 못하는 바가 아니로라." 이처럼 용서하지 않는 마음은, 우리가 분노를 내려놓았다면 사탄이 취하지 않았을 방법으로 우리에게 다가오도록 허용한다.

결국 중요한 것은, 아들이 아니다. 사탄이 마음속에 발을 디딜 수 있도록 허락하는 당신이 문제다. 사탄은 당신을 소유할 수는 없지만 억압할 것이다. 사탄은 당신의 분노를 부추기고, 인간관계와 평판을 약화시킬 것이며, 하나님이 주시는 은혜를 받지 못하게 방해할 것이다. 나는 용서하지 않는 마음과는 상종하지 않을 것이다.


## 아들의 선의를 보라

아들의 선의에 귀를 기울이라. 아들은 생각이 짧을 수도 있지만, 그렇다고 비열한 아이는 아니다. 어떤 엄마는 이렇게 말했다.

데이트 나갔다가 바람 맞았을 때 기분을 아세요? 스물여섯 살 아들과 점심 약속을 했다가 바람을 맞았는데, 나흘 뒤에 당신을 보고도 아무 말도 없다면 어떨까요? 바로 이때, 저는 선의의 원리를 기억하고 자비롭고 너그러운 마음으로 순종하는 연습을 해야겠죠. 아들은 그날 아침에 일부러 늦게 일어나고, 제게 상처를 주고, 저와의 약속을 무시하려고 작정했던 건 아닐 거예요. 마음을 털어놓을 때를 놓쳤겠죠. 생각나는 대로 마구 말하거나 언제 한번 기회를 잡아 아들을 호되게 꾸짖는 일은 이제 안 할 작정입니다.

아들이 일부러 무례하게 굴려고 했던 것은 아닐 것이다. 아들의 마음을 신뢰하고 그의 선의를 존중하라. 그래야만 상처가 치유되고 분노를 제거할 수 있다.


## 궁극적으로는 아들이 문제가 아니다

하나님은 그리스도를 따르는 엄마에게 무슨 일을 하든 "주께 하듯 하라"고 명령하신다. 예수님은 "지극히 작은 자 하나에게 한 것이 곧 내게 한 것"이라고 말씀하셨다(마 25:40). 정말로 기쁜 소식은 우리가 그리스도께 하는 모든 행동이 중요하다는 것이다. 당신은 아들의 어깨 너머로 예수님을 바라보고 힘을 얻어야 한다. 한 엄마가 이런 이메일을 보내왔다.

박사님의 가르침은 제가 아들에게 늘 존경을 보여야 한다는 깨달음을 주었어요. 저는 일곱 살 아들과 순종 문제로 엄청나게 싸우는 중입니다. 가족 관계의 악순환에 말려들면서 아들에게 반감이 생겨 너무 힘이 듭니다. 악순환에 빠지고 싶지 않지만, 출장이 잦은 남편의 도움 없이 생후 4개월부터 열세 살에 이르는 일곱 아이를 혼자 키우다시피 하다보니 주님을 섬긴다는 목적을 잃어가고 있어요. 그러던 차에 오늘 박사님의 메시지를 듣고 해방감을 맛보았어요. 아들이 제 마음을 보여주고 있다는 사실을 알게 되었어요. 이 악순환을 끊지 못해 어찌할 바를 몰랐지만, 이젠 아이 어깨너머에 계시는 예수님을 바라보려고 해요. 아이를 향한 예수님의 사랑을 보여주는 성경 말씀도 묵상할 거예요. 우리 아들을 새롭게 빚는 일을 하나님께 맡기려고 합니다.

《자녀가 간절히 바라는 사랑, 부모가 진심으로 원하는 존경》에서 나는 보상을 받는 선순환에 대해 자세히 이야기했다. 엄마가 그리스도께 하듯 행동하면, 주님은 "잘하였도다!"라고 칭찬하실 것이다. 결혼과 양육, 하인 등의 인간관계를 다루는 에베소서 5장과 6장을 통해 우리는 바울이 세운 보편적 원리를 알 수 있다. "기쁜 마음으로 섬기기를 주께 하듯 하고 사람들에게 하듯 하지 말라. 이는 각 사람이 무슨 선을 행하든지 종이나 자유인이나 주께로부터 그대로 받을 줄을 앎이라"(엡 6:7~8).

주 예수님께 하듯 아들을 대한다면 그 모든 행동이 헛되이 끝나지 않는다. 실제로 하나님이 영원토록 당신에게 보상하신다. 당신이 아들 어깨너머에 계신 그리스도를 경배하고 있다면, 위엄 있고 존중하는 태도로 아들을 대할 것이다. 실제로 아들을 격려하거나 훈육할 때 존중하는 태도를 보이고자 한다면, 아들 뒤에 계신 예수님을 믿음의 눈으로 그려보라. 그럴 때 큰 힘을 얻는다.

책을 마무리하며 해주고 싶은 이야기가 있다. 아들과의 관계에서 당신이 궁극적으로 결과를 통제할 수 없다 하더라도 자신의 행동과 반응은 통제할 수 있음을 기억하길 바란다. 당신은 아들과 주님께 용서를 구할 수 있으며, 용서하는 마음을 가질 수 있다. 아들의 어깨너머에 계신 그리스도께 하듯 행동하라. 그럴 때 당신은 인생 가운데 계신 또 다른 아들, 곧 하나님 아들의 마음을 감동하게 할 것이다.

## 부록

# 아들과의 관계 변화를 위한
# 빠른 시작 가이드

### "사랑해"를 넘어 "존경해"라고 말하라

존경이라는 단어를 사용하고 난 후 일어난 변화를 내게 말해준 엄마들의 목소리에 귀 기울여보라. 이들의 증언을 읽으면서 당신도 이번 주에 무엇을 실천할 수 있을지 생각해보라. 이 책에서 배운 원리를 빠르게 시작할 수 있도록 부록을 마련했다.

장성한 아들들을 둔 어떤 엄마는 다음과 같이 회상했다.

아들과 전화 통화를 하면서 존경이란 걸 시도해 보아야겠다고 생각했어요. 늘 그랬던 것처럼 사랑한다는 말로 마무리하는 대신에 "존경한다"고 말했죠(상황에 맞추어 내용은 조정하고요). 한 녀석은 잠시 가만히 있더니 "고마워요, 엄마"라고 했는데, 그 말에 깊은 감동을 받았어요. 정서적으로나 신앙적으로 부모와 좀 더 소원한 다른 녀석도 잠자코 있다가 "사랑합니다"라고 말하지 뭐예요. 평소 그 아이는 사랑한다는 말을 먼저 꺼내지 않고, 제가 사랑한다고 해도 대꾸하는 법이 거의 없어요. 정말 놀라운 일이었어요. 여러 방면에서 새로운 열매를 맺길 기대합니다. 먼저는 저 자신과 다른 이들을 치유하는 데 이러한 도구가 사용되길 바랍니다.

대학에 다니는 아들에게 존경 대화를 사용하고 난 다음, 한 엄마는 이렇게 말했다.

[아들은] 충격을 받은 듯 대답했어요. "엄마가 저를 존경한다고요?" 하지만 이내 아들의 행동이 달라지기 시작했어요. 녀석의 목소리와 이메일을 통해 아들이 자신의 남성성에 훨씬 자신감을 갖게 되었음을 알 수 있었어요. 아들은 '사랑'에는 사회화가 잘 되어 있었기 때문에 존경받을 필요를 인정해주자 자유의 몸이 된 것 같았죠. 독립적인 대학생활을 주저하던 태도도 사라졌답니다.

어떤 엄마는 이런 이메일을 보내왔다.

스물두 살 아들과의 관계가 하루아침에 좋아졌어요! 침묵이 그렇게 귀하다는 것을 누가 알았겠어요? 나란히 앉아서 몇 마디 말을 나누는 것이 이런 변화를 만들어내는군요. 이전엔 아들에게 사랑한다고 말하면, "알아요, 알아, 저도 사랑해요"라는 말만 돌아왔거든요. 아들이 완전히 이해하는 방법으로 제 감정을 전달할 언어를 배우는 건 정말 쉬웠어요! 제가 아는 모든 사람에게 박사님의 강연 DVD를 권한답니다. 감사합니다!

어떤 엄마는 이렇게 상세한 기록을 남겼다.

저는 학교에 다니면서 오랜 시간 심리학과 상담학, 특히 아동상담학을 공부했어요. … 이 글을 쓰기 전에 저는 (존경이라는) 주제에 관해 좀 더 생각해보고 네 살과 두 살 아들에게 몇 가지를 적용할 수 있을지 알아보기로 했죠. 딸이 없어서 비교할 수는 없지만, 오늘 밤 일어난 일을 잊어버리기 전에 나누려 합니다. 잠잘 시간에 우리는 포옹과 노래, 독서, 기도를 아주 많이 합니다. 마지막엔 언제나 껴안고 입을 맞춘 다음, 항상 아들들에게 사랑한다고 말하죠. 그러면 아이들도 늘 "저도 사랑해요"라고 대답한답니다. 아이들이 네 살과 두 살이란 점을 생각하면 정말 사랑스러운 시간이죠. 실제로 아이들이 너무나 사랑스럽답니다. 아이들은 사랑한다는 말을 자주 하고, 제가 먼저 사랑한다고 하면 "나도 사랑해요"라고 언제나 대답해줍니다(물론 앞으로도 계속 그렇진 않겠죠).

오늘 밤엔 남편이 집에 없어서 혼자 아이들을 재우고 있었죠. 으레 하던 일들을 마치고 방을 나서기 전, 네 살짜리 아들에게 얼굴을 가까이 대고 이렇게 말해주었어요. "브렌단, 엄마는 너를 정말로 존경해." 아들은 입이 귀에 걸린 채 수줍은 듯 대답했어요. "고마워요." 아들은 대체로 예의가 바른 편이어서 "고마워요"라는 말을 들어보지 못했던 건 아니지만, 그 상황에서 저는 홀딱 반하고 말았어요. 저는 아들이 "그게 무슨 뜻이에요?"라고 묻거나 제 말을 똑같이 따라할 거라 예상했던 것 같아요. 하지만 아니었죠. 아들은 고마워했어요. … 저는 아들들에게 진심으로 너희를 존경한다고 계속 이야기할 작정입니다. 박사님의 능력 있는 사역에 감사합니다. 제 언니들에게도 이 정보를 이미 전해주었답니다.

아들이 존경이라는 개념에 어떻게 반응하는지 알고 싶어 했던 한 엄마는 내게 이렇게 말했다.

아론은 매력이 있어요. (이제 겨우 다섯 살인데도) 여자들에게 인기가 많죠.

저는 아들에게 사랑한다는 말을 자주 하는데, 그러면 아이는 "저도 사랑해요"라고 대답합니다. 하지만 제가 아들에게 좋아한다고 말하면 이렇게 대답하죠. "제가 하고 싶은 걸 못하게 하더라도 엄마를 사랑해요." 저는 그게 더 진심 어린 대답 같아요. 아론이 제가 한 말을 앵무새처럼 반복하지 않았거든요. 제가 존경이라는 아들의 언어로 이야기했을 때, 아들이 사랑이라는 제 언어로 대답했다고 생각합니다. 아들이 먼저 "엄마 사랑해요"라고 말한 적은 없어요. 그래서 제가 아들을 좋아한다고 말하고 난 뒤에 그 말을 듣는 게 제게 의미 있었어요.

또 다른 엄마는 이렇게 말했다.

열다섯 살 아들에게 박사님이 말씀하신 존경 테스트를 해보기로 마음먹었어요. 토요일 밤, 아들에게 존경한다는 문자메시지를 보냈죠. 몇 분 뒤, 아들이 "고마워요 엄마, 근데 왜요?"라고 답했어요. 그래서 이유를 말해주었죠. 아들이 "뜬금없지만 고마워요, 엄마"라고 답을 보냈어요. 집에 돌아와 아들을 본 날이 밸런타인데이였어요. 그래서 아들에게 작은 초콜릿 상자를 건넸죠. 아들이 말했어요. "멋진데요, 주말에 엄마가 보낸 문자메시지처럼요." 평소 아들은 저랑 별로 말하고 싶어 하지 않아요(열다섯 살 남자아이가 대개 그렇죠). 저는 정말로 깜짝 놀랐어요. 앞으로도 아들에게 필요한 존경을 계속 표현할 겁니다. 박사님의 사역에 감사드려요. 얼마나 아름다운 은사인지 모릅니다.

엄마는 아들이 보이는 전형적인 태도와 반응을 알고 있다. 그런 까닭에 존경을 적용할 때 나타나는 어떤 현상은 외부인의 시선에는 무척 단순해 보이기도 한다. 그러나 엄마는 그것이 평범하지 않다는 것을 안다. 그래서 끊임없이 이렇게 말한다. "제게 그건 정말 엄청난 일이에요. 이 아이는 한 번도 '엄마 사랑해요'라고 말한 적이 없거든요. 말하자면 홀딱 반해버렸어요.

존경 대화에 관한 가르침을 훈육에 적용한 어느 아빠의 이야기를 들어보자.

"아들아, 아빠는 네가 명예로운 남자라는 걸 아는데…"라는 말로 훈육했을 때, 아들이 보인 반응에 전 깜짝 놀랐습니다. 아들은 저와 함께 어깨를 나란히 하고 침대에 앉거나, 산책할 때 훨씬 더 열린 마음으로 훈육에 반응합니다.

아들과 딸이 싸우면 이제 더 이상 아들에게 "왜 여동생을 때렸니?"라고 묻지 않고, 침대에 나란히 앉아 이렇게 말합니다. "아들아, 아빠는 네가 명예로운 남자라는 걸 알아. 그래서 네가 동생을 때리려는 이유를 이해할 수 없구나." 그리고는 아들에게 잠깐 생각할 시간을 준 다음, 여동생을 때리는 것은 용납할 수 없으며, 이번 일을 통해 교훈을 배우고 앞으로는 명예롭게 행동할 수 있길 바란다고 전합니다.

저는 사람들에게, 아들을 훈육할 땐 박사님이 말씀하신 명예로운 남자 접근법을 사용하라고 말합니다. 모두들 제 말뜻을 이해하죠! 박사님께 가장 먼저 드리고 싶은 말씀은, 박사님의 가르침으로 제가 아들과 문제를 논의하는 방법이 달라졌다는 것입니다. 그 결과는 놀라웠습니다. 무심코 아들을 망신 주는 일이 훨씬 줄어들었고, 아들이 홀로 앉아 문제를 반성한 다음 가족들과 다시 어울리는 데 걸리는 시간도 훨씬 빨라졌습니다.

이 아빠의 이야기를 듣고 똑같이 적용해보라. 효과 만점이다. 이런 표현을 사용하면 좋을 것 같다. "엄마는 너를 존경해." "고맙구나." "엄마는 네가 자랑스러워." 혹은 아들을 훈육할 때는 이런 말을 할 수 있다. "넌 명예로운 남자란다. 그러니 이런 행동을 한 이유를 엄마가 이해할 수 있게 도와줘." 몇 가지 주의 사항이 있다.

### 첫째, 언제나 진실만을 말하라

없는 말을 지어내서는 안 된다. 정직하게 존경을 담아 말할 내용을 찾으라. 아들은 속임수를 금세 알아차린다. 존경 문제에 관한 한 눈치가 빠르다. 마음 깊은 곳에서 존경을 원하는 아들은 이 문제에 민감하다. 여기서 엄마는 조심스레 발을 내디뎌야 한다. 최대한 정직하고 진실하게 이 말을 사용해야 한다.

### 둘째, "존경해"라는 말을 남용하지 말라

남성은 여성이 끊임없이 "사랑해"라고 표현하는 것처럼 "존경해"라고 말하며 다니지 않는다. 다시 말해, 당신이 매일 사용하는 "사랑해"라는 말을 "존경해"로 대체하라는 것이 아니다.

아들은 엄마가 자기 내면의 필요를 채워주는 대신에 자기에게서 뭔가를 얻어내기 위해 일종의 기술을 사용한다는 것을 감지한다. 이 책을 읽다 보면 존경 대화를 언제, 어디서 사용해야 할지를 배우게 된다. 연령대에 따른 풍부한 예시를 활용하는 요령을 터득할 것이다. 마음을 편하게 먹고 천천히 시작하라. 존경을 남발하지 말라.

경황이 없어서 아들에게 존경한다는 말을 들려줄 적절한 타이밍을 놓쳤을 수 있다. 그럴 땐 하루의 끝자락에서 그날 있었던 일을 돌아보며 아들에게 이렇게 말하면 된다. "오늘 네가 엄마에게 한 말을 생각해보았는데, 네 말이 맞더구나. 그런 점에서 너를 정말 존경해."

존경 대화는 사실 여부가 중요하지 분초를 다투지는 않는다. 아들이 그런 말을 들을 만한 행동이나 말을 실제로 했는가? 두 주 전이든 두 달 전이든 그런 사실을 기억한다면 아들에게 말해주라.

일반적으로 여성 사이의 사랑 표현은 즉시 모녀에게 일체감을 안겨주지만, 모자 관계에선 그 과정이 다르다. 존경의 말 자체보다는 그 말에 담긴 요지가 아들에게 더 감동을 주고, 용기를 북돋고, 동기를 부여하며 영향을 미친다. 두 주가 지난 후에 그 이야기를 꺼내더라도 괜찮은 이유다.

**셋째, 심각한 무례함으로 애써 쌓은 사랑과 존경이 사라질 수 있다**

우리는 모두 존경하는 마음으로 진리를 소통해야 한다는 사실을 안다. 그러나 그 전달 방법에는 주의를 기울이지 않는다. 예를 들어, 엄마가 하는 말 자체는 옳을 수 있지만 고래고래 소리를 지르며 그 말을 하는 것은 잘못이다. 오늘 아들에게 무례하게 내뱉은 엄마의 말투와 목소리에 어제 엄마가 한 인정의 말이 날아간다.

나는 결혼 상담을 하면서 부부에게 이런 자문을 해보라고 말한다. "지금 내가 하려는 말이 정중하게 들릴까, 아니면 무례하게 들릴까?" 대부분 가려낼 수 있다. 물론 답을 모르겠다면 상대방에게 물어보면 된다. "내 말이 정중하게 들리나요, 아니면 무례하게 들리나요?"

말하고 난 후 자문해보라. "내가 아들에게 무례하게 말한 것일까?" 잘 모르겠다면 아들에게 물어보라. "엄마가 한 말이 사납게 느껴지진 않았니?" 존경을 잘 쌓아뒀다가 한두 차례의 실수로 다 까먹고 싶은 엄마는 없을 것이다. 이 두 질문은 엄마가 아들과의 관계를 망치지 않도록 돕는다.

## 넷째, 긴장을 풀라

이것은 100미터 달리기가 아니다. 얼른 해치우고 사랑으로 다시 돌아가려고 '존경'을 실천해서는 안 된다. 존경은 일회성 운동이 아니다. 아들 내면의 존경에 관한 필요를 채우려는 평생에 걸친 헌신이다. 당신은 아들을 사랑하기에, 마치 딸을 사랑하는 아빠가 딸의 필요를 채워주는 것처럼, 존경을 바라는 아들의 남성적 필요를 끊임없이 채워줄 수 있다. 평생 사랑하고 존경하라.

## 아들에게 물어보라

한 엄마가 내게 이런 말을 했다.

그날 저녁, 열한 살 아들과 멋진 대화를 했어요. 우리는 외식하고 함께 영화를 보았어요(여동생과 아빠가 빠진 드문 기회였죠). 저는 아들에게 엄마와 아빠에게 어떤 말을 듣는 것이 더 중요한지 물었어요. "우리는 너를 사랑한단다"와 "우리는 네가 자랑스럽다, 널 소중하게 생각한다, 존경한다" 중에서요. 아들은 잠시 생각하더니 우리가 자기를 소중하게 생각한다거나 자랑스럽게 여긴다고 말해주는 편이 더 중요하다고 분명하게 말했답니다.

아들이 어렸을 때(일고여덟 살쯤)는 우리가 사랑한다고 말하고 애정 표현을 하는 것이 더 중요했다고 말했어요. 이제 중학교에 들어가니 아들에게 독립을 허용하는 것이 더 중요해 보입니다. 아들은 엄마가 시시콜콜 꼬투리를 잡으면 굉장히 못마땅해하거든요.

어린 남자아이들은 아직 존경 같은 함축적 개념을 충분히 이해하지 못한다. 나는 네 살인 손자 잭슨에게 할아버지가 "사랑해"라고 말해주는 것이 좋은지, 아니면 "존경해"라고 말해주는 것이 좋은지 물었다. 손자는 "사랑해"라고 대답했다.

나는 다시 물었다. "존경이 무슨 뜻인지 아니?" 잭슨은 모른다고 했다. 그래서 손자에게 그 단어를 설명했다. "네가 슈퍼맨 옷을 입고 용감하고 힘이 세졌을 때, 할아버지가 '슈퍼맨이 된 너를 사랑한다'라고 말해주면 좋겠니, 아니면 '슈퍼맨이 된 너를 존경한다'라고 말해주면 좋겠니?"

말이 끝나기가 무섭게 잭슨은 엄청 큰 소리로 대답했다. "존경이요!" 잭슨은 몰랐던 것을 알게 되었다. 구체적인 단어 설명을 듣고 '이해하게' 된 것이다. 아들이 아직 존경이라는 개념을 이해하지 못한다면, 엄마들이 항상 사용해온 사랑이라는 단어를 기본적으로 사용할 것이다.

이 질문을 해보면 아들의 대답에 깜짝 놀라게 될 수도 있다. 만약 아들이 '존경'이라고 대답하는데, 당신이 못마땅하다는 태도를 보인다면, 아들은 마음의 문을 닫아버릴 수도 있다. 엄마의 반대를 좋아할 아들은 없다.

우리가 개최하는 결혼 세미나에서도 남편에게 존경이 필요하다는 점을 다루는데, 세미나 후 수많은 여성이 남편에게 묻는다. "정말 그렇게 느껴요?" 그들은 내가 한 이야기가 사실이라고 믿지 못하고, 남편이 이렇게 말해주길 바란다. "아니, 난 아닌 것 같아." 그런데 대부분 남편은 오히려 순순히 말한다. "내가 오랜 세월 동안 무슨 이야기를 하고 싶었던 것 같소?" 충격에 휩싸인 수많은 아내들이 편지를 보내온다. "남편이 그렇게 생각하는 줄 꿈에도 몰랐어요."

엄마는 아들에게 질문할 때도 똑같은 말투와 단어를 사용한다. "너는 엄마의 사랑을 원하니, 존경을 원하니? 분명 존경은 아닐 거야, 그렇지?" 엄마의 질문은 요구에 가깝다. 아들이 "존경이요"라고 답하는 것을 듣고 싶지 않을 수 있다. 마음 깊은 곳에선 자신이 보인 수많은 무례함을 알고 있기 때문이다.

많은 여성은 자신이 집에서는 경멸을 드러내는 사람이 된다고 말한다. 지치고, 좌절하고, 상처받고, 화가 난 엄마는 가장 스트레스가 되는 자녀(대부분은 아들)에게 화풀이를 한다. 결과적으로 이런 정보를 들으면 엄마는 죄책감에 사로잡힌다. "뭐라고? 존경을 원한다고? 지금 엄마가 무례하다고 말하는 거니? 어쩜 그런 말을 할 수 있니?" 엄마는 아들의 말문을 막아버린다. 엄마는 자신이 아들을 함부로 대한다는 것을 알지만 이를 합리화한다.

아내 사라는 우리가 개최하는 세미나에서 이 문제를 다루며 이렇게 묻는다. "여러분은 며느리가 아들에게 습관적으로 무례하게 대하길 바라시나요?" 그럴 엄마는 아무도 없다. 모든 엄마는 며느리에게 요구할지도 모르는 일에 본보기가 되어야 한다.

아들이 항상 그런 대접을 받을 자격은 없더라도 아들을 존중하는 마음이 잘 전해지도록 말할 필요가 있다. 아들의 미덥지 못한 행동을 마주했을 때 엄마는 무례해지기 쉽다. 존경 대화란 아들이 존경받을 만해서 하는 것이 아니라, 엄마가 존경스러운 태도로 진실을 전달하는 과정임을 염두에 두어야 한다. 경멸하는 말은 남성의 마음에 사랑과 애정 같은 좋은 감정을 만들어내지 못한다.

어떤 아빠는 이렇게 말했다.

제가 관찰한 사실이 하나 더 있습니다. 우리 집에는 열 살과 열두 살 아들이 있습니다. 〈사랑과 존경〉 세미나 CD를 듣고 나서, 저는 아들들이 저들 엄마와 어떻게 상호작용하는지 주의 깊게 살피기 시작했습니다. 알고 보니 아이들도 나름대로 작은 악순환을 겪고 있었습니다. 제가 아는 그런 말투, 즉 업신여기고 못마땅해하는 말투로 아내가 아이들에게 말하면, 아이들이 어떻게 의기소침해지는지 알 수 있죠. 아이들은 이내 무정하고 무례한 행동을 보이고, 우리 부부도 아이들을 그렇게 대하게 됩니다. 저는 아내가 이 진실을 잘 익혀서 결혼 생활뿐 아니라 두 아들과의 관계에서도 유익을 얻길 기도합니다. 이제 저는 매일 아들들에게 조언합니다. 열두 살 아들 말마따나 엄마가 "심하게 트집을 잡더라도" 엄마에게 사랑을 표현하라고요.

일부 엄마들은 악순환의 불을 당긴다. 존경하는 마음이 없는 아들은 사랑 없는 반응을 하고, 사랑(과 존경)이 없는 엄마는 존경 없는 반응을 한다. 그런 까닭에 나는 엄마에게 묻는다. "당신이 느끼기에 다정하지 않은 방법으로 아들이 반응하면, 당신 역시 무례한 방법으로 반응하나요?" 혹시 이런 악순환에 빠져 있지 않은가?

악순환을 확인한 많은 엄마들은 이를 멈추고 싶어 한다. 무례함은 대부분 아들에게 부정적이며 사랑스럽지 않은 반응을 일으키는데, 특히 아이들이 크면서 더 그러하다. 엄마가 이러한 역학을 일단 이해하기만 하면, 존경 대화가 지닌 힘으로 악순환을 완화할 수 있다. 물론 이런 정보는 많은 질문을 불러온다.

한 엄마가 이렇게 물었다. "우리는 아들이 남성이 되어가는 중이며, 남자다워지기 위해서 존경이 필요하다는 것을 알고 있어요. 하지만 아이를 바로잡아주어야 할 부분도 아직 많습니다. 악순환이 일어나지 않으면서 사춘기 아들을 바로잡을 수 있는 방법을 제안해주시겠어요?" 물론이다. 나는 그 해결책을 이 책의 각 장에서 골고루 다루고 있다.

아내 사라가 친구와 점심을 먹었다. 두 사람이 테이블에 앉아 있는데 남자 지배인이 찾아와 대화를 나누게 되었다. 대화 중에 아내는 내가 엄마와 아들 사이에 존경을 담은 엄마의 말이 얼마나 중요한지에 관한 책을 집필하는 중이라고 말했다. 무언가에 홀린 듯, 이 남자는 고통스럽게 이야기를 꺼냈다. "제 아내와 아들이 그래요. 아내는 아들을 무시하고 경멸합니다. 그래야 말을 듣는다면서요. 감정적으로 아들을 죽이는 말을 하죠. 그러면 아들은 반발이 심합니다."

틀림없다! 무례함은 아들에게서 사랑스럽지 않고 무례한 반응을 일으킨다. 때로는 강아지가 저지른 난장판을 아들이 치우게 하는 효과를 내기도 하지만, 장기적으로는 악순환을 부추긴다. 무례함으로는 악순환의 광기를 줄일 수 없다.

질문으로 돌아가자. "너는 '사랑해'라는 말을 듣고 싶니, 아니면 '존경해'라는 말을 듣고 싶니?" 만약 아들이 "사랑이요"라고 대답한다면 어떨까? 어떤 아이들은 정말로 사랑을 원해서 '사랑'을 선택하는데, 그건 괜찮다. 남자아이가 이런 방식으로 자신을 표현하는 것은 충분히 용인될 수 있다.

아홉 살 필립은 사랑과 존경 중에 무엇을 원하느냐는 엄마의 질문에 이렇게 말했다. "당연히 사랑이죠. 사랑 없이는 못 살아요. 사랑은 제게 아주 큰 의미예요." 그의 엄마는 이렇게 말한다. "필립은 '사랑해'라는 말을 좋아해요. 필립도 '저는 엄마를 너무 너무 사랑해요'라고 말하죠." 우리가 실시한 연구에서 남성의 17퍼센트가 사랑을 더 선호한다고 응답했다. 나는 남자아이가 자신이 느끼지도 못하는 것을 말하게 하려는 의도는 없다.

그러나 같은 연구는 83퍼센트의 남성이 존경을 느끼고자 하는 필요에 자연스럽게 이끌린다고 말한다. 나는 "당연히 사랑이지요"라고 외치는 남자아이에 대해 걱정하지 않는다. 엄마는 당연히 그 아이를 사랑할 것이다. 모두에게 다 좋은 일이다. 내가 걱정하는 건 엄마의 존경을 원하지만 무시당하는 아들이다.

엄마가 상처받을까 봐 두려워 "사랑이요"라고 아들이 말하는 것은 아닌지 확인하라. 당신이 사랑한다는 말이요"라는 대답을 바라며 질문한다고 감지하면, 아들은 당신이 듣기 원하는 대답을 할 것이다. 당신과 의견 충돌을 빚어 무시당하고 싶지 않기 때문이다.

어떤 엄마는 이런 말을 했다.

아들이 열한 살밖에 안 되었지만, 그래도 아들에게 존경을 보여주어야 한다는 걸 알게 되었어요. 아들이 무시당한다는 느낌을 갖지 않도록 말을 신중하게 가려서 합니다. 제가 하는 말에 아들이 마음을 다치지 않도록 늘 조심하죠.

다음은 두 배로 점수를 얻는 방법이다. 아들에게 물어보라. "사람들이 너를 어떻게 대하면 네가 존경과 존중, 인정을 받는 느낌이 드니?" 어떤 아이는 이런 질문을 받아보거나 이런 주제로 대화할 기회조차 없었을 것이다. 대부분 아이는 이렇게 대답한다. "잘 모르겠는데요." 대다수 남자아이는 존경에 대한 자신의 느낌을 설명하기 어려워하지만, 딸은 "사람들이 어떻게 해주면 사랑받는다는 느낌이 드니?"라는 질문을 받으면 길게 설명한다.

아이가 즉시 대답하지 못한다고 해서 이 문제가 아들에게 대수롭지 않은 것이라고 결론짓지 말라. 남자아이는 상대적으로 표현이나 반응이 적을 뿐이다.

사랑 대화를 그만두고 존경 대화만 하라는 말이 아니다. 아들들에게는 사랑과 존경이 모두 필요하다. 어떤 엄마가 이런 이메일을 보내 왔다.

저는 (세 살, 다섯 살, 일곱 살) 아들만 셋 있어요! 그래서 아들 엄마 입장에 서만 말할 수 있죠. 아이들은 아직 어려서 사랑과 존경 중에서 자기가 원하는 것이 뭔지 정확하게 말로 표현하지 못해요. 하지만 저는 딱 알 수 있죠. … 큰아들은 우리가 자기를 사랑한다고 말해주길 원하면서도 존경의 말에 더 잘 반응합니다. 아들의 행동이 자랑스럽다고 말해주면 녀석은 뿌듯해하면서 구체적으로 어떤 상황에서 제가 자기를 자랑스러 워하는지 더 알고 싶어 합니다.

바로 이것이다. 이것은 동전의 양면과 같다. 당신은 아들을 사랑하 면서도 존경에 대한 필요는 채워주지 못할 수 있다. 아들을 정말로 사 랑하지만 아들을 자랑스러워하진 못할 수 있다. 그렇다면 아들은 엄마 가 자신을 한 인격으로 존경하지 않는다고 이해한다. 어떤 엄마는 서 슴없이 이렇게 고백한다. "저는 아들을 엄청나게 사랑하지만, 항상 좋 아하거나 존경하는 건 아니에요. 그래도 부정적인 감정을 내비치지 않 으려고 애쓰죠. 아들 때문에 가끔 좌절하고 화가 나요. 제 말을 듣지 않으니까요."

흥미롭게도, 나이가 들면서 아들은 엄마보다 더 엄마의 진짜 태도 를 잘 이해하게 된다. "엄마는 저를 사랑하지만 자랑스러워하진 않아 요." 엄마가 "그래도 널 사랑하잖니"라고 말하면, 이제 성인이 된 남자 는 화가 나서 이렇게 대답한다. "그건 저도 알아요. 엄마는 항상 그렇 게 말하잖아요." 당황하고 상처받은 엄마는 아직도 이 상황을 이해하 지 못한다. 아들은 다만 엄마의 존경을 느끼고 싶은 것이다.

## 난생처음 다시 듣는 아들 이야기

듣고 싶은 말만 듣는 당신에게 아들이 하는 이야기를 다시 들어볼 것을 권한다. 존경 언어를 당신과 별 상관없는 것으로 보았기에 당신이 주의를 기울이지 않았음을 깨닫게 될 것이다.

나는 엄마들에게 주의 깊게 들으라고 권한다. 아들이 파란색 확성기를 들고 말하므로 당신은 파란색 보청기를 껴야 한다. 당신의 분홍색 보청기는 다른 주파수로 작동하기 때문이다.

왜 엄마는 아들이 존경에 대해 하는 말을 듣지 못하는가? 심리학에서는 이를 두고 "선택적 노출"(selective exposure)이라고 한다. 엄마는 자기가 듣고 싶은 말만 들으려는 성향이 있다. 자기가 찾는 것이 아니면 보지 않는다. 대부분 엄마는 아들들이 좀 더 사랑스러워지길 바란다. 엄마는 아들에게 좀 더 민감하라고, 사과하라고, 다른 사람의 눈을 바라보라고, 상대방의 안부를 물어보라고, 좀 더 착하게 굴라고 끊임없이 요구한다. 엄마가 바라는 사랑스러운 태도와 행동 목록은 계속 늘어난다. 엄마는 만사를 사랑의 체로 거른다. 엄마는 사랑의 대화에 선택적으로 주의를 집중한다.

게다가 엄마는 매일 아들을 사랑하고 아들의 필요를 챙기므로, 아들이 자신에게 적절한 반응을 보이고 감사하길 바란다. 훌륭한 아들은 엄마에게 감사하는 법이므로, 엄마는 자신이 아들을 위해 하는 모든 일을 아들이 소중하게 여기는지 그렇지 않은지를 주시한다. 사랑이 지배하는 엄마의 생각에서 존경은 찾아볼 수 없다.

선택적 노출이란 엄마가 사랑 외에는 아무것도 보지 못하게 눈가리개를 쓴다는 뜻이다. 눈가리개를 씌운 말은 오로지 앞만 볼 뿐 자신을 둘러싼 세상을 보지 못한다. 눈가리개는 말이 겁을 먹지 않도록 하는 데는 최고다. 그러나 눈가리개를 쓰면 엄마는 존경을 바라는 아들의 필요를 보지 못하게 된다. 이것은 좋은 일이 아니다.

한 엄마는 이렇게 말했다.

[제젠] 아홉 살 아들이 있어요. 이번 주에 세상에서 가장 귀여운 손 글씨로 쓴 어버이날 카드를 받았는데, 카드 맨 첫 줄을 보고 깜짝 놀랐어요. "저를 존중해주셔서 감사해요." 나머지는 자기 빨래를 해주어서 고맙다는 말과 제가 수학을 잘한다는 내용이었는데, 존경이라는 말이 가장 위에 있었죠.

이 아들은 엄마에게 자신에 대한 중요한 사실을 드러냈다. 그저 스쳐 지나갈 뻔했던 아들의 글이 엄마에게 큰 울림을 주었다.

## 빨리 포기하지 않겠다고 지금 결심하라

나는 별다른 노력을 하지 않고도 손쉽게 엄마들을 죄책감에 빠뜨릴 수 있다. 엄마의 세심함과 사랑은 너무나 강렬해서, 존경 대화에 실패했다는(혹은 더 심하게는, 무례함을 보였다는) 아주 작은 낌새만 비추어도 엄마는 수치심과 죄책감에 입을 꾹 다문다.

스스로 형편없는 엄마처럼 느껴지는가? 어떤 엄마는 다른 분야에서는 탁월하지만 육아 이야기만 나오면 마음이 힘들어진다. 한 번의 실수가 이 엄마의 모든 성공을 집어삼킨다. 워낙 세심하기 때문에 좋은 엄마, 사랑이 넘치는 엄마가 되어야 한다는 염려에 휩싸이다가 결국 죄책감에 빠지고 만다. 그런데 내가 기이하게 생각하는 것이 있다. 이들 중에 갑작스레 '존경의 방'에서 빠져나가려는 사람이 있다는 것이다. 흥미진진한 마라톤 경기의 출발선에 서는 대신에 아예 경주를 포기한다. 이들은 트랙으로 절대 돌아오지 않는다.

사실, 아들은 당신의 사랑하는 마음을 알고 있다. 남편에게 상처를 받았을 때, 당신이 어떻게 반응하는지 생각해보라. 남편이 겸손하게 "무정하게 대해 정말 미안하오. 용서해주겠소? 내가 잘못했소"라고 말할 때, 당신은 얼마나 빨리 마음이 누그러지고 관계를 회복하는가? 내가 아는 대부분의 아내는 마음이 풀린다. 사랑의 대화는 상처를 치유한다.

이 책에서 말하는 존경 대화는 이와 유사하게 아들의 마음을 어루만진다. 존경 대화를 구성하는 어휘는 몇 단어밖에 되지 않으므로 익히는 데 오랜 시간이 걸리지 않는다. 당신은 남성이 얼마나 빨리 용서하고 잊어버리고 다음으로 넘어가는지 알게 될 것이다. 존경 대화가 아들의 상처를 얼마나 빠르게 치유하는지 깨달았으면 좋겠다.

어떤 사람은 이 책을 읽고 난 후 가장 친한 친구에게 이렇게 말하기도 한다. "어떤 사람이 그러는데 우리가 아들을 존경해야 한대." 친구는 곧바로 대꾸한다. "뭐? 아들을 존경하라고? 아들이 너를 존경해야지 무슨 말도 안 되는 소리야. 네 아들은 엄마의 사랑에 감사하고 좀 더 사랑스러워져야 해. 우리 아들도 마찬가지고. 이건 엄마가 할 일이 아니라 아들들이 해야 할 일 같아."

덧붙이자면, 엄마 중 일부는 자신에게 이렇게 말한다. '지금 내 모습만으로도 충분히 기분이 나빠. 더 이상 비참해지고 싶지 않아. 지금으로선 뭔가를 추가할 수 없어. 존경이라는 주제를 감당할 여력이 없다고.' 이런 엄마는 내면의 평정을 유지하고자 최선을 다해 좋은 기분을 느끼려고 존경 대화를 중도 포기하고 말 것이다.

아무도 일깨우지 않는다면 당신은 한두 주 만에 아들의 모국어를 잊는다. 당신은 분명 빨리 포기하고, 모든 관심을 사랑의 대화로 돌릴 것이다. 늘 그랬듯이. 사랑의 대화는 당신의 모국어이기 때문이다. 결코 늦지 않았다. 이 책은 당신을 회복 과정으로 안내할 것이다. 하지만 당신이 먼저 암흑을 빠져나와 빛으로 나아가기로 결정해야 한다.

### 바로 지금, 하나님의 도움을 구하라

하나님은 당신이 엄마로서 아들에게 미치는 영향에 관심이 많으시다. 그리고 당신이 아들을 위해 드리는 기도를 항상 듣고 계신다. 계속 기도하면서 아들에게 존경을 보여줄 방법을 알려달라는 기도 제목을 추가하길 권한다. 사도 야고보는 우리가 얻지 못함은 구하지 않기 때문이라고 말한다(약 4:2). 그러니 구하자!

어떤 엄마는 이렇게 말했다.

오늘 아침에 잠을 이루지 못했어요. 저는 하나님께 기도하며 어떻게 하면 좋을지 여쭤보았어요. 우리 집에서 벌어지는 상황은 제가 알기론 있을 수 없는 일이었거든요. 지난밤 저는 특별히 아들의 행동을 곰곰이 생각해보았어요. 하나님이 완벽한 타이밍에 박사님의 글을 읽도록 인도하셨다고 믿어요. 아들을 존경해야 한다는 메시지 말이에요. 박사님 글에 나오는 다른 엄마의 비슷한 증언에도 공감이 갔고요. 하나님은 매우 감정적인 상황에서 도움을 구하는 제 기도에 응답하셨어요. 저는 이제 잠시 일을 멈추고 주님과 경건의 시간을 가지려 합니다.

또 다른 엄마는 이렇게 말했다.

[2009년에] 〈사랑과 존경〉 세미나에 참석했어요. 결혼 생활에 도움을

받을 생각으로 갔는데, 강의를 들으면서 굉장히 가깝게 지내던 열여덟 살 아들과의 관계가 악화된 일을 곰곰이 생각하게 되었어요. 세미나에 참석하기 전엔 왜 아들과 사이가 멀어졌는지 몰랐어요. 문제는 존경이 었어요. 아들은 간절히 존경을 바랐고, 저는 그것을 표현하는 방법을 알지 못했어요. 사랑을 표현할 줄은 알았지만 존경은 몰랐죠. 아들이 집안일을 미루는 등 열여덟 살짜리 특유의 행동을 할 때면 특히 그랬어요. 그러니 제가 어떻게 아들의 나쁜 행동을 바로잡고 존경을 보여줄 수 있었겠어요?

집에 돌아온 저는 주님께 방법을 보여달라고 기도했어요. 그랬더니 정말로 보여주셨어요! 아들의 잘못에 잔소리를 퍼붓는 대신, 집안일을 미루면 엄마가 어떤 기분이 드는지, 마치 네가 엄마 기분은 신경도 쓰지 않는 것처럼 느껴진다고 아들에게 부드러운 목소리로 말했어요.

엄마는 자신의 마음을 전달하면서 아들의 힘과 도움이 필요하다는 말도 전했다. 이 말에 아들에게 책임감이 생겼다. "석 달이 지나지 않아 우리는 그 어느 때보다 친해졌어요!"

어떤 엄마는 이런 말을 했다. "저는 하나님이 제 눈을 열어 존경하는 방법을 보게 해달라는 간구로 하루를 시작합니다. 그러면서 미리 생각하며 행동하게 되었고, 아들이 반발하는 상황도 줄어든 것 같아요."

하나님은 우리 자신과 자녀를 하나님의 손에 맡기라고 하신다. 엄마는 아들 안에 있는 궁극적인 결과를 통제할 수는 없지만, 아들에 대한 자신의 행동과 반응을 통제할 수 있도록 도와달라고 간구할 수 있다. 엄마는 아들의 마음을 어루만지는 방법으로 정중하게 행동할 기회를 달라고 간구할 수 있다. 아들을 기죽이고 좌절하게 하는 무례한 행동을 멈추게 해달라고 간구할 수 있다. 예수님을 향한 엄마의 신뢰와 순종은 전혀 헛되지 않고 모두 의미가 있다. 예수님께는 모든 것이 중요하다.

바로 지금, 함께 기도해보면 어떻겠는가?

주님, 제가 아들에게 사랑을 얼마나 편안하게 표현하는지 주님은 아십니다. 주님은 저를 사랑하는 사람으로 창조하셨습니다. 그렇기에 주님은 이 존경 대화가 저에게 얼마나 낯설게 들리는지 아실 거예요. 제가 배운 내용을 다 이해할 수는 없지만, 아들에게 존경이 필요하다는 것은 알겠습니다. 아들 안에는 정말 한 남자가 있습니다. 명예와 존경이 아들에게 힘을 북돋우고 동기를 부여합니다. 저는 아들이 저만의 소중하고 사랑스러운 아기로 남길 바랐지만, 주님은 이 아이를 존경이 필요한 한 남성으로 살게 하셨습니다.

저는 이것을 주님의 계획으로 받아들입니다. 남성을 존경하는 것에 반대하고 멸시를 조장하는 이 시대와 문화 가운데서 저를 도와주십시오. 이 시대와 문화에 영향을 받지 않고 주님의 영향을 받게 해주십시오.

아들에게 가장 좋은 것을 해줄 수 있게 도와주십시오. 존경에 대한 아들의 필요를 채우는 일에서 저를 인도해주십시오. 저와 아들 모두 이 문제에서 주님의 격려가 필요합니다. 그리고 제가 아들에게 함부로 대했던 시간을 용서해주십시오. 이 모든 말씀 예수님의 이름으로 기도합니다, 아멘.

# 미주

## 1장. 왜 사랑만으로는 부족한가?

1. Shaunti Feldhahn, *For Women Only: What You Need to Know About the Lives of Men* (Colorado Springs: Multnomah, 2004), p. 17. (《여자들만 위하여》, 미션월드 라이브러리, 2005).

2. Louann Brizendine, *The Female Brain* (New York: Doubleday, 2006), pp. 34-35. (《여자의 뇌, 여자의 발견》, 리더스북, 2007).

## 2장. 아들을 존경하라니, 이게 무슨 말이지?

1. Lauren Mackenzie and Megan Wallace, "The Communication of Respect as a Significant Dimension of Cross-Cultural Communication Competence." *Cross-Cultural Communication* 7, no. 3 (2011):11.

2. Bernd Simon, "Respect, Equality, and Power: A Social Psychological Perspective", *Gruppendynamik und Organisationsberatung* 38, no. 3 (2007): pp. 309-326.

3. Louann Brizendine, *The Female Brain* (New York: Doubleday, 2006), p. 1.

## 4장. 도무지 아들을 모르겠다고 생각될 때, 기억해야 할 6가지

1. Dannah Gresh, *What Are You Waiting For? The One Thing No One Ever Tells You About Sex* (Colorado Springs: WaterBook, 2001), p. 4.
2. Louann Brizendine, *The Female Brain* (New York: Doubleday, 2006), pp. 15-18.
3. Shaunti Feldhahn, *For Women Only: What You Need to Know About the Lives of Men* (Colorado Springs: Multnomah, 2004), p. 17.

## 5장. 정복: 아들의 열정과 재능을 살려주는 엄마

1. Tony Perkins, "2016 Field: The Doctor Is IN!" *The Patriot Post*, last modified May 5, 2015, http://patriotpost.us/opinion/34993.

## 7장. 권위: 아들의 남성성을 존중하는 엄마

1. Louann Brizendine, *The Female Brain* (New York: Doubleday, 2006), pp. 34-35.
2. Deborah Tannen, *Talking from 9 to 5: Women and Men at Work* (New York: William Morrow Paperbacks, 2001), p. 167. (《일터에서의 남vs여 대화의 법칙》, 예문, 2003).
3. D. Leyk, et al., "Hand-grip strength of young men, women and highly trained female athletes", *European Journal of Applied Physiology* 99, no. 4 (2007): pp. 415-421.

## 8장. 통찰: 문제를 해결하려는 아들의 의지를 존중하는 엄마

1. Online Etymology Dictionary, s.v. "sophomore", http://www.etymonline/index.php?term=sophomore.

## 9장. 유대: 아들이 관계맺는 방식을 이해하는 엄마

1. Oxford Dictionaries. s.v. "rapport", last modified October 3. 2015, http://oxforddictionaries.com/us/definition/american_english/rapport.

2. Deborah Tannen, *Gender and Discourse* (New York: Oxford University Press, 2003), pp. 88-99.

## 10장. 성욕: 성적 관심을 표현하는 아들을 이해하는 엄마

1. Rachel Sheffield, "Hooking Up, Shacking Up, and Saying 'I Do'", The Witherspoon Institute, *Public Discourse*, September 10, 2014, www.thebublicdiscourse.com/2014/09/13765/.
2. Juli Slattery, "Understanding His Sexuality", *No More Headaches* (Carol Stream. IL: Tyndale,2009), retrieved from www.focusonthefamily.com/marriage/sex-and-intimacy/understanding-your-husbands-sexual-need/understanding-his-sexuality. (단축 주소 https://goo.gl/WrR7bw).
3. Shaunti Feldhahn, *Through a Man's Eyes: helping Women Understand the Visual Nature of Men* (Colorado Springs: Multnomah, 2015), pp. 32-33.

국제제자훈련원은 건강한 교회를 꿈꾸는 목회의 동반자로서 제자 삼는 사역을 중심으로
성경적 목회 모델을 제시함으로 세계 교회를 섬기는 전문 사역 기관입니다.

# 속 터지는 엄마,
# 억울해하는 아들

**초판 1쇄 발행** 2017년 10월 31일
**초판 4쇄 발행** 2022년 4월 22일

**지은이** 에머슨 에거리치
**옮긴이** 이지혜

**펴낸이** 오정현
**펴낸곳** 국제제자훈련원
**등록번호** 제2013-000170호(2013년 9월 25일)
**주소** 서울시 서초구 효령로68길 98(서초동)
**전화** 02)3489-4300  **팩스** 02)3489-4329
**이메일** dmipress@sarang.org

ISBN 978-89-5731-732-7 (03230)